AF548266

Jan Tjaden

Ostfriesland

Vom Leben unserer Vorväter zwischen Meer und Moor

MVS

Medien-Verlag Schubert

für Antje und Meike

ISBN 978-3-937843-23-0

Printed in Germany

Inhaltsverzeichnis

Fundsache in Niedersachsen

An der Kante der hundert Meter tiefen Braunkohlengrube Schöningen bei Helmstedt in Niedersachsen machten die Archäologen vor wenigen Jahren einen phantastischen Fund. Gehetzt vom nahenden Schaufelradbagger suchten sie das Gelände nach vorgeschichtlichen Relikten ab und hatten Glück. Nach und nach legten sie zwischen Ablagerungen aus Elster- und Saale-Eiszeit eingebettete steinzeitliche Waffen und Werkzeuge frei, die das Bild vom damaligen Menschen als dem unterbelichteten, aasfressenden Homo erectus korrigieren werden.

Bisher hatten sich Holzgegenstände der Urmenschen sehr selten erhalten. Hier aber fand man acht spitz geschliffene Holzspeere aus Fichtenstämmchen. Sie waren etwa zwei Meter lang und im vorderen Drittel verdickt, sodass sie der idealen Wurfbahn folgten. Um vier Feuerstellen lagen Tausende von Tierknochen verstreut, darunter Splitter und Schaber aus Feuerstein. Auch eine Herde Wildpferde hatten die Jäger hier zerlegt. Die Lage der Funde erlaubt eine grobe Datierung: vor etwa 400.000 Jahren jagten sie ihre Beute am Ufer eines Sees. In der EXPO 2000 konnten ihre Speere den seitherigen Technologievorsprung Niedersachsens dokumentieren.

Weil der Schädel des damaligen Homo erectus nur ein kleines Gehirn barg, trauten ihm die Forscher bislang wenig zu: nicht die handwerkliche Tradition für die Anfertigung von Speeren oder die Lederverarbeitung und erst recht keine gemeinsame, organisierte Jagd, denn dazu bedarf es ja bei großen Beutetieren der Absprache. Und die hatte man den Urmenschen bisher auch nicht zugebilligt.
Derartig planvolle Gemeinschaftsleistungen schrieben die Prähistoriker bisher erst dem Homo sapiens vor 48.000 Jahren zu. Deshalb müssen sie nun als Konsequenz aus dem Fund von Schöningen ihren Entwurf menschlicher Entwicklungsgeschichte umschreiben.

Jagd auf wärmende Bärenfelle

Woher kamen denn nun diese Jäger, waren sie tatsächlich schon unsere Urahnen? Diese Menschen waren allenfalls die Vorläufer unserer Vorfahren und sind dennoch, gemessen am Erdzeitalter, als »jung« zu betrachten. Sie stammten als Nachkommen einer Jahrtausende währenden Wanderungsbewegung »out-of-Africa«. Die arktische Tundra an der Nordsee erreichten die Zugereisten erst vor etwa 14.000 Jahren. Einen Einblick in das damalige Leben dieser Jäger und Fischer schenken uns Felsgravierungen ihrer »norwegischen« Zeitgenossen mit Skizzen von Booten, Fischfang und Gruppenbildern von der Jagd.

Am Strand von Juist

Eisige Zeiten

Die Küste der Nordsee wurde im Wesentlichen in der vorletzten, der Saale-Kaltzeit, vor 100.000 Jahren geformt. Bei Temperaturen cirka 10° C unter den heutigen war die Eisdecke am Polarkreis auf drei Kilometer Dicke angewachsen. Dadurch wurden dem globalen Kreislauf gewaltige Wassermengen entzogen. Wüsten entstanden in Afrika. Die Meere erreichten einen Tiefstand, sodass nachfließendes Schmelz- und Regenwasser die Flusstäler sehr vertiefte. Noch heute gibt es nördlich der ostfriesischen Inseln solche Rinnen in 20 Meter Wassertiefe. Den letzten Schliff gaben dem Land die mehrere hundert Meter hohen Gletscher bei ihrem Vordringen über die skandinavischen Schären bis zum Harz.
Das mitgeschleppte Geschiebe blieb als der heutige zentrale Geestrücken Ostfrieslands von dem abschmelzenden Eis zurück. Das ergaben die Tiefbohrungen bei Groothusen und das bezeugen ja auch die vielfarbigen Granitquader schwedischen Ursprungs, deren wuchtiger Mauerverband das Fundament der schönen romanischen Kirchenbauten Marx, Reepsholt, Tettens und Sillenstede im östlichsten Ostfriesland bildet.
Vor etwa 10.000 Jahren zog sich das Eis dann über Schweden nach Norden zurück, und die »deutsche« Küste lag bei der Doggerbank. Themse, Humber und Weser waren damals noch Nebenflüsse des Rheins, der etwa beim heutigen Newcastle in die Nordsee mündete. Helgoland bildete einen Abschnitt des rechten Elbufers. Aus dieser Zeit stammt »Beifang« von Fischern an der Doggerbank mit Mammutzähnen, Rentiergeweihen und sogar einem Steinbeil aus blauem Feuerstein.
Erst später, um 6000 v.C., entstand der Ärmelkanal, der England dann zur Insel werden ließ.

Bei der zunehmenden Erwärmung und dem weltweiten Abschmelzen der Gletscher stiegen die Meere mit unterschiedlicher Geschwindigkeit etwa um 130 Meter wieder

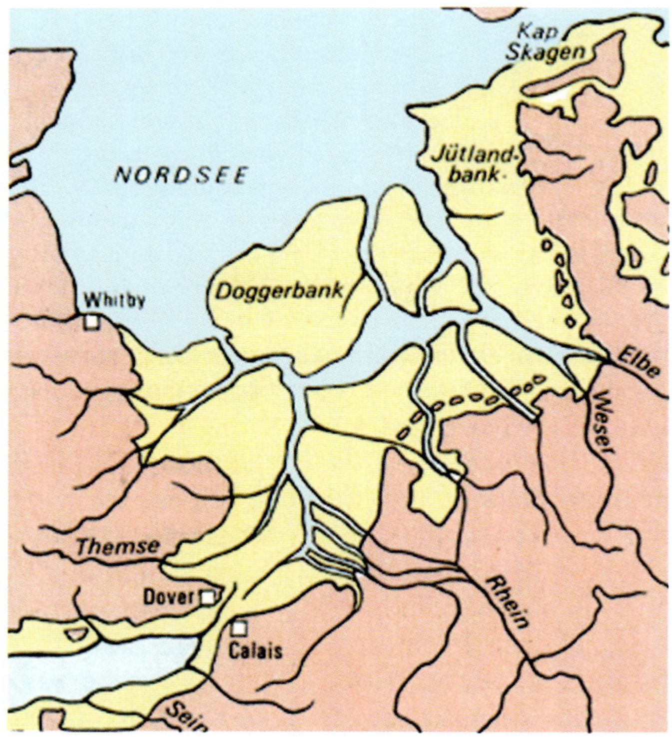

Amphibische Landschaft an der Doggerbank, Wildvang

an. Dabei überschwemmten sie etwa 8% der Landfläche – die Sintflut?
Bis vor 7000 Jahren, als das Wasser ungefähr die heutige Küste erreicht hatte, wuchs das mittlere Tidehochwasser um 20 Zentimeter im Jahrhundert. Heute hält man eine Temperatursteigerung von 6° C. bis 2100 und einen Anstieg der Weltmeere von 60 Zentimeter bis zum Jahre 2085 für möglich, was noch erhebliche Kosten für das erforderliche Erhöhen der Deiche verursachen bzw. einige Länder auf der Erdkarte verkleinern wird.

In den Urstromtälern und Talniederungen bildeten sich dann nach der letzten, der Weichselvereisung mächtige Nieder- und Hochmoore mit ihren nassen Auenwäldern und sumpfigen Moorböden. Zur gleichen Zeit baute sich zwischen Meer und Moor mit dem Anstieg des Meeresspiegels und stetiger Sedimentation mariner Sinkstoffe unsere flache Marsch auf, die vom Grundwasser durchsetzt ist.
Unter dem Einfluss der Gezeiten entstand um die Zeitenwende an der friesischen Küste eine Kette von hochwasserfreien »Platen«, auf denen der Flugsand allmählich Dünen aufhäufte und die Inseln wachsen ließ. Das hinter den Barriereinseln liegende Wattenmeer fällt seither bei Ebbe großflächig trocken, dabei lässt die geringere Strömungsgeschwindigkeit gegenüber der Flut enorme Mengen von Sedimenten absinken. So entstand der weltweit einmalige, heute geschützte Lebensraum des Watts.

Mövenschwärme und Quellerwatt erwarten die Flut

Hochmoorlandschaft am Ewigen Meer, Ramm

Im flachen Wasser lässt das Sonnenlicht in Verbindung mit den Sinkstoffen kleinste Algen wachsen, von denen Würmer, Schnecken, die Muscheln und Krebse leben. Diese wiederum bilden die Nahrung der Fische und Seevögel. Die periodisch vom Meerwasser überfluteten Salzwiesen werden von salzverträglichen Pflanzen erobert und verlanden in langen Zeiträumen zu Grasland, dem Hammrich. Das nahrhafte Grünfutter dort begründete die erfolgreiche, lukrative Viehzucht der ersten Siedler in der Seemarsch. Erst um 300 n.C. unternahmen sie auch erste Ausflüge auf die Inseln vor der Küste und bauten sich einfachste Hütten für ihre Sommerfrische …

Nomaden und erste Siedler im Küstenland

An der ehemaligen norddeutschen Eisgrenze, nördlich des Harzes, lebten große Rentierherden, die sich von Flechten und Moos ernährten. Während der kalten Jahreszeit wichen sie in wärmere Gefilde aus, wie die Lappen nach Süden. Dem Rentier folgten kleine Gruppen von Jägern, die es zu beträchtlichen Fertigkeiten gebracht hatten.

Aus Feuerstein schlugen sie Pfeilspitzen und Schaber, schmale scharfkantige Messerchen mit stumpfen Rücken, die unseren heutigen Küchenmessern schon ähnelten und sich vielfältig benutzen ließen. Bei Hamburg fand man im Schlamm früherer Wildtränken sogar komplette, schlanke Holzpfeile mit sehr scharfen Spitzen aus Feuerstein.

Hetzjagd auf Mammut, BBC

Solche gegenständlichen Überreste menschlicher Aktivitäten verdeutlichen uns die damaligen Lebensumstände, auch nach so vielen tausend Jahren. Ostfriesland birgt die Spuren der ersten Nomaden aus einer Vergangenheit von 12.000 Jahren.

Die Jäger der mittleren Steinzeit (9. – 4.600 v.C.) entwickelten eine Technik, mit verschieden geformten Werkzeugen aus den erbeuteten Geweihen Harpunen, Messerschäfte und auch Nähnadeln in Rohform abzuspalten, die sie dann mit Hilfe von Steinen glätteten. Die frühen Cro-Magnon-Menschen sammelten auch Tierzähne, Muscheln und Bernstein und fügten sie zu Amuletten zusammen. Aus den Fellen des Rens nähten sie Zelte und ihre Kleidung. Nach dem Verbrauch des sie umgebenden, kümmerlichen Baumbestandes als Brennholz mussten sich die Jäger und Sammler dann immer wieder einen neuen Lagerplatz im Gefolge der Rentiere suchen.

In die vertieften Talböden der Ems und weiterer Bäche wurden durch die Gezeiten ungeheure Massen von Sedimenten geschwemmt. So stieß man bei der Gründung des Campener Leuchtturms auf eine 14 Meter dicke, nach und nach aufgebaute Schlickschicht, die mit Pfählen durchdrungen werden musste.

Der ansteigende Meeresspiegel verursachte eine Erhöhung des Grundwassers: in den Niederungen zwischen Seemarsch und Geest kommt es zur Bildung von wasserreichen Flachmooren. Das Revier der Nomaden wird überflutet, sodass Funde ihrer Feuersteinschaber und Klingen Seltenheitswert haben. Solche Artefakte ergaben sich schon mal beim Fischfang in der Nordsee oder am Strand Langeoogs.

Auf der Geest verbreiteten sich erste Wälder aus Birke und Kiefer, es folgten bald Hasel und vor 10.000 Jahren die Eiche (sie dient heute der Dendrochronologie, der Altersbestimmung anhand der Jahresringe). Schließlich

ergänzten Ulme und Linde den zeitlich folgenden Eichenmischwald.
Schon zu Beginn der Jungsteinzeit brachten die aus dem warmen Zweistromland stammenden Ackersleute – geflohen vor der Sintflut? – weitere Erfahrungen nach Europa. Den Nachbarn führten sie vor, wie der Boden zu bearbeiten ist, Emmer, Gerste und Hülsenfrüchte nicht nur zu sammeln und zu verzehren, sondern als Saatgut für einen mehrfachen Ertrag zu sammeln. Um Ackerflächen zu gewinnen, rodeten sie mit Feuer und schlugen auch Lichtungen in den Wald, der Mitteleuropa mittlerweile weitgehend bedeckte.
Mit zunehmender Erwärmung hatten sich die Lebensbedingungen für die damaligen unsteten Menschen jedoch soweit verbessert, dass sie sich schon recht abwechslungsreich ernähren konnten: durch Sammeln von Beeren und Nüssen, den Fischfang und die Jagd auf Wildschweine, Geflügel und das von Süden nachgewanderte Wild. Aus der Jungsteinzeit vor 6500 Jahren stammt auch eine Kulturschicht mit Anzeichen von Getreideanbau, die man bei Ausschachtungen für den Bunkerbau in der Emder Altstadt anbohrte. Markenzeichen dieser Menschen war das Verzieren ihrer frisch geformten Töpfe mit umlaufenden Schnüren. Die Keramik fand man in den Hügelgräbern ihrer Toten, die exakt gepeilt eingenordet waren. Diese Bandkeramiker wollten nun sesshaft werden und sich komfortablere Behausungen bauen. Sie lernten, die Schneiden ihrer Steinwerkzeuge durch Schleifen und Polieren zu schärfen, und ein findiger Kopf kam auf die Idee, keilförmige Schlagsteine in einen Holzschaft einzulassen – das Beil war geboren.

Erst kürzlich wies die experimentelle Archäologie im Freilichtmuseum Oerlinghausen nach, dass man damit eine Eiche von 25 Zentimeter Durchmesser in nur 40 Minuten fällen kann. Für ihre Unterkünfte setzten die Siedler Pfosten in den Boden ein, die Zwischenräume füllten sie mit gewundenen Weidenruten und bestrichen sie mit Lehm. Auf die Dächer banden sie Bündel von Reith.
Aus Vorderasien waren nicht nur verschiedene Früchte mitgekommen wie Pflaume und Pfirsich, sondern auch Schaf und Ziege. Die Neusiedler zähmten die heimischen Tiere, Hund und Pferd, züchteten Schafe und Schweine, spannten auch die Rinder vor den Pflug. Der Ackerbau verbesserte die Lebensbedingungen gegenüber den Jägern und Sammlern, sodass sich die Bauern stärker vermehren konnten als die Jagdvölker. Dem Bevölkerungszuwachs folgten weitere Rodungen auf Kosten der Jagdgebiete.
Aus dem dritten Jahrtausend v.C. ist uns der eichene Hakenpflug von Walle, aus dem Moor bei Georgsfeld, als weltweit seltenes Beispiel der damaligen Fertigkeiten erhalten geblieben (im Historischen Museum Aurich). Und im linksemsischen Bourtanger Moor konnten die Spatenforscher ein Scheibenrad aus der Zeit um 2400 v.C. bergen.
Die Methode des üblichen Feuermachens wurde innovativ zur Lösung einer anderen Aufgabe weiterentwickelt: Die Altvorderen umschlangen einen Schleifstempel mit der Sehne eines Jagdbogens, hielten den Stempel senkrecht und brachten ihn durch durch schnelles Hin und Her des Bogens zum Drehen. Unter Zusatz von Sand als Schleifmittel und Wasser erhielt man bei unermüdlichem Schleifen sauber ausgebildete zylindrische Bohrungen im Stein: Voraussetzung für eine feste Verbindung mit handlichen Stielen zu Äxten und Hämmern.
Aus der ersten bäuerlichen Besiedelung der ostfriesischen Geest, dem ältesten Rest des nunmehr überfluteten Festlandes, fand sich vielgestaltige Gebrauchskeramik als Beigabe in den »Hünengräbern«. Diese Phase charakterisieren die Archäologen als Trichterbecherkultur. Der Bau der Sippengräber aus riesigen Findlingen legt eindrucksvoll Zeugnis damaliger Gemeinschaftsleistungen ab.

Bei der Anlage solcher Bauwerke etwa seit 4.500 v.C. gingen die Menschen ähnlich vor wie bei der Errichtung der Pyramiden. Die noch aus der Eiszeit stammenden Granitblöcke wurden auch aus größerer Entfernung auf langen Baumstämmen als Schienen und Rollen herangehebelt. Wand- oder Trägersteine stellte man zu Kammern und später zu Gängen zusammen, überbaute diese dann mit einer Rampe aus Erde und rollte die Decksteine

Hünengrab

heran. Die Lücken verschloss man mit kleineren Steinen. Für das Leben im Jenseits wurden den Toten Speisen in Tongeschirr, Steinwerkzeuge, Bogen und Pfeile für die Jagd und den Frauen Hausgeräte mitgegeben.
Von ursprünglich mehreren Tausend überlieferten Standorten der Großsteingräber in Norddeutschland sind leider nur noch in Brinkum, Börger und Utarp einzelne Brocken zu sehen. Alle anderen Gräber fielen dem Materialbedarf zum Opfer. Am Plytenberg in Leer gibt es noch einen und bei Tannenhausen sind heute lediglich drei der Eiszeitfindlinge zu sehen, im Volksmund mit »Butter, Brot und Käse« bezeichnet.
Sehr schön ausgeformte Streitäxte aus Felsgestein – gefährliche Nahkampfwaffen – konnten in Leer geborgen werden. Fortschrittliche Beile und Hämmer fand man ebenfalls auf dem ostfriesischen Geestrücken, damals sicherlich als Tauschobjekte für benachbarte Kulturen, die Bernstein, Keramik und Kupfergegenstände anboten. Mahlsteine aus feinkörnigem Quarzporphyr, hergestellt in der Eifel, wurden ebenfalls gehandelt. Damit angestellte Mahlversuche dauerten etwa drei Stunden für das Mehl eines halbpfündigen Brotfladens. Der darin enthaltene Abrieb der Steine soll bei den damaligen Menschen schon frühzeitig zu erheblichem Verschleiß der Zähne geführt haben.

Die Kenntnis der Kupferverarbeitung brachten Wanderhandwerker aus Spanien nach Nordeuropa. Schnell verbreitete sich das Legieren von Kupfer mit Zinn zu Bronze weiter. Daraus angefertigte »moderne« Geräte wie das Randleistenbeil von Kloster Thedinga bei Leer, Rasiermesser, Pinzetten, Dolche, auch Schmuck fanden sich als Beigaben in den Einzelgräbern der Bronzezeit 1800 – 750 v.C. Parallel dazu aber auch noch lange Flintsicheln, Schaber und Beile aus Stein. Schon damals zeigte sich, wie lange Innovationen brauchen, um akzeptiert zu werden.

Zum Glück erschließen uns einige prächtige Fundstücke aus dieser Zeit das Kulturleben unserer Altvorderen in Ostfriesland. Gleichzeitig zeigen sie die damaligen weitreichenden Kulturverbindungen auf. Die goldene Sonnenscheibe stammt aus Moordorf und der Sonnenstein aus Horsten bei Wittmund. Wie auch der bekannte Wagen von Trundholm/DK symbolisieren diese Kunstwerke die Verehrung der Sonne als Spenderin von Wärme und Leben.

Sonnensymbole

Die Zeitgenossen kannten sich in der Astronomie bestens aus. Auf den 40 Meter hohen Externsteinen beim niedersächsischen Detmold besaßen sie ein Observatorium. Aus dem Sandstein gehauene Sitzkuhlen mit Nackenstützen erlaubten den vorgeschichtlichen Sternguckern die bequeme Beobachtung des Sternenhimmels. Auf halber Höhe schlugen sie eine Kammer in diesen Felsen. In die Ostwand der Kammer trieben sie eine einzige kleine Bohrung. Nur einmal im Jahr, pünktlich zu Mittsommer am 21. Juni, strahlt hier die aufgehende Sonne hinein.

Die Himmelsscheibe von Nebra ist das älteste Zeugnis menschlicher Erkenntnis des Kosmos. Sie wurde erst 1999 bei Merseburg gefunden und ist 3600 Jahre alt. Die damaligen Sternenkundler durchschauten die Himmelsmechanik durchaus und bauten auf diesem Herrschaftswissen einen europaweiten Sonnenkult auf, den sie als »Herren der Zeit« zelebrierten. Die Astropriester trugen dabei goldene Ponchos und krönten sich mit aus Gold getriebenen Spitzhüten. Überraschend weist die Ornamentik auf einem Kulthut aus Berlin große Ähnlichkeit mit dem Schmuck der Goldschalen von Terheide/ Westerholt in Ostfriesland auf.
Die bronzene, goldbelegte Himmelsscheibe von Nebra zeigt, wie sich die Daten von Sonnenauf- und -untergang zwischen Sommer und Winter verschieben. Für den sächsischen Fundort ist – vollkommen korrekt – ein Horizontbogen von genau 82 Grad angelegt. Auch das Siebengestirn der Plejaden geht pünktlich zum Herbstanfang auf.

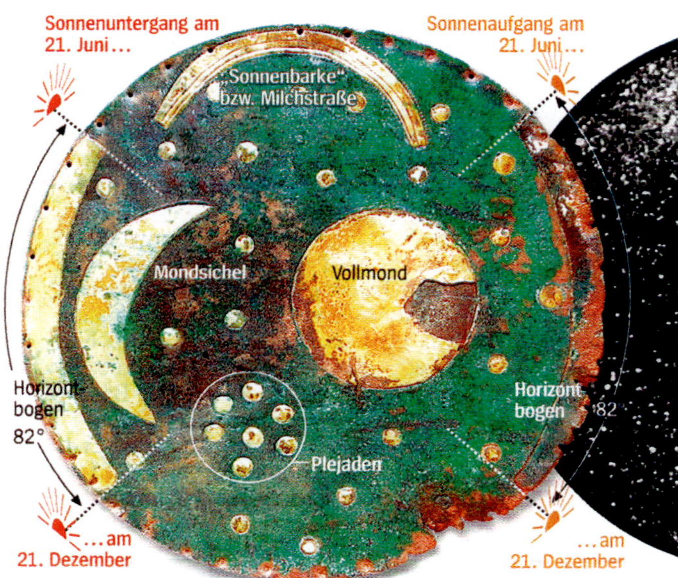

Die Himmelsscheibe von Nebra, Museum für Vorgeschichte, Halle

Der griechische Dichter Hesiod notierte erst um das Jahr 700 v.C. die alte Bauernregel: *»Wenn das Gestirn der Plejaden, der Töchter des Atlas, emporsteigt, dann beginne die Ernte. Doch pflüge, wenn sie hinabgehen.«*

Schon die Bandkeramiker, die ersten Bauern in Europa, benutzten die geometrische Hilfskonstruktion des Indischen Kreises, um zwischen Osten und Westen exakt den Norden zu ermitteln – auf ein Grad genau. Der Studiosus-Reisende kennt die Hinkelsteine (Menhire) von Carnac in der Bretagne, die ab 5000 v.C. der Sternenpeilung dienten, oder die Steinkreise von Stonehenge (Bauzeit 2550 – 1600 v.C.), deren Eingänge zur Sommersonnenwende weisen. Die riesenhaften Kreisgräbenanlagen der Sonnenanbeter haben ihre Vorbilder in Sachsen (160 Meter Durchmesser) und Bayern. Man hat auch schon im Grundriss des Aachener Doms einen ehemaligen Steinkreis erkennen wollen (Weisweiler).

Stonehenge

Erst vor wenigen Jahren öffneten Forscher unweit von Stonehenge in England ein Doppelgrab aus der Zeit um 2300 v.C. Es barg mehrere für das Festland so typische Glockenbecher, die wohl ursprünglich genügend Met für den letzten Weg enthielten, Pfeilspitzen, Kupfermesser und sogar goldene Haarspangen.

Sonnenkreise von Sachsen zur Wintersonnwende

Diese Metallwaren bedeuteten für die altbritischen Steinklopfer, mehr aber noch für ihre studierten Nachfahren, eine Sensation. Denn bis dato herrschte auf der Insel die pure Steinzeit. Die beiden Toten müssen also vom Festland gekommen sein. Sie brachten in ihrem leichten Boot sogar noch einen Amboss aus Hartgestein mit. Mit dem Know-how-Transfer der Metallverarbeitung waren sie sicher gern gesehene Gäste, denn man gönnte ihnen ein großzügiges Begräbnis.
Natürlich setzten die Forscher hier mit allen modernen Verfahren an. Sie analysierten auch die Sauerstoffisotope im Zahnschmelz der Zugereisten. So offenbarte sich, welches Trinkwasser die Metaller langzeitig genossen hatten. Das Ergebnis war: Alpenquellwasser. Und schon alberte der Daily Express: »Achtung! Großes britisches Monument womöglich von Deutschen errichtet.«

Bereits die alten Phönizier holten aus Zypern das Kupfer, das jener Insel ihren Namen gab. Diese bewundernswerten Seeleute und Entdecker orientierten sich am Polarstern und erhandelten um 1500 v.C. in Cornwall das nötige Zinn für die Herstellung von Bronze. Die frühen Syrer werden wohl auch nicht gezögert haben, ebenfalls die östlichen Küsten der Nordsee zu erkunden, um hier ihre Tauschgeschäfte zu machen. Ganz Afrika umrundeten sie also schon 3000 Jahre vor Vasco da Gama …
Mit der Intensivierung der Viehzucht entstanden im Norden große dreischiffige Bauernhäuser, in denen das Vieh über Winter zeitweilig unter das gemeinsame Dach mit den Bauersleuten kam. Diese frühesten Gehöfte aus 850 v.C. wurden in Elp / NL ausgegraben, dann bei Weener, sehr ähnliche auch in Biskupin / Polen, heute in einer ganzen Wehrsiedlung originalgetreu aufgebaut.
Dort gewann man die Erkenntnis, dass damalige Kühe etwa metergroß waren und cirka 700 Liter Milch im Jahr lieferten. Ein heutiges Turbo-Rind ist dagegen für 13.000 Liter gut. Ziegen gaben um die 90 Liter, Heideschafe lieferten 50 – 60 Liter und ca. 2 Kilo Wolle. Kleintierhaltung, Anbau von Emmer, Einkorn und Gerste sowie der Fischfang sicherten die Ernährung. Auch Bohnen, Linsen und Flachs fanden die Ausgräber.
Dank ihren dem Tarpan ähnelnden kleinen Pferden wurden die Menschen beweglicher. Sie benützten schon seit zweitausend Jahren vierrädrige Wagen und querten die morastigen Strecken über Knüppeldämme, wie sie sich von Tannenhausen nach Nenndorf, bei Oltmannsfehn und Meinersfehn im moorigen Untergrund inmitten Ostfrieslands noch in kurzen Strecken erhalten haben.
In den Jahrhunderten ab 700 vor Christi lässt der Meeresanstieg nach, kleine Gruppen ziehen entlang von Flüssen und Bächen und siedeln schließlich auch in der jungen Küstenmarsch, wo ihnen das Meer eine unerschöpfliche Nahrungsquelle bietet. Davon fanden sich bei Ausgrabungen im nördlichen Friesland in großen Abfallhaufen außer Knochen von erlegtem Wild und Vögeln auch Unmengen von Fischgräten und Muscheln. So große Fischmengen hat man nur mit Hilfe von Netzen fischen können. Die Menschen paddelten in Einbäumen die Priele entlang und ins Watt, um ihre Reusen zu leeren. Sie entwickelten den gebogenen Angelhaken aus Astgabeln und schnitzten sich Ruderblätter. Bequemer noch als der Transport im moorigen Binnenland mit den scheibenrädrigen Karren, deren Holzachsen auf den holprigen Knüppeldämmen oft brachen, nahmen sie den Verkehr mit ihren Booten über das Gewässernetz bis in den Oberlauf von Ems und Weser auf. Das Wasser wurde so zu ihrem ureigensten Element.
Bei der Anlage ihrer ältesten bekanntgewordenen Flachsiedlungen aus der Zeit vom 7. – 5. Jh. v.C. umgingen die Ureinwohner die gewaltigen Moore zwischen Ems und Jade auf dem breiten Uferwall der Ems bei Jemgum, wo sie Wohnhäuser für ihre kleinen Familien und gesonderte Speicher bauten. Aus jüngerer Zeit grub man auch in der benachbarten Siedlung Boomborg bei Hatzum in

Ostfriesische Rapsfelder, Trimborn

fünf Schichten 10 – 20 Meter lange dreischiffige Wohn-Stall-Häuser für den erweiterten Familienverband aus. Eine noch längere Halle hatte der Weberei gedient. Die Gebäude sind auf leichten Aufschüttungen zum Schutz vor Hochwasser errichtet worden.
In den feuchten Wiesen graste das Vieh, die kleinen Äcker trugen Bohnen, Gerste und Lein. Um Christi Geburt und in den folgenden Jahrhunderten zwangen jedoch der schwankende Meeresspiegel und Sturmfluten die Bewohner, ihre Wurten wiederholt mit Klei und Mist zu erhöhen. Tumuli nannten Römer diese Gebilde. Aber erst im Laufe weiterer Jahrhunderte begann sich um diese alte Wurtenkultur im Marschenland eine Kulturlandschaft zu entwickeln.

Die alten Germanen – unterwegs

Als »Germanen« wurde eine Volksgruppe bezeichnet, die von Osten bis über den Rhein gewandert war. Die Gallier, auch Cäsar, nannten dann deren östliche Nachbarstämme ebenso. Etwa vierzig dieser Völkchen kannten für sich bis dahin aber keinen übergeordneten Namen.

Bodenfunde ließen bisher vermuten, dass die Urheimat der Germanen das südliche Schweden, Dänemark, Schleswig-Holstein und das östliche Niedersachsen umfasse. Eine neuerliche These schließt dagegen aus der Häufung von Ortsnamen rein germanischen Ursprungs auf ihre Herkunft aus dem Harz.
Der jüngeren Steinzeit entstammende Funde ihrer Trichterbecherkultur und Artefakte der Streitaxtleute aus dem Osten zeigen an, dass sich beide Stämme schon um 1400 v.C. vermischt hatten. Auch weiterhin blieben die Germanen niemals »rasserein«.
In der folgenden älteren Bronzezeit kann man drei Siedlungsgebiete und kulturelle Entwicklungen unterscheiden. Die Nordgermanen blieben in Skandinavien quasi zu Hause, die Ostgermanen oder Goten breiteten sich über die Flusstäler von Oder und Weichsel aus, die Westgermanen schließlich wandten sich nach West- und Süddeutschland. Sie bildeten nur kleine Stämme, die sich erst in den folgenden Jahrhunderten zu größeren Verbänden zusammenschlossen.
Der alte griechische Seefahrer und Geograph Pytheas berichtet um 325 v.C. erstmals über die Germanen. Von Marseille aus umsegelte er die iberische Halbinsel, passierte den englischen Kanal, erreichte Thule (Island) und die Teutonen auf der cimbrischen Halbinsel um die Herkunft von Zinn und Bernstein zu ermitteln und schrieb dann: *»An einem Wattgebiet des Ozeans namens Metuonis, das ein Ausmaß von 6000 Stadien (1110 km) hat, liegt von diesem eine Tagesreise entfernt die Insel Abalus, wo im Frühjahr der Bernstein antreibt, den die Einwohner*

anstelle von Holz verfeuern und an die benachbarten Teutonen verkaufen.«
Er beschreibt die Westküste Jütlands und Helgolands oder einer anderen Insel dieser damaligen Gruppe. Pytheas nahm Ortsbestimmungen vor, beobachtete die Gezeiten, ahnte auch den Zusammenhang mit der Mondphase und hatte schon erkannt, dass die geographische Breite der Polhöhe entspricht.

Das Rätsel ist 2.400 Jahre alt. Platon hat es in die Welt gesetzt in seinen Dialogen. Dort kolportiert er aus ägyptischer Quelle, dass die große und beherrschende Insel Atlantis im Meer versunken sei. Schon seit Generationen machen sich Wissenschaftler und auch die Journalisten Gedanken, wo das wohl gewesen sein könnte. Nach neuerer Theorie bezieht sich der Untergang von Atlantis auf die bronzezeitlichen Marschen der Nordsee: Allein im nord- und ostfriesischen Watt (Doggerbank) seien im antiken Gesichtskreis zum fraglichen Zeitraum besiedelte Gebiete überflutet worden. Auch der nur in der Ostsee und der deutschen Bucht zu findende Bernstein spräche für diese Vermutung. Platon erwähnte nämlich Oreichalkos, einen wertvollen Stoff, der auf Atlantis ausgegraben und bei hoher Temperatur geschmolzen, als Lack zur Verschönerung von Gebäuden aufgetragen werden könnte. Vielleicht können zukünftige Generationen das Rätsel um Atlantis lösen …

Quasi zu einem Gegenbesuch rückte 222 v.C. der nordeuropäische Stamm der Gaseaten, der »Speerwerfer« in Oberitalien ein und wurde von Konsul Claudius Marcellus in die Flucht geschlagen; dafür gewährte man ihm einen Triumphzug, und die Quellen notierten für die geschlagenen Feinde erstmalig die Bezeichnung »Germanen«.

Germanen: die Cimbern vom Limfjord und ihre Nachbarn, Teutonen aus Nordfriesland, hatten wohl nicht explizit von den sonnigen Stränden der Adria gehört, aber doch, dass weit im Süden ein warmes Klima herrsche, fruchtbare Äcker auf sie warteten, es süße Früchte und berauschende Getränke gäbe. 120 v.C. machten sie sich auf den Weg. Ihren Hunger stillten sie notdürftig mit Obst, Nüssen, Unkrautsamen und gelegentlichem Mundraub.

Die Geschichtsschreiber wurden erst wieder auf die Cimbern aufmerksam, als sie 113 v.C. nach jahrelanger Wanderschaft entlang den Flüssen mit Weib, Kind und ihrer

Auf dem Weg zum Teutonengrill, Sammet

kümmerlicher Habe in ledergedeckten Karren auf der Suche nach Siedlungsraum bei Neumarkt in der Steiermark ein römisches Heer schlugen und es weitere zwölf Jahre in Atem hielten. Später wollten dann bei Orange im Rhonetal über 80 000 Römer die Germanen daran hindern, weiter nach Süden vorzudringen, mussten aber ihr Heil in der Flucht suchen.

Zusätzliche fünf Jahre brauchte der erfolgreiche römische Afrikakämpfer Marius, bis er eine neue Truppe aufgebaut und ausgebildet hatte, um die schon befürchtete Vernichtung des Imperiums abzuwenden. Bei Aquae Sextiae (Aix-en-Provence) konnte er zunächst die Teutonen bezwingen, dabei sollen in einer unglaublichen Schlächterei an die 100.000 Germanen gefallen oder gefangen genommen worden sein. (Bei ihren Zahlenangaben übertrieben Chronisten damals maßlos).

Die Cimbern waren jedoch schon weitergezogen, hatten den Brenner gequert und sich im fruchtbaren Etschtal niedergelassen. Aber ihr Frieden blieb nur von kurzer Dauer, denn sie waren den Römern wohl zu nahe gekommen und hätten im Blitzkrieg (furor teutonicus) in die Poebene einfallen können. Marius machte sich zum Retter des Vaterlandes, indem er auch noch das so weit gewanderte Volk der Cimbern endgültig auslöschte. Ihr Treck hatte sie während 19 Jahren über 7000 Kilometer statt in das gelobte Land nur in den Tod geführt.

Diese landlosen Germanen waren keineswegs schmuddelige Landstreicher, wie die Propaganda in Rom behauptete. Man fand von ihnen in der Neuzeit Kulturbeutel mit Haarschere, Pinzette, Kamm, Rasiermesser und Hölzchen für die Zahnreinigung.

Tacitus berichtet, dass die Germanen keine Priester, Tempel oder Abbilder ihrer Götter hätten, ihnen aber Quellen und Gehölze weihen. Er vergleicht sie mit den römischen: Wodan (Merkur), Ziu oder Tyr (Mars), Donar/Thor (Juppiter), Frija/Frigg (Venus). Wo Römer Stimmen und Flug der Vögel zu Rate zogen, glaubten die Germanen an Vorbedeutungen und Mahnungen, die sie aus dem Wiehern und Schnauben heiliger Pferde in ihren Hainen ableiteten.

Den letzten Kampf des römischen Kulturvolkes gegen diese »Barbaren« schmückt Plutarch, sein Geschichtsschreiber, so aus:

»Die Römer verfolgten die Flüchtenden bis in ihr Lager, wo sie Zeugen trauriger Auftritte wurden. Die Weiber der Barbaren standen nämlich in Trauergewändern auf ihren Wagen und mordeten die ankommenden Flüchtlinge: ihre Männer, Brüder und Väter. Ihre Kinder erwürgten sie mit eigenen Händen und warfen sie unter die Räder oder die Hufe der Zugtiere, und darauf töteten sie sich selbst. Von einer der Frauen wird erzählt, dass sie sich an einer Wagendeichsel erhängt habe, die in die Luft ragte, und ihre Kinder hingen an Stricken, die an ihre Füße gebunden waren.

Aus Mangel an Bäumen, an welchen die Männer sich erhängen konnten, banden sie sich an den Hörnern oder Hufen der Ochsen fest, stachen die Tiere darauf mit Pieken, so dass sie niedergestampft wurden, wenn die Tiere davonliefen. Obgleich sich viele auf diese Weise ums Leben brachten, belief sich die Anzahl der Gefangenen doch auf über 60 000, mehr als doppelt so viele sollen in der Schlacht gefallen sein.«

Auch diese Gefangenen konnten den Handel in Rom kräftig beleben, denn auf den Sklavenmärkten des Altertums bildeten blonde Germanen eine geschätzte Ware. Viele ehedem freie Männer mussten im Bedürfnis der Massen nach Brot und Spielen in römischen Arenen als Gladiatoren gegeneinander oder gegen aus Afrika importierte wilde Tiere antreten.

Der Historiker Veit Valentin liefert in seiner Weltgeschichte diese sehr lebendige Beschreibung der Germanen: *»Die Germanen waren kriegerische Landmenschen, überwiegend mit der Viehzucht beschäftigt, dann auch zu entwickelterem Ackerbau imstande, sie waren unruhig,* *pferdefroh, jagdeifrig, unternehmungslustig, aber trotz allen Schweifens und Raubens früh zur Seßhaftigkeit fähig. Wo sie fest saßen, entwickelte sich allmählich aus der Markgenossenschaft und dem Gemeinbesitz Sondereigentum. Das kriegerische Lebensideal beherrschte das alte Germanentum aber noch wesentlich stärker als andere Völker gleicher Entwicklungsstufe; sie liebten den Kampf um des Kampfes willen, aus urtümlicher Rauflust und Ehrsucht, den Kampf als Sport, als Fest, als ein Austoben ohne Vorsicht, als eine Betätigung der körperlichen Kraft nur als Kraft. Auch die Frauen teilten diese Gesinnung, sie kämpften bei Gelegenheit sogar selbst mit. Einen Feind erschlagen zu haben, galt geradezu als die Voraussetzung anerkannten Mannestums. Die Waffe war das selbstverständlichste und natürlichste Werkzeug, das immer zur Hand sein musste. Die Waffenübung, Wehrhaftigkeit, körperliche Tüchtigkeit, Abhärtung des Leibes waren beherrschender Lebensinhalt. Die Mittelmeervölker staunten über die Größe und Stärke der Cimbern und Teutonen, über ihr Kriegsgebrüll, ihren trotzigen wilden Blick aus den blauen Augen, über ihre weiße Haut mit dem rötlichblonden Haar. Die Germanen hatten etwas Maßloses und Ungebändigtes; wenn sie die Wut packte, tobten sie gegen alles, Raub und Totschlag waren üblich; Feinde wurden mit Härte und Grausamkeit behandelt, nicht mit kalter und zynischer Grausamkeit, sondern mit einer Art zorniger Schadenfreude. Das Töten der Greise, das Aussetzen der Kinder, das Opfern von Menschen im Kriege, besonders auch von Gefangenen, war durchaus üblich. Die Trunksucht, der leidenschaftliche blinde Hang zum Spiel konnte die Neigung zu Zank und blutigen Auftritten nur steigern. Wer Besitz und Leib verspielt hatte, wurde in die Fremde als Knecht verkauft. Merkwürdig war das Schwanken zwischen dem ruhelosen Drängen und trägem Nichtstun, zwischen berechnendem Erwerbssinn und Freude an Verschwendung, zwischen Halsstarrigkeit und Gutmütigkeit. In den Germanen steckte große seelische und dichterische Kraft, eine starke Innerlichkeit, ein Urgefühl für die Natur; die Frau war hochgeachtet, sie war die Herrin im inneren Hausbezirk, das Geschlechtsleben war unbefangen, echt, derb, ohne Künstelei und Entartung. Gastfreundschaft wurde gern gewährt und bewahrte geheiligte Formen; Vertragsbruch und Treulosigkeit auch gegenüber dem Volksgenossen waren leider sehr üblich, innerhalb des Stammes waren sie verpönt. Arglist, als Kampfmittel, wurde als ganz natürlich empfunden. Die unbedingte Hingabe an den Führer im Krieg nutzten bald die Römer aus: gegen die Germanen selbst. Nur bei der Kampfgefolgschaft bezwangen ja die Germanen ihr ausgesprochenes Freiheits und Unabhängigkeitsgefühl; politisch waren sie undiszipliniert, neigten zu Willkür und Eigenbrötelei. Jeder einzelne half sich selbst, führte sein lockeres Mundwerk spazieren, verletzte, verachtete den Nachbarn und dünkte sich mehr als alle anderen sehr im Widerspruch oft zu dem eingeborenen Rechtsgefühl.«*

Die älteste Darstellung eines Germanen zeigt ein Marmorkopf aus römischer Zeit im Brüsseler Museum Cinquantenaire. Die antiken Schriftsteller beschreiben diesen Typus als großwüchsig, blond und blauäugig.

Die Moore, diese Friedhöfe der Vorzeit, geben uns detaillierten Aufschluss über das damalige Alltagsleben. So wurde die frühgermanische Kleidung nach Ausgrabungen eichener Särge in Jütland bekannt. Moormumien der älteren Eisenzeit im Nord- und Ostseeraum trugen neben dem Kittel aus Leinen und Wollumhang eine Pelzkappe und lederne Schuhe ähnlich wie Alpenquerer Ötzi, der ca. 5300 Jahre alt ist.

Dieser 46-jährige Handelsvertreter von Feuersteinen starb auf dem Similaungletscher durch Verbluten nach dem Pfeilschuss eines Wegelagerers und anschließendem Nahkampf, bei dem Ötzi der rechte Daumenmuskel durchtrennt wurde – wie Pathologen heute feststellten. Auch litt er an Athritis, Fußschweiß und hatte Flöhe.

Dem »Roten Franz« aus Neu-Versen im Emsland hat man als Verbrecher oder Homosexuellen die Kehle durchgeschnitten und ihn nackt ins Moor geworfen. Er war also Leidensgenosse der Moorleiche aus Bernuthsfeld im Emder Museum. Deren Kleidung kennzeichnet mit einem knielangen, oft geflickten Ärmelrock aus grober Schafwolle, dem Umschlagtuch und ledernem Gürtel einen armen, zierlichen Mann. Er wurde wohl auf der Flucht erschlagen, denn seine Pelzkappe fand sich einige hundert Meter entfernt im Moor. Der Unglückliche trug statt Schuhen nur Wickelgamaschen und Fußlappen, und einen Riemen um den rechten Knöchel, der auf einen Sporn schließen lässt. Ob der Reiter nun wegen seines Pferdes oder als Friedloser, das heißt Verstoßener umgebracht wurde, ließ sich nicht rekonstruieren. Jedoch offenbart uns der Sporn seine Lebenszeit, denn den trug man einseitig nur um die Zeit 250 vor Christi Geburt (Claudi).

Früher Schiffbau an der Nordsee

Denkt man an die Anfänge friesischen Schiffbaus, so fragt man sich, welches Material wohl dafür eingesetzt wurde. Die Antwort gab den Schiffsarchäologen wieder einmal der Zufall. Bei Husum fiel ihnen ein bogenförmiges Stück Rentiergeweih in die Hände, das sie als Spanthälfte erkannten. Der Fundort geht auf 9000 bis 8000 v.C. zurück. Diesen Fund brachten sie mit einem späteiszeitlichen Felsbild vom Trondheimfjord in Verbindung. Darauf sind Delphine und Fangboote zu sehen, wobei diese Boote mehrere Spanten zeigen. Das Deutsche Schifffahrtsmuseum in Bremerhaven ließ nun nach dem »Muster« ein Fellboot mit 60 Zentimeter Breite anfertigen, allerdings mit Längs- und Querspanten aus Birkenzweigen. Ein Rinderfell wurde mit Nadeln aus Rentiergeweih wasserdicht vernäht. Solche Boote waren leicht zu tragen sowie zu paddeln und konnten bei ausreichender Länge auch gut auf Kurs gehalten werden. Solche Geweihnadeln finden sich seit 12.000 Jahren, woraus man folgern kann, dass unsere Vorfahren schon damals die Seenplatten, Flüsse und ihre Küstengewässer kreuzen und kennen lernten. Noch heute spricht der Seemann von der Schiffshaut und undichten Nähten …

Auch der dänische Kapitän Jens Jensen versuchte in unseren Tagen, mit Nachbauten der Fellboote die Überquerung Jütlands und die Fahrten der Wikinger über die Ströme Rußlands bis zum Schwarzen Meer zu simulieren. Wie später die Kimmkieler stattete er die Boote mit zwei Kufen aus, sie ließen sich so gut über die Landbrücken ziehen.

Für die spätere Bronzezeit ist die Schifffahrt zwischen Weser, entlang der ostfriesischen Küste, Ems und dem Rheinland ebenfalls belegt. Die entscheidende Erkenntnis der Bauweise für deren weiterentwickelte Boote, wie sie auf bronzezeitlichen Felsbildern in Skandinavien dargestellt sind, gelang dem Altonaer Schiffsbauingenieur

Timmermann im Schreibpapier-Experiment – geradezu spielerisch. Er bog dazu die beiden Enden eines Stücks linierten Briefbogens übereinander, fixierte sie an den Ecken mit zwei Büroklammern und schob die Kanten entlang der gedachten Mittellinie des Bogens zusammen: aus dem flachen Material entstanden so Vor- und Achtersteven des Modells. Die Linien des Briefbogens zeigten exakt den Linienriss eines Bootes. Genau solch eine Rumpfform hatten die Boote auf den Felsbildern. Das vorgeschichtliche Bauprinzip aus dem »neuen« flächigen Material war nun erkannt: die ersten fortschrittlichen, größeren, leichteren Paddelboote konnten nur aus Baumrinde angefertigt worden sein.

Velleius Paterculus, römischer Kavalleriepräfekt, beschreibt seinem Kaiser Tiberius dann 5 v.C. die Weiterentwicklung germanischer Boote *»aus Holz gehöhlt«*. Die Experimentelle Archäologie bewies auch, dass sich ein frischer Eichenstamm schon mit Steinwerkzeugen gut zum Einbaum aushöhlen lässt. Dabei überstand ein typisches Feuersteinbeil 54 Stunden Arbeit mit etwa

Marco Adameck und Kay Martens (vorne) bauten den Sechsmeter-Einbaum.

Der Baumstamm wird in die Arbeitsposition gehebelt und festgekeilt.

Der Stamm wurde mit Beilen aus Feuerstein ausgehöhlt.

Studienobjekt Einbaum, Universität Hamburg

zweihunderttausend Schlägen. Fahrversuche mit dem entstandenen sechs Meter langen Boot nach ca. 265 Arbeitsstunden verliefen sehr zufriedenstellend: an der Unterseite abgeflacht, lässt sich das Boot leicht manövrieren und ist mit seinem dicken Boden und niedrigen Schwerpunkt auch kentersicher. Selbst bei Windstärke sechs konnte damit eine weite Bucht der Ostsee überquert werden.

Auch Plinius notiert noch kurz vor seinem Tode in Pompeji, beim Vesuvausbruch, dass Piratenschiffe der Chauken (Friesen) mit 30 Mann besetzt waren (wohl zu zweit je Ruderbank).

Sieben solche Einbäume aus Eiche fand man beim Bau des Bremer Überseehafens an der Wesermündung im konservierenden Lehm in fünf Metern Tiefe. Das größte ist bei einer Länge von 12 Meter und 75 Zentimeter Breite gekennzeichnet durch einen abgeflachten Boden und überhängenden Bug und Kerben im Süll zum Einlegen der Riemen. Durch ihre geringe Höhe waren diese Fahrzeuge nur für den Bereich der Flüsse und Watten geeignet. Ein noch größeres Boot dieser Bauart wurde im Valdermoor/Kiel entdeckt. Es misst 14 Meter und ist mit Querbalken versteift, auf denen die Ruderer saßen.

Für den Nachbau eines frühmittelalterlichen Einbaums mit Eisenwerkzeugen in England sind 250 – 300 Arbeitsstunden aufgewendet worden. Mehr als das fortschrittliche Werkzeug bestimmt wohl die Geschicklichkeit des Bootsbauers die nötige Arbeitszeit.

Wie kamen die Römer nach Friesland?

Die Bewohner der südlichen Nordseeküste betrieben schon früh lebhaften Handel in der dänischen Inselwelt, sowie über Weser und Hunte, Ems und Hase mit dem westfälischen Hinterland, aber auch noch weit südlicher über den Rhein mit seinen Anliegervölkern und der römischen Kolonie Köln. Bei Tacitus heißt es, dass schon vor seiner Zeit die alten Bundesgenossen der Bataver und Kaninefaten aus dem Hessischen an das Rheindelta gezogen seien, um sich in diesem menschenleeren Gebiet anzusiedeln. Zu dieser Zeit wurden hier auch schon erste Ringdeiche und klappenartige Siele mit obenliegender Achse gebaut, um das Land weithin wirkungsvoll zu entwässern.

Bis ins 2. Jh. v.C. besaßen die Römer als Volk von Landratten noch kein Kriegsschiff. Unter den Bauern, Händlern und Landsoldaten gab es im Mutterland auch kaum Schiffbauer. Die Zimmerer der ersten römischen Galeeren übernahmen diese Wunderwaffe von den alten Griechen. Dort waren die 200 Ruderschiffe, mit denen die Athener schon 480 v.C. die übermächtige Perserflotte in die Meerenge von Salamis getrieben und vernichtet hatten, mit mörderischen Rammspornen versehen worden.

Dieser Erfolg hatte Athen ermutigt, enorm aufzurüsten und mittelmeerweit Küsten zu besiedeln. Allerdings machte sich der Adel damit von der Gewerkschaft der Ruderer abhängig, musste fortan auch die kleinen Leute an der Volksversammlung beteiligen und führte so nolens volens die Demokratie ein …

Rom benötigte allerdings über 150 Jahre, verlor viele fehlkonstruierte Kähne und opferte tausende zwangsrekrutierte, untrainierte Ruderer, um in wiederholten Schlachten von dem währenddessen aufgekommenen Seeimperium der Karthager siegen zu lernen. Das brachte ihnen am Ende Sizilien ein.

Schon in der mehr oder weniger beliebten Schullektüre *commentarii de bello gallico* konnten wir lesen, wie Caesar bis zum Jahr 55 v.C. ganz Gallien eroberte. Sein Erfolg erklärt sich zum einen aus seiner strategischen Begabung und der Hochrüstung der Römer. Zum anderen aber ließ Caesar den eroberten Völkern ihre nationalen Eigenarten und übte dort eine maßvolle Besteuerung. Bald konnte er schon Gallien mit dem römischen Imperium vereinigen. Bedeutsam für unsere historische Betrachtung ist, dass er den Rheinstrom energisch als Ostgrenze gegen Kelten im Süden und die Germanen im Norden verteidigte.

Nachdem römische Schiffe schließlich die ruhigeren Gewässer des Mittelmeers problemlos beherrschten, fürchteten sie doch die Biskaya als die »offene, gewaltige, aufgewühlte See«. Dennoch zogen sie weiter nach Norden bis an die Loiremündung, wo sie 57 v.C. allerdings in größere Schwierigkeiten gerieten. Das Volk der Veneter versperrte hier in ihrem Heimatrevier der Flotte

Lager der Kelten, Sammet

der Italiener den weiteren Seeweg. Caesar vergleicht anerkennend die gegnerischen Schiffe mit den seinen als besser geeignet, den Kräften des Seegangs und der Stürme zu widerstehen. Erstmalig wird dann von ihm ein ganz neuartiger Schiffstyp skizziert. Er ist sehr beeindruckt vom hochgezogenen Bug und Heck, dem starken eichenen Schiffskörper. Mächtige Querbalken seien mit daumenstarken Eisennägeln an den Planken befestigt, die Segel aus Leder genäht und fest genug, einen Orkan zu überstehen.
Obwohl die römischen Liburnen, zweireihige Ruderschiffe mit zwei bis drei Mann pro Riemen, aber nur kleiner Besegelung und erheblichem Tiefgang, besser manövrieren konnten, segelten ihnen dennoch die Veneter bei achterlichem Wind davon. Vorzugsweise lockten sie die Verfolger während des Ebbstroms auf die Untiefen vor ihrer Küste. Dort liefen einige der schweren Römerschiffe dann auf, die flachgehenden Boote der Veneter konnten aber wieder in das Geschehen eingreifen.
Da auch die alte Technik des Rammens die stabilen Eichenboote der Veneter nicht versenken konnte, griffen die Römer zu anderen Maßnahmen: mit langstieligen Sensen kappten sie die Maststagen ihrer Gegner, während sie einander umkreisten. In ihrer überwältigenden Übermacht kaperten die Römer die so gelähmten Veneterschiffe dann eines nach dem anderen. Jetzt war der Weg für Caesar frei, schon bald durchquerte er den Kanal und unterwarf Belgien noch im gleichen Sommer.

Nach Abbildungen auf antiken Vasen ließ übrigens Napoleon III. 1861 eine Triëre, das antike dreireihige Ruderschiff, bauen, um damit Ruderversuche anzustellen. Seine Seeleute kamen aber mit dem 40 Meter langen Trumm nicht klar, und die Hofberichterstatter übergingen den kläglichen Versuch mit Schweigen …

Zwei Jahre nach der ersten Fahrt eroberte Caesar auch Britannien, wobei er im Solent wiederum nicht unerhebliche Probleme durch den ungeheuren Tidenhub hinnehmen musste, weil ja den Römern die Wirkung des Mondes auf die Gezeiten aus dem Mittelmeer nicht geläufig war.

Nach der Ermordung Cäsars und kriegerischen Auseinandersetzungen um die Nachfolge konnte sich sein Adoptivsohn und Großneffe, der clevere Octavian, durchsetzen. Er beherrschte das riesige römische Reich schon mit zweiunddreißig Jahren, als er in einer Seeschlacht seinen abtrünnigen Kollegen Antonius und Kleopatra zwischen Aktion und Levkas vernichtend schlug und damit die Pläne für ein konkurrierendes orientalisches Reich zunichte machte. Er legte sich als erster den Beinamen Julius Caesar (Kaiser) zu, der fortan für alle Herrscher Roms galt.

Mit den Schätzen Ägyptens konnte er nun den maroden Haushalt sanieren. Als dem Oberbefehlshaber der römischen Kriegsmaschinerie, gleichzeitig oberstem Priester, stand ihm der Titel Imperator zu. Obwohl von so diktatorischer Machtfülle, bewahrte Octavian dennoch die republikanische Form der römischen Verfassung. Er ließ sich auch gern von seiner klugen Frau Livia beraten. Beschlüsse wurden im Team gefasst, es galten nun Milde und Gerechtigkeit. Literatur und Künste blühten im »Goldenen Zeitalter« für gut zwei Jahrhunderte. Darum erhielt er den Ehrennamen Augustus, der Ehrwürdige. Im Rückblick auf sein Lebenswerk machte sich der geniale Staatsmann nunmehr zur Aufgabe, die Grenzen des Imperiums abzurunden und den Frieden innen wie außen zu sichern. Dazu schickte er seine Neffen und Stiefsöhne Drusus und Tiberius nach Germanien mit dem Ziel, die Elbe als Nordostgrenze des Weltreichs zu festigen. Bei der Erfüllung dieses Auftrags sollten die Römer jedoch noch Federn lassen.
Wenn wir heutzutage von Reutte in Tirol über den

Fernpass zum Törgelen nach Südtirol streben, dann befinden wir uns genau auf der Trasse *via claudia augusta*, die Drusus erst bauen musste, um das Voralpengebiet zu erobern. Die eisenbeschlagenen Räder seiner schweren Wagen und Tausende marschierende Legionäre benötigten festen Boden auf ihrem Weg ins Land der Kelten. Das römische Straßennetz in den Alpen wurde zu einer Glanzleistung antiker Logistik. Noch unser heutiges Verkehrsnetz gründet sich weitgehend auf den

Station an einer römischen Fernstraße, Modell

alten Trassen.

Drusus machte sich also um 12-10 v.C. auf, von *Colonia Agrippinensa*, dem alten Köln aus, rheinabwärts die germanischen Stämme an das römische Besatzungsstatut und fällige Abgaben zu gewöhnen. Die Friesen bereiteten ihm dabei keine besonderen Schwierigkeiten, sie wurden mit ihrem Tribut an Ochsenhäuten bald Zulieferer des Heeres und gewannen als Hilfsvolk das Vertrauen der Römer. Sie nahmen für ihre vielfältigen Dienste gern die römischen Münzen an, von denen sich später so manches verlorene Geldstück zur Freude der Archäologen an mehreren Orten Frieslands (z.B. Bentumersiel) wiederfand.

Eine erste Gelegenheit, den neuen Herren gefällig zu

Goldmünze des Augustus: Sold (Stipendium) eines fries. Hilfssoldaten für 50 Tage Dienst

sein, ergab sich, als die Schiffe des Drusus nach seiner ersten Fahrt entlang der friesischen Küste in der Lauwersbucht auf Schiet gerieten, wie der Seemann sagt. Die Friesen mit ihrer Kenntnis der Gezeitenströme und geeigneten Fahrrinnen halfen, den Konvoi wieder flott zu machen, und wurden daraufhin nun auch als seemännisches Personal in großer Zahl für die Römer tätig.

Dieser erste Erkundungstörn hatte Drusus viel Zeit gekostet, er zog sich deshalb zurück, den nächsten Vorstoss besser vorzubereiten. So entstanden nicht nur der Druskanal, sondern auch weitere Verbindungen großer Seen und Flüsse im westfriesischen Binnenland, um auf kurzem Wege von der Wasserstraße des Rheins die südliche Nordsee erreichen zu können. Da durchgängige Heerstraßen in der norddeutschen Tiefebene noch nicht bestanden und zahlreiche kampfwütige Stämme auf dem Weg zum Zielgebiet hätten mühselig bezwungen

werden müssen, bot der Seeweg entlang der Küste bis zu den großen Flussmündungen den idealen Zugang.
Der phantasiebegabte Zeichner Sibrandus Leonis, Leovardiensis (Sybrand Leuw aus Leeuwarden), studierte um 1579 die Schriften des Tacitus. Nach dessen Beschreibungen zeichnete er die nachstehende Karte des alten Friesland unter Augustus.
Ein Rheinarm führte jenerzeit noch weiter nördlich (beim heutigen Egmond nahe Alkmaar) zur Nordsee. Das flache, sehr sumpfige von Flüsschen und Seen durchzogene Marschenland im Norden Hollands sprach Tacitus den Friesen zu, die Stämme an der Ems nannte er die kleinen und die an der Weser die großen Chauken.
Bemerkenswert auf der kleinen Karte ist der Eintrag *Fossa Drusiana*, des Drususkanals, den der Heerführer zwischen Rhein und Ijssel ausheben ließ. Die Römer schufen sich dadurch nicht nur eine verkürzte Zufahrt zur Nordseeküste, sie sollte auch möglichst weitgehend im geschützten Binnenland verlaufen. Durch den in der Kartenmitte als das Sumpfgebiet *Sacrum Nemus* (heiliger Hain) Suyder See dargestellten Binnensee, der aber schiffbar war, führte die römische Route wohl in nordöstlicher Richtung weiter. Drusus wird auch schon das Sloter Meer mit der Seenplatte beim heutigen Sneek verbunden haben. So gelang es, die Lauwers in das schiffbare System einzubeziehen und das Wattenfahrwasser zu erreichen.
Hier in der Lauwersbucht zweigt aber auch das Reitdiep nach Groningen ab, von wo nach verschiedenen mittelalterlichen Karten ein Fluss in die Emsmündung führte *»nicht nur für Boote und Kähne, sondern auch für mittelgroße leichte Ruderschiffe befahrbar und tönt von dem ständigen Verkehr Rudernder und Segelnder wieder (1596)«*. In der Neuzeit bauten die Holländer dieses Damster Diep zum Küstenkanal aus, der in Delfzijl endet …
Die eingezeichnete *Fons aquae dulcis* (Süßwasserquelle) soll laut Plinius bei den Besatzungstruppen zu Zahnausfall (Skorbut) geführt haben, was aber dank des medizinischen Wissens der Bevölkerung geheilt werden konnte: Es half das Kraut Herba Britannica, das *»... nicht nur heilsam für Muskeln und Mundfäule ist, sondern auch gegen Halsentzündung und Schlangen.«* Die Bezeichnung des Krauts (möglicherweise die sehr Vitamin C reiche Feigwurz) wurde auch schon als Herba Burtangica, nach dem dortigen Moor gedeutet.
Mit Verwunderung entdecken wir auch die Columnae *Herculis*, womit im Altertum die Vorgebirge der Meerenge von Gibraltar bezeichnet wurden. Die »Germania« des Tacitus enthält allerdings als Gerücht den Hinweis, auch in der Nordsee gäbe es Säulen des Hercules. Gesehen haben sie die Römer nicht.

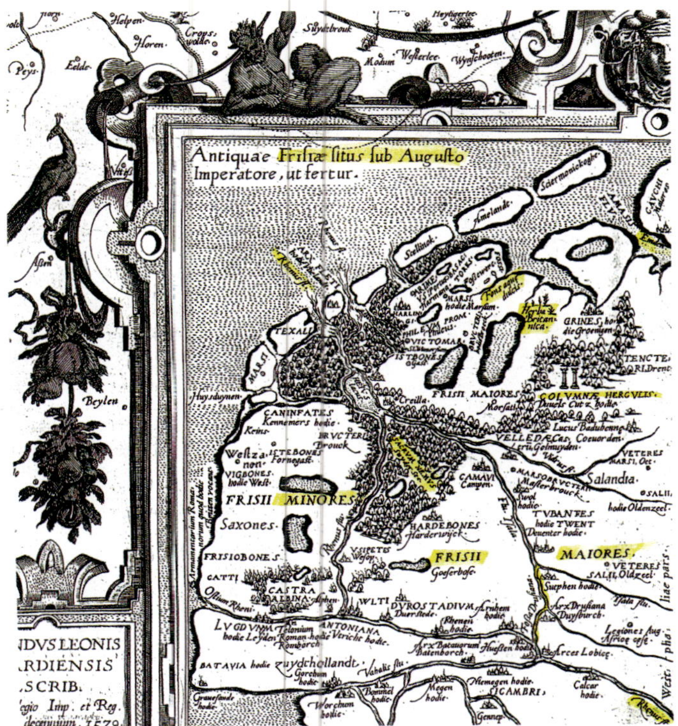

Friesland zur Zeit des Augustus

Damaligen Seefahrern boten allenfalls die Buntsandsteinfelsen von Helgoland einen vergleichbaren Anblick. An der Küste ragten früher zwei hohe, rote Klippen auf, die jedoch 1721 von einer Sturmflut zerstört wurden. Der Insel vorgelagert ist eine weiße Düne.
Mit am stärksten zugesetzt haben der Hochseeinsel aber nicht der Jahrtausende währende Wellenschlag, sondern die Übungsabwürfe der Royal Air Force mit Bomben bis 5000 Kilo noch 1952 – Besatzerrecht …

Die nächste Etappe auf seiner Route war die Emsmündung, wo es gleich zur Sache ging, denn die Brokmer lieferten Drusus eine Seeschlacht, konnten aber nicht verhindern, dass die Römer die Insel Burcana besetzten. Während dieses Sommers erkundeten Römer noch das Reiderland und wie weit die Ems schiffbar sei, errichteten an der Wesermündung ein Kastell und erreichten die Elbe. Im folgenden Jahr jedoch, noch während sich Drusus zwischen Rhein und Saale mit widerspenstigen Germanenstämmen herumschlug, ereilte ihn 9 v.C. der Soldatentod: er stürzte vom Pferd, brach sich den Oberschenkel und quälte sich noch dreißig Tage an einer Infektion. Nach einem Staatsbegräbnis in Rom für den verdienten Eroberer übernahm Bruder Tiberius das Oberkommando in Germanien.
Zu dieser Zeit lustwandelten unter dem blauen Himmel Roms gut eine Million Menschen auf kunstvollen Mosaiken zwischen marmornen Säulenhallen und erfrischenden Wasserspielen. Sie hielten sich über 300.000 Legionäre in ihrem streng organisierten Großreich einschließlich dem kalten Nebelland Nordeuropas.
Da die Küstenvölker noch ruhig blieben, schaffte es Tiberius tatsächlich, die Elbe für kurze Zeit zu halten. Dann läutete eine Niederlage am Kalkrieser Berg nordlich von Osnabrück, zwischen Ems und Lippe, das Ende der Römerherrschaft im Norden ein. Leider lassen sich ihre Geschichtsschreiber darüber nur kurz aus, denn die kaiserlichen Verlautbarungen fielen diesmal knapp aus. Aber dank archäologischer Funde, außer Waffen und Schanzgerät auch Werkzeuge und Münzen mit VAR-Gegenstempel für Varus sowie der versilberten Maske eines Feldzeichenträgers, konnte man dieses Ereignis vor kurzem weitgehend aufklären (Museum Kalkriese/Osnabrück, Niedersachsen).

Varus hatte sich in Syrien als Besatzer bewährt, das er »arm als reiches Land angetroffen und als armes Land reich verlassen hatte«. Nun sollte der Statthalter mit dem schlechten Ruf die Provinz Germanien durch eine Kette von Kastellen, Zwangsumsiedlung der unruhigen Stämme und römisches Strafrecht disziplinieren, sodann die Sprache und Verwaltungspraxis der Römer einführen und vor allem Steuern eintreiben. Schon jede dieser Maßnahmen für sich musste ihm nicht nur Hass, sondern organisierten Widerstand eintragen.
»Unweit des Teutoburger Waldes«, so ist überliefert, ging im Jahre 9 n.C. der römische Feldherr Varus mit drei Legionen verloren. Anlass für die Lokalpatrioten 1875 am falschen Ort auf der Grotenburg das »Hermannsdenkmal« zu errichten – dem Sieger, Cheruskerfürst

Germanenmythos: der siegreiche Hermann

Arminius (alias Hermann), der schon als Führer germanischer Hilfsvölker im römischen Heer gedient hatte.
Ihm war gelungen, kurzzeitig mehrere Stämme für eine entscheidende Schlacht gegen die überheblichen Römer aufzuwiegeln und in seine Strategie einzubinden. Er lockte die Besatzertruppe des Varus mit drei Legionen, sechs Auxilien, drei Reiter-Alen mitsamt Versorgungstross, summa summarum etwa 20 000 Mann, in einen tödlichen Hinterhalt. Das Heer befand sich auf dem Rückmarsch zum Winterlager im Rheinland und hatte sich auf den schmalen alten Wegen schon über sechs Kilometer in die Länge gezogen, als die Germanen begannen, den Heerwurm an mehreren Stellen gleichzeitig zu attackieren. Die Karawane aber zog unbeirrt weiter und das weitere drei Tage lang.
Denn Varus wusste von seinen germanischen Scouts, dass zwischen dem Kalkrieser Berg und einem Moor im Norden ein Engpass vor ihm lag. Den wollte er nun in Eilmärschen hinter sich bringen. Doch dort wurde er bereits von weiteren Germanen erwartet. Dunkle Wolken kündigten ein nahendes Gewitter an. Erste Schauer setzten ein, als die Germanen sowohl hinter vorbereiteten Grassodenwällen hervorbrachen, als auch vom Berghang herab die Römer überfielen. *»Deren Schilde aus Leder wurden so nass und schwer, dass die Soldaten sie nun nicht länger hochhalten konnten«* (um sich gegen den Hagel der Lanzen zu schützen).
Im Nu übertraf hier die germanische Distanzwaffe das römische Kurzschwert. Durch die Blitze ihres Donnergottes Thor offensichtlich bestätigt, setzten die Germanen nach, Panik ergriff die römischen Truppen, in wilder Flucht und prasselndem Regen stürmten die einen vorwärts auf schmierigem schmalem Pfad, andere türmten durchs nördliche Feuchtgebiet und blieben im Morast stecken. Varus gab alles verloren und stürzte sich in sein Schwert. Die kürzlich ausgegrabenen Schlachtentrümmer belegen, dass die römische Armee total aufgerieben wurde.
Die Meldung von dieser dramatischen Niederlage setzte dem betagten Augustus so schwer zu, dass er sein Lebenswerk gefährdet sah. Er warf die germanische Leibwache aus dem Palast, ließ monatelang Bart und Haar ungepflegt und soll immer wieder geklagt haben: »Quinctilius Varus, gib mir meine Legionen wieder!« Tatsächlich hat man die Nummern der drei verlorenen Legionen und ihre Feldzeichen im römischen Heer niemals wieder verwendet, so sehr schmerzte diese Schmach der Niederlage.
Als Augustus 14 n.C. starb, wurde Tiberius neuer Kaiser und beauftragte seinen Neffen, den Sohn des Drusus, die Feldzüge in Deutschland fortzuführen, von denen dann Tacitus berichtet. Bald konnte sich der tüchtige Feldherr hier seinen Ehrennamen Germanicus verdienen. Sicher ganz im Sinne seines Vaters begann er den ersten Einsatz in Friesland. Er bot die gewaltige Streitmacht von 50 000 Schwerbewaffneten auf, um die aufständischen Stämme endgültig in die Knie zu zwingen.
Dazu schiffte er mit hunderten Kähnen einen Großteil des Heeres vom Rhein über das Kanalsystem, das ja noch sein Vater hatte ausheben lassen, und die Ems nach Süden ein, wo man sich der vorausgeeilten Reiterei anschloss, um den Cheruskern an die mittlere Weser entgegen zu ziehen. Aber das Kriegsglück verließ die Römer ein weiteres Mal, denn ihr schwerfälliger Heerwurm war kaum geeignet, die beweglichen Kampfgruppen der Germanen in deren vertrautem Gelände zu stellen. Angesichts der fortgeschrittenen Jahreszeit beschloss Germanicus daher, sich für dieses Jahr zurückzuziehen. Südlich entlang der ausgedehnten Moore marschierten die Fußtruppen zurück, aufs spätere Papenburg zu, gingen erneut an Bord und schipperten emsabwärts Richtung Groninger Watt, um im Schutze der Inseln wieder in das Flusssystem zum Rhein zu gelangen.

Im Watt, Rizek

Die Reiterei sollte zwar parallel emsabwärts und an der Küste entlang ziehen, sie geriet aber schon im Bourtanger Moor in Verzug, weil die alten Knüppeldämme nicht mehr trugen und erneuert werden mussten. Dabei waren den beiden Legionen auch noch die Cherusker auf den Fersen, wieder unter Führung des agilen Arminius, die in zähen Kämpfen abgewehrt werden mussten. Dazu Tacitus:

»Die Barbaren waren bestrebt, die Vorposten zu durchbrechen und zwischen die Schanzarbeiter einzudringen: sie neckten, umgingen sie und stürmten heran. Durchein-ander hallte verworrenes Geschrei der Arbeitenden und Kämpfenden, und alles war gleicherweise den Römern ungünstig, der Boden tiefer Morast, darauf zu fußen ebenso unhaltbar, wie schlüpfrig beim Voranschreiten, die Leute mit ihren Panzern beschwert, ja nicht einmal den Wurfspieß mitten im Gewässer zu schwingen fähig. Dagegen standen die Cherusker des Kampfes in Sümpfen längst gewohnt, hochragenden Wuchses, und mit mächtigen, aus noch so weiter Ferne verwundenden Spießen. Nur die Dunkelheit rettete die bereits wankenden Legionen aus dem ungünstigen Kampf.«

Noch nachts warfen die Römer ein Lager auf. Auch am nächsten Schlachtentage *»... wurde gemordet, solange die Erbitterung und das Tageslicht reichten.«*

Mit knapper Not konnte sich Germanicus am nächsten Morgen absetzen. Zu allem Überfluss folgte den Römern im unbedeichten, sumpfigen Gebiet des späteren Dollarts noch eine Sturmflut aus Norden auf dem Fuße, die viele das Leben kostete, bis der Rest des Heeres schließlich in der Lauwersbucht von der schon wartenden Flotte aufgenommen werden konnte. In Köln verbrachten die Truppen wieder den nahenden Winter. Hier wurde die Tochter Agrippina geboren. Sie heiratete im Jahr 49 n.C. Kaiser Claudius, wobei sie den zwölfjährigen Nero in die Ehe einbrachte. Nach ihr erhielt die Stadt ihren Namen Colonia Claudia Ara Agrippinensium, später Köln.

Auf Wunsch des Kaisers sollte Germanicus zwar im neuen Jahre 16 n.C. ein Kommando im Südosten des römischen Reiches übernehmen, anstelle dessen wollte er jedoch erst die Scharte vom Vorjahr auswetzen, den Cheruskern endgültig den Mut zu weiteren Vorstößen nehmen und das Küstenland weiterhin sichern. Entsprechend den gemachten Erfahrungen bereitete sich Germanicus im Winterlager gut auf seine Revanche vor. Sein Plan war, vom Meer her über die Flüsse Ems und Weser weit ins Hinterland vorzudringen. Statt der ermüdenden Märsche würde er dann frühzeitig im Jahr aufbrechen können, hielte Krieger und Tross zusammen und böte so den Germanen unterwegs nur wenig Angriffsmöglichkeiten. Während er sich in seiner fußbodenbeheizten Villa zu Köln von den Rückschlägen erholte, ließ er die Schiffe reparieren und die friesischen Bootsbauer mehrere deutlich verbesserte Typen zimmern. Niedriger Wasserstand im Oberlauf der Flüsse verlangte nach geringem Tiefgang und hoher Manövrierfähigkeit im engen Fahrwasser. Diese neuen Boote erhielten deshalb an beiden

Enden ein Steuerruder. Dann wurden Pünten (Pontons, pons = Brücke) angefertigt, die sich mit einem ebenen Oberdeck zu durchgehenden Landungsbrücken zusammenfügen ließen. Wahrscheinlich benutzte man auch ausklappbare Landungsrampen (sog. Raben), denn schon 260 v.C. hatten die Römer in einer Seeschlacht die gegnerischen Karthager mit ausschwenkbaren Enterbrücken ähnlich einer Gangway überrascht. Die Masten und Segel der römischen Ruderschiffe ließ Germanicus stark vergrößern.

Seine Flotte zählte nun über 1000 Schiffe. Früh im neuen Jahr zog er sie an den Inseln im Rheindelta zusammen und setzte Tross, Fußtruppen und Reiterei dahin in Marsch. Auch gehörten Abteilungen gallischer Hilfstruppen zum Heer. Wurfmaschinen, Material, Ross und Reiter wurden eingeladen, und sicher steuerten die friesischen Seeleute den riesigen Convoy über den Drususkanal, die Binnenseen und entlang der Küste in die Mündung der Ems.

Nicht ahnend, dass sich später die Historiker lange über die Frage streiten sollten, wo denn nun die römische Flotte landete, ihre Transportschiffe stationiert wurden und ob damit Emden als Hafen schon existierte, notiert Tacitus lakonisch »zu Amisia an der linken Seite des Flusses«, aber nicht wie hoch die Ems hinauf. Seine Berichterstatter werden das Ufer am Emsbogen und den damaligen Zuflüssen aus dem Reiderland (Fletum westlich von der heutigen Außenmole Emdens) gemeint und nach dem Fluss Amisia (Ems) bezeichnet haben. Nur in dieser geschützten Emsschleife konnte die gewaltige Flotte genügend Ankerplatz finden. Hier gab es schon beim Ausschiffen erste Probleme mit der Tide wie sie der Chronist beschreibt:
»... die Reiterei und das Fußvolk kamen zwar ungefährdet über das zunächst den Fluss säumende Watt hinüber, da die Flut noch nicht stieg, aber die zuletzt landenden Hilfstruppen wie die Bataver, tummelten sich im Strom (inzwischen herrschte Hochwasser) und zeigten sich mit ihrer Schwimmkunst, gerieten dabei in Panik und einige ertranken.«

An diesem bereits im Vorjahr bewährten Flottenstützpunkt der Römer existierten schon kleine Siedlungen und Verbindungswege, auch die Verpflegung aus dem Umland war gesichert. Die Kampfgruppen zogen nach Süden in Richtung des heutigen Ortes Weener und konnten so Zusammenstöße mit den rechtsemsischen Amsivariern vermeiden. An der Dieler Schanze, dem späteren Grenzort zwischen Münster und Ostfriesland, fügten sie die vorbereiteten Pontons zu Emsbrücken zusammen. Dahinter stellte Germanicus die Truppen zusammen und das Heer machte sich erneut auf den Marsch zur Weser.
Zwar wurden in neuerer Zeit an mehreren Stellen im Reiderland römische Münzen ausgegraben, aber archäologische Funde sind trotz der wiederholten Flottenbesuche sehr selten, denn auch die damalige Reede vor Emden wurde in der großen Flut weggerissen, die den Dollart entstehen ließ. Im alten Emder Binnenhafen, der ursprünglichen Emsschleife, förderte der Bagger eine typische römische Amphore zutage, wie sie für den Transport von Olivenöl, Wein und Trinkwasser verwendet wurde. Scherben römischer Tonlampen und Amphoren, auch römische Waffenteile grub man bei Bentumersiel neben einheimischer Keramik an einem vermutlichen Marktplatz am Westufer der Ems aus. Grabungen auf der Leeraner Seite ergaben, unter den Buntmetallfunden aus römischer Kaiserzeit gelegen, sogar noch Beigaben in Brandgräbern der Trichterbecherkultur vor 4800 Jahren.
Siegreich konnte Germanicus im Jahre 16 n.C. letztlich doch die Cherusker schlagen und Rache nehmen für die

Römische Wohnkultur in Köln

schmähliche Niederlage im Teutoburger Wald, aber den widerborstigen Armin fing er nicht. Bevor es allerdings heimging ins römische Reich, erlebten die Legionen ein Fiasko, das nunmehr das Kapitel »Römer in Friesland« endgültig abschloss:

»Doch da es schon hoch im Sommer war, wurden einige Legionen auf dem Landwege in die Winterlager zurückgeschickt. Die Mehrzahl schiffte der Caesar ein und fuhr mit ihnen durch die Ems in den Ozean (Nordsee). Anfangs rauschte die stille Meeresfläche vom Ruderschlage der tausend Schiffe oder wurde durch ihre Segel bewegt. Bald aber türmte sich schwarzes Gewölk zusammen; Hagelschauer, ihm entströmend, und zugleich die in der Stürme rings erhobenem Kampfe wild durchein-ander bewegten Wogen nahmen die Sicht, hinderten die Steuerung, und die zagenden, mit den Gefahren des Meeres nicht vertrauten Soldaten machten, indem sie das Schiffsvolk störten oder zur Unzeit unterstützen wollten, die Maßnahmen der Seeleute zunichte. Hierauf kamen Himmel zumal und Meer ganz in die Gewalt des Südwinds, welcher noch verstärkt durch die ungeheuren Wolkenmassen, die sich über dem feuchten Germanien und seinen tiefen Strömen bilden, und durch des nahen Nordens Kälte noch furchtbarer, die Schiffe ergriff und in den offenen Ozean und nach Inseln hin verschlug, die mit schroffen Klippen oder verborgenen Untiefen Verderben drohten. Als man diesen nur eben und mit Mühe ausgewichen war, konnte man, da sich die Strömung (Tide) änderte und mit dem Winde in gleicher Richtung trieb, weder Anker werfen, noch die eindringenden Fluten ausschöpfen. Pferde, Lastvieh, Gepäck sogar Waffen wurden über Bord geworfen, um die an den Seiten leck geschlagenen Schiffe, zumal sich auch von oben her die Wogen überschlugen, zu erleichtern.

In dem Maße, wie durch Ungestüm vor anderen Meeren der Ozean und durch Unfreundlichkeit des Himmels sich Germanien hervortut, übertraf auch jenes Unglück durch Neuheit und Größe alle Vorstellung; ringsum waren feindliche Gestade oder ein so unabsehbares und so tiefes Meer, dass es für das äußerste und grenzenlos gehalten wird. Ein Teil der Schiffe wurde verschlungen, mehrere strandeten an weitentlegenen Inseln, wo denn die Mannschaft, weil von menschlicher Bebauung nichts zu finden war, von Hunger aufgerieben wurde, bis auf die wenigen, denen dorthin getriebene Pferdeleichen das Leben kümmerlich fristeten.

Pogum am Emsufer, Ritzek

Allein des Germanicus Dreiruderer trieb an das Land der Chauken (Ostfriesland), den während aller jener Tage und Nächte an den Klippen und Landzungen, wenn er laut sich selbst die Schuld an so großem Unglücke beimaß, kaum die Freunde abhalten konnten, in demselben Meere den Tod zu suchen. Endlich kamen mit wiederkehrender Flut und günstigem Winde die Schiffe schwer verletzt und mit spärlichem Ruderwerk oder aufgespannten Kleiderstücken segelnd, einige auch von den stärkeren gezogen, zurück. Diese in aller

Eile ausgebessert, sandte er aus, um die Inseln abzusuchen. Durch diese Sorgfalt wurden sehr viele wieder zusammengebracht; einige mussten losgekauft werden, manche waren nach Britannien verschlagen worden und wurden von den kleinen Königen des Landes heimgesandt. Jeder, der aus der Ferne zurückgekommen war, wusste Wunderdinge zu erzählen, von der Gewalt der Wirbelwinde und von unerhörten Vogelarten, von Seeungeheuern, Zwittergestalten von Menschen und Tieren, sei es nun gesehen worden, oder durch die Furcht nur eingebildet.« (Tacitus, Annalen II, 23)

Zwar sind die Historiker in der Rückschau immer geneigt, zwangsläufige, plausible Entwicklungslinien und abgegrenzte Epochen auszumachen, Aufstieg und Fall großer Reiche wie die alten Kulturen der Chinesen, der Ägypter, Griechen und des römischen Imperiums. Aber löst nicht vielmehr die chaotische Natur der Menschen mit ihrem Streben nach Einfluss, Macht und Reichtum, schließlich Überheblichkeit, Despotie und Degeneration die Veränderungen aus? Auch die Römer geben dafür ein anschauliches Beispiel.

In Erinnerung an ruhmreiche Zeiten und Seekämpfe inszenierte schon Caesar auf dem römischen Marsfeld aufwendige Naumachien. Er ließ riesige Wasserbecken für die nachgestellten Seeschlachten ausheben und von Tribünen umschließen. Auf Befehl des irren Nero wurde sogar eigens ein tiefes Amphitheater gebaut und mit dem Wasser des Tiber geflutet. Ein unübertroffenes Schlachtenspektakel gelang auch Kaiser Claudius, dem Stotterer, im 1.Jh. auf dem extra vertieften See Fucine im Süden von Rom. Von den umgebenden Hängen und Hügeln konnten Tausende sensationslüsterne Zuschauer beobachten wie die 19 000 Mann in historischen Gewändern und Waffen römischer Seesoldaten auf echten Galeeren, in blutigem Realismus Kämpfe zwischen ägyptischen und tyrischen sowie attischen und persischen Flotten nachstellten. Gladiatoren, Gefangene aus den unterworfenen Ländern, zum Tode verurteilte Aufrührer und Verbrecher stellten die Mannschaften: *»Sie kämpften wie ehrliche Männer. Nach vielem Blutvergießen erließ man ihnen die Hinrichtung«* (Tacitus).

Die Krummhörn

Siedler, die sich schon seit der frühen Eisenzeit, also vor viertausend Jahren, an Meeresbuchten und Watten zwischen Flie (NL) und Weser niederließen, lebten vom Fischfang, nutzten aber auch schon zunehmend die jungen Escherböden als Weiden für ihre kleinen Rinder und Schafe. Nicht nur die Gezeiten, sondern mehr noch winterliche Hochwasser zwangen sie, für ihre hölzernen Behausungen künstliche Hügel aus Klei und Mist aufzuwerfen. Diese amphibische Heimat der Friesen hatte der römische Geschichtsschreiber Plinius noch im Dienst bei der Truppe des Corbulo 47 n. C. und in der Flotte so erlebt und geschildert:

»Im Norden haben wir die Chauken kennengelernt ... In gewaltiger Strömung ergießt sich dort das Meer in Abständen zweimal bei Tage und bei Nacht auf ein ungeheures Gebiet, von dem man nicht weiß, ob es zum Lande gehört oder ein Teil des Meeres ist. Dort bewohnt ein armseliges Völkchen hohe Hügel, die wie Rednertribünen von Menschenhand errichtet sind gemäß den Erfahrungen über die höchste Flutgrenze. Auf ihnen sind die Hütten gesetzt. Ihre Bewohner gleichen Segelnden, wenn die Fluten das umliegende Land bedecken, aber Schiffsbrüchigen, wenn sie wieder zurückgewichen sind. Bei ihren Hütten machen sie Jagd auf die mit dem Meer fliehenden Fische. Vieh zu halten, ist diesen Menschen nicht gestattet. Sie können sich auch nicht, wie ihre Nachbarn, von Milch ernähren, ja nicht einmal mit wilden Tieren kämpfen, da weit und breit jeder Strauch fehlt. Aus Seegras und Binsen flechten sie sich Stricke für ihre Netze zum Fischfang. Durch mit Händen gesammelten Schlamm (Torf), den sie mehr durch den Wind als durch die Sonne trocknen, wärmen sie ihre Speisen und ihre vom Nordwind erstarrten Glieder. Ihr Getränk besteht ausschließlich aus Regenwasser, das in Gruben vorne im Hause aufbewahrt wird.«

Karte nach Ptolemaios, um 800

Tatsächlich umschlossen schon die ältesten Warfen einen kleinen Süßwasservorratsteich. Mit ihren einfachen Booten drangen die Urfriesen über Nebenflüsse und Bäche auch ins Innere des Landes vor und überquerten die großflächigen Binnenseen. Das Moor bot ihnen den willkommenen Brennstoff Torf. Seewärts erreichten sie die Heller, das sumpfige Vorland.
Die benachbarten Stämme sollen die Küstenbewohner deshalb erstmalig »Friesen«, was hieß: Menschen, die am Rande wohnen, genannt haben. Phrisii nennt auch um 150 n.C. schon Ptolemaios aus Alexandrien in seiner Weltbeschreibung. Obwohl man es besser wusste, stellten spätere Kartographen entsprechend der kirchlichen Sprachregelung Jerusalem ins Zentrum einer kreisrunden Erdkarte. Es war aber schon klar, dass die Erde eine Kugel ist und keine Scheibe.

Wenn Germanicus nach seiner Strandung, als die heutigen ostfriesischen Inseln noch nicht existierten, auf Landzungen, Klippen (Dünen) und Inseln umherirrte, um seine Mannen einzusammeln, muss die Küste schon stark zerklüftet gewesen sein. Die Ausgrabungen der Siedlungen auf den Uferwällen, viele Funde aus römischer Kaiserzeit sowie zahlreiche Bodenproben mit Resten der salzverträglichen Pflanzen erlauben heute, vom früheren Küstenverlauf mehrere »Momentaufnahmen« zu machen.

Danach wies die rechte Seite der Emsmündung um Christi Geburt mehrere Buchten auf. Südlich vom heutigen Juist und einer kleinen Leybucht lag noch die Insel Bant als Rest früher überfluteten Festlands. Strabon erwähnt sie als Burcana, die Bohneninsel. Auf Bant, so erzählt Eggerik Beninga später in seiner Chronica der Fresen, besaß der Friesenkönig Radbod ein Haus und segelte von hier nach Helgoland, wo sich das germanische Heiligtum Fosites befand. Helgoland bedeutet heiliges Land. Bant schützte das Mündungsgebiet der Ems mit den zahlreichen Marschensiedlungen gegen die aus Nordwesten anrollenden winterlichen Sturmfluten. Stetig nagten sie an diesem natürlichen Bollwerk und überfluteten schließlich 1362 die Leybucht mit Westeel weit ins Land hinein und machten Norden zur Hafenstadt. Schon 1288 war hier die Andreaskirche vollendet worden, deren Turmspitze von der Elbmündung aus zu sehen gewesen sein soll.

Südlicher öffnete sich die Sielmönkener Bucht etwa zwölf Kilometer tief bis Hinte. Anfänglich bestand auch noch das Camper Seegat, dessen Priel ostwärts bis ans Coldewehr bei Hinte reichte. In der Einfahrt der Bucht lag eine Insel. Sie fand als geschützte Siedlung schon in sehr früher Zeit Interesse.

In den folgenden Jahrhunderten verschlickte der dortige Meeresarm jedoch. Vom bewohnten Ufer und von der Wurt auf der Insel aus konnten die Bewohner Campens ihr Vieh zur Weide auf die anwachsende Marsch treiben und auf dem fruchtbaren, nun von Prielen entwässerten, Kleiboden Ackerbau betreiben.

Die Siedlung Campen wird für den Leser noch besondere Bedeutung bekommen. Sie liegt heute auf einer vier Meter hohen, länglich-runden Warf, von einem Haufendorf besetzt, wie eine Insel in fruchtbarer Weidelandschaft. Die langgezogene Gemarkung entspricht noch annähernd der ehemaligen Bucht, wobei die Zugschlote und Wege auch deren alter Ausrichtung zur Ems folgen. Um den Ort liegen die Nebenwarfen Camper Buschhaus, Camper Vorwerk und Rüsthofen.

Dieser Kartenausschnitt illustriert beispielhaft, welche unermessliche Arbeitsleistung vieler Generationen in der Schaffung des frieslandweiten feinmaschigen Entwässerungsnetzes steckt. Seine blau spiegelnden Wasserläufe haben an der Gesamtoberfläche Ostfrieslands einen beachtlichen Anteil.

Vermutlich erfolgte die Gründung Campens schon vor der römischen Kaiserzeit. Es fand bisher keine tiefschürfende archäologische Forschung statt, nicht zuletzt, weil

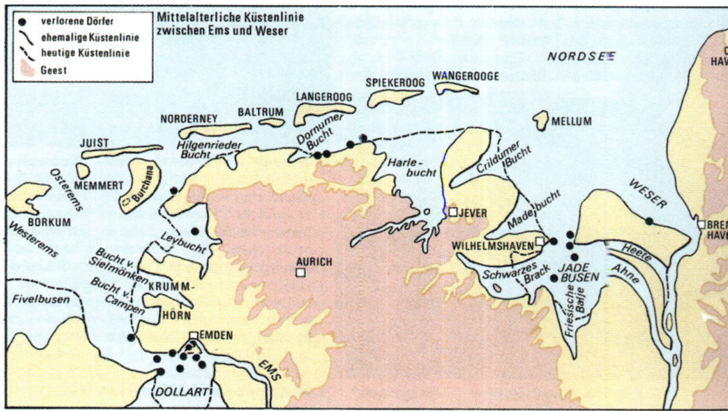

Der Küstenverlauf Ostfrieslands vor 2000 Jahren, Merian

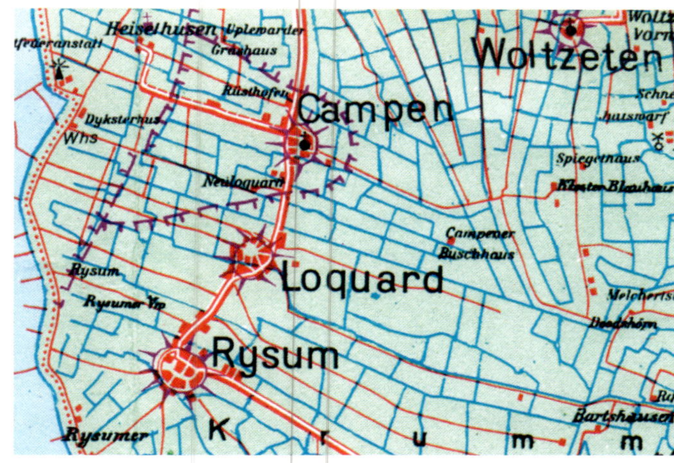

Die Rundwurt von Campen in seiner ehemaligen Bucht

die Wurt eng bebaut ist. Unzweifelhaft würde der Spaten aber aufschlussreiche Funde aus diesem Archiv einer langen Ortsgeschichte zutage fördern.
Etwa seit hundert Jahren vor und dann nach der Zeitenwende entwickelte sich im Küstenland mit der Viehzucht, einem gemeinwirtschaftlichen Ackerbau auf Sippengrund und Handel mit Vieh und Leder bescheidenes Wohlergehen. Die Siedler legten Ackerparzellen an, die sie mit Wällen umgaben. Neben den täglichen Verrichtungen bei der Milchwirtschaft wird getöpfert und gewebt, die Metallverarbeitung erlaubt die Anfertigung von Werkzeugen und Schmuck.
Natürlich waren die Friesen mit Tidestrom und Untiefen der Küste recht vertraut, sie ruderten und treidelten die großen Flüsse im Westen hinauf, brachten im Gegenzug vielfältige Tauschwaren an das »Friesische Meer« wie sie damals die Nordsee nannten, sowie über Ems, Weser und Elbe ins Hinterland. Die Küsten Skandinaviens blieben, abgesehen von einer einzelnen Erkundungsfahrt im Jahre 5, außerhalb römischer Vorstöße nach Nordosten. Es kam dennoch durch die friesischen Zwischenhändler zu lebhaftem Umschlag von Waren. Gegen Pelze, Bernstein, blondes Frauenhaar und Sklaven tauschte man römische Luxusartikel ein. Kostbare Brokatgewebe und Goldschmuck vom Mittelmeer, Keramik, »neumodische« Trinkhörner aus Glas und Wein vom Rheinland, auch Schwerter gingen den Weg entlang der friesischen Küste nach Norden.

Vom Naturalhandel kamen die Bewohner in ihren zunehmenden Kontakten mit den Römern und deren fortschrittlichem Münzwesen nach und nach ab. Seit dem 1. Jh. finden sich schon Münzen römischer Herkunft aus Sold und dem Handel. In der Folgezeit belegen großzügige Beigaben in einigen Gräbern den Wohlstand Alteingesessener. Mit ihren Opfergaben in heilige Quellen bedankten sich die Germanen für Erfolg und Gesundheit. So führt uns ein Fund von 3000 römischen Silbermünzen zu der Erkenntnis, dass es die Östringer gewesen sein müssen, die hinter dem Überfall auf die Römer im belgischen Grenzgebiet steckten, der für 175 n.C. überliefert ist. Denn neben Werkzeugen aus der

Kostbares Tauschgut: Bernstein

Steinzeit fand sich 1850 ihre silberne Gabe in einem versiegten Quell unter dem Stadtwall von Jever.
Als im 2. Jh. die Überflutung weiter zunahm, änderten die Siedler die Form, ihre Dörfer anzulegen. Statt radial oder oval (wie in Rysum und Manslagt) erhöhten sie ihre Hofplätze rationeller in Form von Reihensiedlungen. So erstreckten sich die Ackerstreifen in gleichbleibender Breite hinter ihren Häusern.

Der wachsenden Bevölkerung verbleiben aber nicht genügend Erträge aus Ackerbau und Viehzucht. Zudem kühlt sich nach 300 das Klima ab, Marschenböden vernässen, die nutzbaren Wirtschaftsflächen werden schmäler und der erhöhte Geestrand bietet nur noch ungenügende Rückzugsmöglichkeiten für alle. Die Grenzen des Wachstums sind erreicht, viele müssen sich der allgemeinen Völkerwanderung anschließen.
Auch die ehedem starke Besatzungsmacht an der Nordseeküste ist inzwischen verfallen, und die Römer haben sich hinter ihren Befestigungswall ins Rheinland zurückgezogen. Dieser Limes war zur Kaiserzeit begonnen worden und erstreckte sich von Schottland (Hadrianswall), entlang von Rhein und Main, östlich des Neckar bis zur Donau. Er bestand aus Palisaden oder Mauern hinter Gräben und war etwa alle 20 Kilometer durch Kastelle geschützt. Dazwischen standen auch noch Wachttürme. Dennoch konnte der Limes ab 258 nicht mehr gegen die anstürmenden Grenzvölker gehalten werden.
Die Saalburg bei Bad Homburg, ein komplettes römisches Kastell, vermittelt einen Eindruck von diesem ungeheuren Bauwerk, das unter der »Anleitung« der Besatzer entstanden war.

Etwa ab 375 wandern germanische Völker aus dem Südwesten Jütlands wie die Angeln und ihre östlichen Nachbarn, die Juten, westlich entlang der friesischen Küste, und mit ihnen setzen Ostfriesen nach Britannien über.
An der südlichen Nordsee und beiderseits des Kanals sprach man nun die gleiche Sprache und hielt in regem Handel die Verbindung mit den Vettern aufrecht. Aus solchen Geschäften stammt der Fund einer Handvoll römischen Kleingelds des 4. Jh. in Hauen bei Pilsum, am Ufer der damaligen Bucht von Sielmönken.
Von jenseits der Weser rückten nun Sachsen nach Westen, die bald die ansässigen Friesen dominierten.
An neuen Impulsen für die Gestaltung der Keramik brachten sie schwarzglänzende Oberflächen und üppige Verzierungen ein und veredelten damit die heutigen Funde.
In der ehemaligen römischen Garnison Xanten am Niederrhein gruben Archäologen ein Plattbodenschiff der Römer aus. Der Frachtkahn ist über 25 Meter lang. Anfang des 5. Jh. befuhren römische Handelsschiffe auch noch die Unterweser, um hier Ware aufzunehmen. Das könnte die Silhouette eines solchen Fahrzeugs nahelegen, die ein Germane mit damaligen Runen zusammen

Standardisiertes Römerlager am Limes, Sammet

in einen Knochen einritzte (Museum für Naturkunde u. Vorgeschichte in Oldenburg).
Die angelsächsische Dichtung vom Kampf der Dänen um die Burg des Friesenkönigs Finn bezieht sich ebenfalls auf dieses Jahrhundert, und aus dem Zeitraum 561 – 575 wird dann berichtet, fränkische Truppen hätten Sachsen und Dänen von Westen her bis nach Friesland zurückgedrängt.
Für diese Periode ist errechnet worden, dass im Raum Skandinavien und Deutschland innerhalb der heutigen Grenzen ungefähr zwei Millionen Menschen in kleinen Siedlungsgemeinschaften lebten: zwischen Meer und Moor, im Wald und auf der Heide, der Geest.
Dort verwendete man ausgestochene Wald- und Heideplaggen im Stall wie anderswo das Reith, Binsen oder Stroh als Einstreu und düngte damit anschließend die nährstoffärmeren Flächen für den Winterroggen. Die Landnahme durch Rodung zugunsten dieser Plaggenwirtschaft beschleunigte sich ständig und führte zur Versteppung der Heideflächen. Erosion war die Folge.

Nach zwei siedlungsfeindlichen Jahrhunderten, in denen sich unsere Küste weiter verändert hatte, nutzen nun auch Westfriesen die Siedlungsmöglichkeiten rechts der Ems. Auf verlassenen Wurten und den Säumen der Buchten und Priele lassen sie sich im frühen Mittelalter nieder. Manche bringen ihre Orts- und Rufnamen in die neue Heimat mit. Die verdienstvolle Marschen- und Wurtenforschung hat festgestellt, dass Siedler in der Marsch mit ungebrochener Energie die alten Ringwälle um die Hofplätze zu Warfen erhöhten, seit 800 auch gemeinschaftlich ganze Dorfwurten aufwarfen und sich schon seit dem 10. Jh. an den Deichbau machten.
Um die Jahrtausendwende hatte sich die Bevölkerung im Norden verdoppelt und übte schon einen gewissen Druck auf die Nachbarschaft aus. Bauernsöhne begannen, von der Marsch aus, die Moore zu verwerten und ihre Felder

Risikoreiche Ansiedlung in der Marsch, Meinhard Uttecht

dahin zu verlängern. Mit zunehmender Erfahrung beim Deichbau legte man seewärts immer neue Deiche vor die alten Buchten und gewann so neues Land. Der Zuwachs kam insbesondere der Schicht vermögender Grundbesitzer zugute, da nur sie den immensen Arbeitsaufwand und die nötige Transportkapazität für die Erdmassen übernehmen konnten. Auch bedeutende Erfindungen der Agrartechnik halfen, die vielen zusätzlichen Esser zu ernähren. Der alte Hakenpflug vom Typ Walle wurde durch den Streichbrettpflug abgelöst, die Egge ersetzte das mühselige Hacken. Für beide Geräte nutzte man jetzt mit Hilfe eines Geschirrs die Pferdekraft.
Statt des bisherigen Wechsels von Anbau und Brache, konnte man den Ertrag mit der Dreifelderwirtschaft von 3/6 auf 4/6 der maximalen Ausbeute steigern.

Der Geestbauer, mit seiner Scholle verwurzelt, genügsam und traditionsbewusst, vererbte den Familienhof oft über viele Generationen. Es war ein ärmliches Auskommen. Nach Abzug von Saatgut, Pferdefutter und

Geestlandschaft, Modersohn

Naturalabgaben an die Kirche und den Grundherren verblieben ihnen von der Getreideernte allenfalls 2400 Kcal pro Kopf, was der kläglichen, täglichen Lebensmittelration im deutschen Reich während des Zweiten Weltkriegs entsprach.

Die selbstbewussteren, auch nachgeborenen Kinder zog es in die Marschenniederungen. Über viele Jahrhunderte verließen junge Leute die Geestsiedlungen, um in der Marsch auf eigene Füße zu kommen. Mit dem hohen Risiko, in einer Sturmflut alles zu verlieren, wagten sie dort den Neuanfang. Ihr Mut, Einsatz und verbissene Schufterei konnte sie schon in einem Menschenalter

weiter bringen, als ihre sesshaften Geschwister je erhoffen durften. Wenn magerer Geestboden vier Familienmitglieder ernährt hatte, fanden auf gleichgroßer Marschenfläche acht Menschen ein gutes Auskommen.
Andererseits forderten das nasskalte Klima, die Malaria, die wagnisreiche Seefahrt und harte Arbeit ihre Opfer. Wer jedoch Pioniergeist entwickelte, sich durchzusetzen wusste, seine Kräfte ökonomisch einsetzte, auch im Tauschhandel Chancen wahrnahm, der brachte nicht nur für einen Marschenbauern, sondern auch für die späteren Generationen von Seekaufleuten die geeigneten Anlagen mit.
Der selbständige Bauer musste sich außerdem auf die verschiedensten handwerklichen Fertigkeiten wie zimmern und schmieden verstehen, um Haus und Hof instandhalten zu können.
Stetig sind dem Küstenvolk diese oder ähnliche Eigenschaften »aufgepfropft« worden. Den Ostfriesen sagt man daher inzwischen bestimmte Eigenarten nach. Sie gelten als zielstrebig, beharrlich und unaufgeregt. Eloquenz ist wenigen gegeben, nüchtern ist ihr Urteil, bisweilen auch sarkastisch. Mit ausgeprägter Selbständigkeit und Entschlusskraft: – Hilf Dir selbst, so hilft Dir Gott – waren und sind Friesen als Pioniere prädestiniert, ihre Grenzen hinauszuschieben. Sie machten sich die Küste zu eigen, erschlossen das Friesische Meer und die Ostsee, befuhren die Weltmeere und nicht zuletzt suchten viele Tausende ihr Glück als Siedler in der Neuen Welt.

Die Bekehrung der Germanen

Zwar sind schon im 2. Jh. christliche Kirchen in Germanien gegründet worden, doch waren es keineswegs Abgesandte der Kirche, denen die Verbreitung der neuen Lehre zu verdanken wäre. Vielmehr brachten schon römische Besatzer das junge Christentum neben anderen Kulten aus dem Mittelmeerraum mit. In den germanischen Grenzregionen strebten die Römer eine Koexistenz ihrer siegreichen Götter mit denen der Germanen an. Auch sie hatten schon ihren Gott Mercurius der griechischen Mythologie entlehnt: den dortigen Hermes, den Gott der Herden und Fruchtbarkeit, des Schlafs und der Träume, Beschützer der Wanderer und Kaufleute wie Diebe. Als klug-listig-schnell, ja freundlich wurde er verehrt und galt zudem als Schelm unter den Göttern. Ihm flogen natürlich auch die Herzen der Kelten und Germanen zu.

Im wiederaufgebauten Tempelbezirk des ersten römisch-deutschen Stützpunktes Cambodunum in Kempten lernen wir Tempelchen und Gedenksteine von vielen Göttern in friedlichem Nebeneinander kennen. Hier konnten damals Soldaten und ihre keltischen Hiwis Merkur und Venus um Hilfe bitten. Ebenfalls genossen die Matronen, eine Abordnung keltogermanischer ländlicher Schutzgöttinnen, bei den Legionären beträchtliches Ansehen. Auch der Epona, einer keltischen Pferdegöttin aus Treverum (Trier), jenem späteren römischen Sitz, ist im alten Cambodunum ein Altar gewidmet.

Treverer wurden in der Reitertruppe eingesetzt, hielten als Meldereiter Verbindung mit Rom und nahmen dort sogar an Pferderennen teil. Sie machten auch die Römer mit den eben erwähnten gemütlichen germanischen Feld-, Wald- und Wiesenpflegerinnen bekannt.

Diesen allen lief aber entlang des ganzen Limes der jugendliche Mithras den Rang ab. Ein mächtiger

Kultstein im Hof des Rathauses von Sterzing zeigt den Unbesiegbaren. Dieser persische Lichtgott hatte seinerzeit den Urstier bezwungen, wie ein Relief aus Heddernheim zeigt, bot Schutz gegen alle finsteren Mächte und wurde so zum Idol römischer Legionäre und Kaiser. Den Sklaven verhieß er Gleichberechtigung. Anhänger des Mithras glaubten, dass seine Geburt am 25. Dezember von Hirten beobachtet worden sei. Von ihm sagte man, dass er starb, wieder von den Toten erweckt wurde und als Richter über die auferstehenden Menschen auftritt. Bezeichnet wurde er als Heiland, man taufte auch in seinem Namen und trat in feierlichen Kultmählern mit ihm in Verbindung (communio).

Römischer Tempelbezirk in Kempten

Köln zur Römerzeit um 200 n.C., Pörtner

Da der neuerdings propagierte Christus mit dem schon beliebten Mithras also viel gemeinsam haben sollte, erleichterte dies die Ausbreitung der neuen Religion ungeheuer. Viele aus allen Teilen des römischen Weltreichs gepresste Soldaten und ihr Tross von Marketenderinnen und Handwerkern aus dem Mittelmeerraum bekannten sich schon zum christlichen Glauben und berichteten darüber in den germanischen Provinzen. Bei den Ärmsten im Vorfeld römischer Läger fanden sie ein offenes Ohr für diese frohe Botschaft. Glaube, Liebe und Hoffnung auf ein besseres Jenseits nach dem Hundeleben auf Erden erweckten neue Kräfte in den Menschen jener Zeit.
Nun kamen auch die ersten Missionare aus Rom und wussten die Gläubigen auf ihre Ziele einzuschwören: in Trier stellten Christen Ende des 3.Jh. ihrem ersten Bischof eine riesige Kathedrale hin, deren zwei Schiffe tatsächlich zwölftausend Menschen Platz boten – nein es wurde nicht gekleckert. Bonn, Xanten, sowie die damalige Großstadt Köln sahen noch weitere demonstrative Kirchengründungen zu römischer Zeit. In der Diaspora jedoch, den Küstenländern, tat sich in den folgenden Jahrhunderten wenig.

Mission im friesisch-sächsischen Raum

Die iroschottischen Mönche als Nachfolger des Bekehrers Columban (597) widmeten ihr Leben in einsam gelegenen Klöstern allein ihrer Andacht und der Wissenschaft. Gebete und Gesänge wechselten mit dem Schreiben und Illuminieren von Bibeln, sowie dem Verfassen von Chroniken und Briefen an Mönche und Gelehrte in der christlichen Welt.

Gläubigen und Sündern stellten sie für großzügige, ja wertvolle Geschenke den Ablass in Aussicht und konnten so in kurzer Zeit beträchtliche Kostbarkeiten anhäufen, während sie die Armut Jesu predigten. In den Raubzügen der Wikinger hat dann allerdings eine Umverteilung stattgefunden. Mit dem eroberten Gold und Silber konnten viele, vor allem junge skandinavische Bauernsöhne ohne Aussicht auf zu erbenden Acker, anderswo Land erwerben oder einen Handel beginnen. Wieder daheim, gestalteten geschickte Handwerker neue Kunstwerke aus den geraubten Edelmetallen.
Der angelsächsische Bischof Wilfried in York sah jedoch als die wesentlichste Aufgabe seiner Mönche an, das

Illumination mit dem hl. Matthäus, England um 750

Christentum »zu Fuß« und mit Überzeugung, nicht durch Zwangs- oder Massentaufen zu verbreiten. Er wusste auch, dass zu seiner Zeit bei heidnischen Sachsen und Friesen noch Menschenopfer vorkamen. Er besann sich seiner Vorfahren und Stammesverwandten, den gleichsprachigen Anwohnern der südlichen Nordsee, und sandte 688 den Mönch Wigbert nach Dorestad zum friesischen König Radbod. Ein machtgieriger, unbarmherziger Herrscher soll der gewesen sein und manch geachtete Landsleute um Besitz und Leben gebracht haben. Den Versprechungen himmlischer Seligkeit misstraute Radbod und fragte, wo seine Vorfahren wären. Vor die Wahl gestellt, widersetzte er sich der Bekehrung und wählte die Hölle mit der Begründung, in der Kette seiner Ahnen dürfe er nicht fehlen. Der Bote kehrte also nach zwei Jahren unverrichteter Dinge wieder zu seinem Kloster zurück.

Sein Nachfolger Willibrord war da schon erfolgreicher. Während Radbod noch im Rheindelta mit Pippin im Kampf lag, zog Willibrord 695 gen Rom und bewarb sich dort um die Bischofsweihe. Er wurde zum Erzbischof aller Friesen befördert und erfüllte den Auftrag, in Utrecht seine Kirche zu errichten. Als Baugrund erhielt er das Gelände des ehemaligen römischen Limeskastells Trajectum von Pippin geschenkt und später von Karl Martell den Zehnten aus dem Reichsgut in und um Utrecht für die Betriebsausgaben zugesprochen. Um 700 unternahm Willibrord sogar eine Reise bis zu den Dänen.
Obwohl der Friesenkönig Radbod Frieden signalisierte, indem er seine Tochter mit Pippins jüngstem Sohn verheiratet hatte, schlug er wieder zu, als Pippin 714 starb. Er vertrieb die fränkischen Besatzer und Priester, segelte und treidelte mit seiner friesischen Flotte bis Köln, wo er die Witwe Pippins um eine hohe Geldsumme erpresste. Mit dem baldigen Tode Radbods jedoch versiegte auch diese einigende Kraft im Friesenreich. Die Franken drängten wieder zurück an die friesische Küste und im Schutze ihrer Schwerter auch die Bekehrer.
An Radbod erinnern nur noch Sagen, die den Historikern leider keine realistischen Anhaltspunkte liefern, und einige »Konrebberswege«, uralte Knüppelwege im Moor, und ehemalige Moorbäche zwischen Aurich und den Buchten der Küste wie bei Campen. Die Kleiablagerungen in den Bachbetten boten später einen passablen Wegegrund. So erzählt die Sage, dass König Radbod schnell über diese Wege zu reiten pflegte, von einem Teil Frieslands bis zum anderen ...
Die fränkischen Glaubensboten waren bald mit ihrem Latein am Ende, denn die Friesen verstanden die Heilslehre in dieser Sprache nicht. Währenddessen hatte sich ein weiterer angelsächsischer Mönch nach Dorestad eingeschifft: Winfried, später dann Bonifatius genannt. Auch seine anfängliche Missionsarbeit an der Rheinmündung stieß auf Widerstand der Friesen, so ackerte er fortan in Hessen (Amöneburg) und dann in Thüringen.

Schon 695 hatte Bonifatius festgestellt: »Die Bischofssitze sind größtenteils habgierigen Laien und unzüchtigen Klerikern zu weltlichem Genuss überlassen.« Er diente sich Rom als Saubermann an und wurde in die Planung von Karl Martells Sachsenfeldzüge eingeschaltet, die erst nach schrecklichem Blutvergießen die erwünschten Massentaufen ermöglichten (lt.Gregor in Rom »Gewinn von hunderttausend Seelen«). Bonifatius wurde nunmehr zum »Chefmissionar« ganz Galliens befördert. In diesem Amt konnte er nicht vermeiden, sich hochmögende Persönlichkeiten zu Feinden zu machen, die ihre Pfründe (Bistümer) vom Vater zum Sohn oder Onkel zum Neffen vererben wollten. So klagte er: »Die Feindseligkeit der falschen Brüder ist schlimmer als die Bosheit der ungläubigen Heiden«. Trotz seines Ranges als Erzbischof erhielt er keinen adäquaten Sitz. Tief enttäuscht ging er wieder als Prediger an die Heidenfront.

Wir begegnen Bonifatius erst wieder in unserem Gebiet, nachdem Karl Martell sein Reich bis zur Lauwers ausgedehnt hatte. Bonifatius gründete 744 das Kloster Fulda. Dort verbrachte er die Winter, und sommers missionierte er in Friesland, wo ihm so manches Vermächtnis zufiel. Auch im Frühjahr 754 wiederholte er, inzwischen nun schon alt geworden, diese strapaziöse Reise. Und es ereignete sich, was uns katholische Kirchenhistoriker als den Märtyrertod des Bonifatius glauben machen wollen, in Wahrheit aber als ein für die damalige Zeit nicht allzu ungewöhnlicher Raubüberfall begann.

Bonifatius hatte in der Pfingstwoche mit seinem bewaffneten Trupp am Ufer des Boorndiep die Zelte aufgeschlagen; außer Vorräten und fränkischen Münzen führte er wahrscheinlich einen wertvollen Wanderaltar und kostbare Geräte mit sich. Genug, um Räuber aus dem jenseitigen östlichen Humsterland (der Umgebung des heutigen Groningen) anzulocken. Da er seiner Wachmannschaft jede Gegenwehr verboten habe, seien alle fünfzig Mann Opfer des Überfalls geworden, heißt es.
Bei Willehad, dem Biographen des »Heiligen« Bonifatius und »Apostel der Deutschen« kann man dagegen den wahren Verlauf nachlesen. Keineswegs zögerten die Begleiter des Bonifatius, ihre Waffen bis zuletzt gegen die Übermacht einzusetzen, sicher versuchte auch der Alte vergeblich mit dem ledernen Evangelienbuch den finalen Hieb abzufangen.
Die rächenden fränkischen Kriegerscharen brachen daraufhin in das Land der Ungläubigen ein und überzogen die entgegentretenden Heiden mit einem vernichtenden Gemetzel. Die Friesen flohen, wurden verfolgt, niedergemacht, Haus und Habe zerstört. Die Christen aber kehrten mit den erbeuteten Weibern, Kindern, Knechten und Mägden jener »Götzendiener« zurück. Auf dem Sklavenmarkt von Verdun ließen die sich besonders vorteilhaft feilbieten.

Tatsächlich hat der Vorfall also die gewünschte Reaktion ausgelöst: mit dieser karolingischen Strafexpedition wurde der gesamte Küstenstrich nun endlich auch bis zur Ems dem Frankenreich einverleibt und das Bistum Friesland endgültig definiert. Weitgehend folgte also das christliche Kreuz dem fränkischen Schwert.

Am Lagerplatz des Bonifatius aber schichteten Anhänger zur Erinnerung an den »Märtyrer« einen Hügel auf, der schon bald das Ziel vieler Pilger wurde. Sie genasen von ihren schweren Krankheiten, Blinde wurden wieder sehend, es tat sich eine Quelle auf – wunderbar. Wo sich zuvor nichts als Groden, Schilf und Wasser ausgedehnt hatten, entstand mit der Zeit eine höhere Wurt, die heute die Stadt Dokkum trägt.
Liudger, Sohn aus friesischem Adel und späterer Bischof von Münster, war noch als Domschüler dem greisen Bonifatius im Utrechter Martinsstift begegnet. In Liudgers Biografie wird nicht nur überliefert, dass seine Großeltern von ihrem Hofgut in Wierum (zwischen Sneek und Leeuwarden) vor Radbod fliehen mussten, sondern es ist auch näheres über die heidnischen Bräuche zu hören. Im Beisein des Königs sollen abscheuliche Opfer stattgefunden haben: friesische Knaben wurden an Pfosten gefesselt, der Flut überlassen oder am Galgen erdrosselt, um die Götter gnädig zu stimmen. Noch über eine andere unmenschliche Sitte berichtet der Biograph Liudgers, sein Neffe Altfried. Die Eltern eines neugeborenen Kindes durften es töten lassen, solange es noch nichts zu sich genommen hatte. Diesem Recht wäre beinahe Liudgers Mutter Adalgard zum Opfer gefallen, da ihre heidnische Großmutter vermeiden wollte, als Enkelkinder ausschließlich Mädchen zu bekommen. Aber eine Magd gab dem Kind schnell etwas Honig ein und rettete ihm damit das Leben.

Heidnisches Pferdeopfer der Kelten, Sammet

In Liudgers Heimat, im moorreichen, unzugänglichen Haskerland, konnte sich das Heidentum sogar noch bis ins 13. Jahrhundert versteckt halten.

Nach zwölf Jahren erhielt Liudger die niederen Weihen und zog nach York in England, dem Quell des friesischen Christentums, wo der später berühmte Alkuin sein Lehrer wurde. Die dortige Bibliothek bot das Studium aller Weisheit jener Zeit in den Schriften der Römer, Griechen und Hebräer, um deren Erhalt und Verbreitung sich die Mönche sehr verdient machten. Auch Alkuin forderte seine Schüler zur Mission auf: »In York, wo so oft die Lieder (sic!) friesischer Schiffer zum Takte der Ruder erklingen, müsste sich leicht Gelegenheit zur Überfahrt nach dem Festlande finden lassen.« Denn in York hatten sich schon viele friesische Tuchhändler niedergelassen.

Die Bemühungen zur Bekehrung der friesischen Stämme zogen sich nun schon über hundert Jahre hin. Die Missionare mussten ausgeprägtes Sendungsbewusstsein mitbringen, hatten sie doch intensive Überzeugungsarbeit zu leisten. Das fortwährende Ringen mit dem Meer hatte aber die Friesen geformt, sie zu Härte und Ausdauer erzogen. Freiheit und Unabhängigkeit von jeglicher Bevormundung galten ihnen als wichtigste Lebensziele.
Der Friese Liudger, berufen, seine Landsleute zu bekehren, leitete nun seine alte Klosterschule in Utrecht. Er hielt sich seit 777 aber hauptsächlich in Dokkum auf, von wo er anschließend die östlichen Gaue besuchte, die Ems überquerte und seine Mission im heutigen Ostfriesland fortsetzte.
Zur selben Zeit schickte Karl den englischen Priester Willehad als Militärbischof und Missionar an der Grenze zu den Sachsen an die Unterweser. Die beiden Missionsgebiete wurden durch den nordwestlich verlaufenden Geestrücken der ostfriesischen Halbinsel geteilt.
Beeindruckt von dem offensichtlich mächtigeren Christengott nahmen manche Friesen am westlichen

Der gelehrte Alkuin (Mitte)

Weserufer die neue Lehre an. Andere aber sahen die Mission als Vorstufe fränkischer Fremdherrschaft an und erschlugen Willihads eifernde Helfer. Sein Schüler Benjamin verlor im östlichen Rüstringen ebenfalls das Leben, als der heidnische Sachsenherzog Widukind zum Aufruhr gegen König Karl aufrief.

Als sich 784 die Friesen dem schon lange währenden Freiheitskampf Widukinds anschlossen und die ersten Holzkirchen in Flammen aufgingen, musste Liudger die Missionsarbeit bei seinen Landsleuten unterbrechen. Er pilgerte nach Rom und zum Monte Cassino, dem Mutterkloster der Benediktiner. Dort traf er das erste Mal mit Frankenkönig Karl zusammen. Der hatte inzwischen Alkuin an seine Hofakademie in Aachen berufen, den ehemaligen Lehrer des Liudger aus York. Dessen Fürsprache war wohl zu verdanken, dass der Friese 787 zum Leiter des neuen Missionsgebietes zwischen Doorn und Weser ernannt wurde.

Schließlich unterwarf sich Widukind der Übermacht. Nunmehr unbehelligt zog Liudger fünf Jahre lang durch das Küstenland und bemühte sich, die Friesen vom rechten Glauben zu überzeugen. Sie übernahmen die neue Lehre nur zögerlich, ohne ihr altes Brauchtum sofort abzulegen. Liudger musste also gleichzeitig Zeichen setzen: 791 wagte er sich auf eine Seefahrt von der Ems bis nach Helgoland. Er zerstörte dort die alten germanischen Weihestätten, unterwies die Insulaner im Christentum und taufte sie.

Dem Bischof Alberich übergab Liudger große Schätze, die er in friesischen Tempeln »gefunden« hatte. Es galt die Regel, dem Kaiser zwei Drittel der Gold- und Silberbeute zukommenzulassen, während sich die Kirche mit dem Rest begnügte. Im Dom zu Utrecht wird noch heute eine fein geschliffene, steinerne Streitaxt aufbewahrt, von der man vermutet, dass sie als ritueller Gegenstand in einem solchen heidnischen Tempel diente.

Der Chronist Altfried berichtet, wie Liudger auf einer seiner Missionsreisen Holwierda besuchte, an der Emsmündung gelegen, dem ostfriesischen Campen gegenüber. Seine Gastgeberin, die vornehme Meinswit, ließ zu seiner Unterhaltung den blinden Sänger Bernlef herbeirufen. Bernlef wurde wegen seiner Kunst, Lieder und Sagen von Taten der Alten und Kriegen der Könige vorzutragen, in Friesland sehr geschätzt. Auch an anderer Stelle heißt es, der Barde sei bei Arm und Reich sehr beliebt, weil er so unterhaltsam erzählen konnte und ein großer Dichter der deutschen Sprache war (thiudiscae linguae poeta optimus). Auch Bernlef ließ sich von Liudger zum Christentum bekehren. Der gläubige Sänger soll durch das gemeinsame Gebet mit Liudger wieder sehend geworden sein. Die Psalmen, die ihm Liudger in Latein

Heilung des blinden Bernlef, Stadtmuseum Leer

vortrug, übersetzte er in friesische Reime. Von Bernlef selbst sind leider keine Texte auf uns gekommen.

Der erste geschichtliche Hinweis auf eine deutsche

Sprache ist noch aus anderen Gründen besonders interessant. Der älteste Beleg für das lateinische Adverb theodisce findet sich schon in einer Handschrift aus dem Jahre 786 des Wigbod, Kaplan Karls des Großen, später Bischof von Amiens, worin er dem Papst über zwei Synoden aus England berichtet. Dort seien Entschließungen verlesen worden: tam latine quam theodisce, quo omnes intellegere possent, also in Latein wie auch in der Sprache des Volkes, sodass es alle verstehen konnten. Die Sachsen wurden auch von ihren ostfriesischen Nachbarn links der Weser, den Rüstringern noch lange »die Deutschen« genannt.

Als Adjektiv »deutsch« in der (althoch)deutschen Form wurde »thiutisce« erstmalig in einer Handschrift der Kasseler Unibibliothek entdeckt, als Blattfragment an einer Rechnung von 1636: Diese im frühen 9. Jahrhundert von deutschen Mönchen angefertigte Abschrift eines antiken Sprachlehrbuchs vermerkt für das lateinische Wort »galeola« (das heißt Geschirr in Helmform) zwischen den Zeilen die deutsche Bezeichnung »thiutisce gellit« (deutsch: Schale). Auch beim Sänger Bernlef wird betont, dass er deutsch vorträgt (im Gegensatz zum Romanischen und späteren Altfranzösisch). Vorerst blieb aber das Latein der Priesterschaft die einheitliche Verkehrssprache im Abendland, wenn auch die Karolinger wahrscheinlich rheinfränkisch sprachen.

Aus dem gotischen Wort »thiuda«, Volk leitet sich schließlich auch der Name Tjaden ab. Er bedeutet »volkstümlich, zum Stamm gehörig«. Damit sollte wohl ein gebürtiger Friese von den zugewanderten Sachsen oder Welschen unterschieden werden, die »Kauderwelsch« redeten.
Das Ostfriesische Urkundenbuch nennt für 1483 einen Lyubbe Tyadeken aus Holtorp. Lyubbe oder Lübbe, auch Lübke leitet sich ab von Liutbert, das heißt »im Volke glänzend«. Und Tyadeken ist die Verkleinerungsform von Tyade, bedeutet also der Sohn des Tyade. In diesem kleinen Ort, heute Holtrop genannt, lebte noch vor wenigen Jahren die greise Lehrerin Friederike Tjaden, letzte aus der dortigen Sippe, die auf fünfzehn Generationen ihres Namens zurückblicken konnte, wo dann deren Zweig in unseren gemeinsamen Stammbaum übergeht …

Das Küstenland im Reich Karls des Großen

Im Herbst des Jahres 782 wurden unter den Augen des fränkischen Königs in Verden an der Aller 4500 (in Worten viertausendfünfhundert) »heidnische« Sachsen enthauptet und in den Fluss entsorgt. Sie trieben über die Weser in das »Westmeer«. Karls Schwertträgern soll als Richtblock ein Klotz aus der gewaltigen Eiche Irminsul gedient haben, jenes heiligen Baums, den die Sachsen wie eine Gottheit verehrten und den er zehn Jahre zuvor bei der Eresburg im Teutoburger Wald hatte fällen lassen. Damals hatte er noch geglaubt, mit diesem Exempel der Übermacht eines »christlichen« Königs den Starrsinn der Sachsen brechen zu können. Als Erbe eines riesigen Landes, das sich von Alemanien und Bayern über Gallien und Thüringen bis zur Bretagne und Friesland erstreckte, wollte er einen einheitlichen Staat schaffen und musste sein Reich festigen. Die Sachsen aber bildeten kein Gesamtvolk, mit dem er einen Vertrag hätte schließen können, hausten ihre Stämme doch in Wäldern zwischen Niederrhein und Elbe, und wenn ihnen etwas verhasst war, dann jeder Versuch, sie zu beherrschen.

Zeit seiner Regierung musste Karl mit den Sachsen kämpfen, oft meinte er, sie schon besiegt zu haben, und immer wieder von neuem waren sie gegen ihn und sein Reich aufgestanden. Kaum hatte er fränkische Truppen ins Baskenland geschickt, um seinen bedrängten Feldherrn Roland zu unterstützen, verwüsteten die Sachsen rechts des Rheins vom Siegerland über Köln bis Koblenz Dörfer und Städte, die Kirchen und Klöster. Mit gleicher brutaler Vernichtung wie er das ihre überzogen sie nun sein Land und vergossen ebenfalls das Blut ungezählter Menschen.

Karl wollte nicht, dass es ihm wie dem Römer Drusus erginge, der unter den Barbaren sein Leben ließ. Er musste sich nun endgültig durchsetzen. Der Sommer 779 sieht ihn auf dem Marsch durch das Lippetal. Nach Scharmützeln bei Bocholt kommt er durch die westfälischen Emsniederungen und setzt schließlich über die Weser. Dort, in Ostfalen, zwingt er die sächsischen Anführer, die Taufe anzunehmen.

So schienen die Sachsen befriedet zu sein und Karl delegierte erstmalig das Oberkommando an drei Generäle, als die Ostgrenze Sachsens verteidigt werden musste. Da sich jeder Heerführer nun besonders hervortun wollte, gingen sie unkoordiniert vor und wurden von anderen sächsischen Stämmen, die Widukind ein weiteres Mal aufgewiegelt hatte, rechts der Weser, am Süntel, vernichtend geschlagen.

Noch nie hatte der große Statege Karl eine so beschämende Niederlage erlitten, seine Geduld war nun erschöpft und er entschloss sich, keinem Friedensangebot der Sachsen mehr zu trauen und zukünftig jeden Widerstand niederzumachen. So kam es zum oben geschilderten Massaker bei Verden.

Rastlos griff er im folgenden Jahr auch in Detmold und

Der Sachsenmord in Verden, Saint-Denis

Osnabrück durch, machte keine Gefangenen mehr, erstmalig zog er sich nicht in eine seiner Pfalzen zum Winterquartier zurück, sondern ließ von seinem Lager an der Ems aus die plötzlich hier und da auftauchenden Sachsen bis in die hintersten Winkel ihrer dunklen Wälder verfolgen. Diese von einer hervorragend organisierten Heeresmacht und ihrer Reiterei gehetzten Menschen, die in ihrem Freiheitsstreben unglaubliche Widerstandskraft aufboten, waren schließlich am Ende. Es kam zu ersten Verhandlungen, der König bot einen gerechten Vertrag an und sogar Widukind ließ sich in der fränkischen Königspfalz Attigny taufen.

Aber auch den »kriegsmächtigen« König trifft nun ein Schicksalsschlag. Es sterben seine als liebreizend und schön geschilderte dritte Gattin Hildegard, eine alemannische Herzogstochter, bei der Geburt einer Tochter und nach ihr das Kind. Jedoch schon wenig später ehelicht er die junge, hübsche, jedoch zänkische Frastrada. Als Königin organisiert sie die Hofhaltung, hat ein Auge auf die Schatzkammer, hält Karls Nebenfrauen auf Distanz und vertritt ihn selbstbewusst während seiner ständigen Kriegszüge. Mit dieser »Frustrada« ist er dann auch nicht mehr glücklich geworden. Sie starb früh und er gab das Heiraten auf.

Die Doppelspitze König und Kirche richtete sich nicht nur gegen die heidnischen Grenzstämme, sondern in erster Linie gegen das eigene Volk. Bei der Durchsetzung seiner rabiaten Herrschaft kannte der König auch keine Verwandten. So sperrte er den aufmüpfigen Sohn Pippin und einen Neffen ins Kloster. Karl und Klerus trieben die Bevölkerung mit maßlosen Steuerforderungen, Naturallasten und Abgaben in Elend und Hungerkatastrophen.

»Selbst wurden sie nicht müde, erbeutete Reichtümer anzuhäufen, an denen noch das Blut der Opfer klebte. 784 wurde in Gallien und Germanien ein Drittel der Bevölkerung dahingerafft... Manche holten die Verhungernden ins Haus, töteten sie und legten sie in Salz ein ... Menschen aßen Menschen, Brüder ihre Brüder, Mütter ihre Kinder« und Bischöfen musste verboten werden, ihre Jagdhundemeuten auf Bettler zu hetzen« (Deschner nach den karolingischen Annalen).

Der Bau des Aachener Doms 792

Karl der Große gründete seine Herrschaft über das riesige Reich, das er ständig durchquerte, auf zwei Prinzipien. Er verlangte, als oberste Autorität anerkannt zu werden, und bestand in allen Provinzen auf dem Bekenntnis zum Christentum – das war er dem Papst schuldig. Denn beide begründeten ihre Autorität großenteils auf der Anerkennung durch den anderen. Ansonsten respektierte Karl Sprache, Traditionen und Gesetze der fremden Stämme. In der Folgezeit gliederte er eine friesische Flotte als schnelle Eingriffstruppe in seine Kriegsmaschinerie ein, sie half das Land links und rechts der Elbe zu erobern,

Karl tötet einen Sarazenenkönig, St.Gallen

und der Franke zog weiter zur Oder. Bis auf eine Absicherung der dänischen Grenze hatte Karl der Große 782 sein Reich im Norden abgerundet, was den römischen Kaisern nicht gelungen war.

Dem König der Franken stand jetzt ein großes Ereignis bevor, das er wie alles bisher sorgfältig durchdacht und bis ins Detail geplant hatte: die Krönung zum Kaiser in Rom. Diesen Titel als Verteidiger des wahren Glaubens und Zeichen seiner weitreichenden Macht hielt er für angemessen und wollte wie ein römischer Kaiser an die Antike anknüpfen.

Den Papst Leo hatte er zur Abklärung des Drehbuchs vorweg in die Pfalz nach Paderborn bestellt. Noch hielt der oberste Kirchenfürst die unangenehme Klage des Erzbischofs von Salzburg unter dem Teppich, er selbst, der Papst, habe sich der Vergehen der Bestechung, des Meineids und Ehebruchs schuldig gemacht. Leo III. löste das Problem dann noch am Vortag der Zeremonie, indem er die Heilige Dreieinigkeit als Zeugen für seine Unschuld aufrief.

Am Weihnachtsabend des Jahres 800 fand die großartige Feier im Schein von 20 000 Kerzen in der Peterskirche zu Rom statt. Karl ließ sich von Papst Leo die Kaiserkrone (heute Wien) aufsetzen. Zu seiner Sicherheit, der Pontifex hatte kürzlich ein Attentat überlebt, war die feierlich gekleidete Gesellschaft von seinen Kriegern in ihren blanken Kettenhemden durchsetzt.

Karls Krönung zum Kaiser, Dürer

Da Kaiser Karl zunehmend an allen Fronten, vom maurischen Spanien bis zu den arabischen Seeräuberstaaten, von seinen erfolgreichen Söhnen entlastet wurde, konnte er sich einige Jahre der Organisation des Reiches, der Förderung des Kunsthandwerks in eigenen Hofwerkstätten, der Jagd und der Wissenschaft widmen. Karl normierte das Münzwesen. Einheitlich und europaweit galt das Pfund (Silber) mit 20 Schillingen zu je 12 Denaren als die fränkische Währung. Auch damit knüpfte er an die römische Kaiserzeit an. Dieses Silbergeld sollte noch an die 500 Jahre Gültigkeit haben, in England noch länger. An seinen Hof lud Karl die Klügsten aus dem weiten Reich, die einander belehrten und ein wirkungsvolles Schulwesen aufbauten, was dringend not tat. Denn sogar unter den Äbten und Bischöfen konnten viele nicht lesen und schreiben. Das von Benedikt schon im 6. Jh. gegründete Kloster Monte Cassino war Vorbild für die Vermittlung antiken Wissens, Aufbau von Bibliotheken und (Ab)Schreibstuben, Weiterentwicklung des römischen Rechts, aber auch systematischen Ackerbaus. Mit seinem Wissenschaftstransfer griff Karl schon den ersten Universitätsgründungen des 12. Jh. in Bologna, Oxford und Paris vor.

Beispielsweise ließ er einen standardisierten Klosterplan entwerfen, der noch heute in St.Gallen verwahrt wird. Um die Kirche sind alle Wohngebäude, Speicher und Gärten angeordnet, die das Kloster zu einer idealen wirtschaftlich selbständigen Anlage machen. Erstmalig liegt dieser Kirche eine quadratische Vierung zugrunde, an der sich alle übrigen Baumaße ausrichten. Dieses Modulprinzip hat für den Kirchenbau folgender Jahrhunderte noch große Bedeutung erhalten. Auch die Emder Neue Kirche folgt diesem Konzept.

Der St. Galler Klosterplan enthält auch einen Kräutergarten, den die Klöster zur medizinischen Versorgung anlegen sollten. Von Strabo, dem Abt des Klosters Reichenau im Bodensee, ist sein damaliger Hortulus überliefert,

Karl der Große, ein exzellenter Reiter, zeitgen. Bronze

eine poetische Beschreibung zahlreicher Heilpflanzen. Über den Fenchel schrieb er:

» Auch die Ehre des Fenchels sei hier nicht verschwiegen; er hebt sich kräftig im Sproß und er strecket zur Seite die Arme der Zweige, ziemlich süß von Geschmack und süßen Geruches desgleichen. Nützen soll er den Augen, wenn Schatten sie trübend befallen, und sein Same, mit Milch einer Mutterziege getrunken, lockre, so sagt man, die Blähung des Magens und fördere lösend alsbald den zaudernden Gang der lange verstopften Verdauung. Ferner vertreibt die Wurzel des Fenchels, vermischt mit dem Weine, Trank des Lenaeus, den keuchenden Husten. «

Heilwirkung, Wert für die Ernährung und symbolischer Eindruck gehen hier etwas durcheinander, wie sich ja auch bei der Bevölkerung Zauberei und Dämonenglaube neben überlieferter Heilkunst (Kräuterweiblein) noch viele Jahrhunderte behaupteten. Jedenfalls durchkämmen heute Scouts des amerikanischen Pharmaherstellers GlaxoKlineBeecham nicht nur die Regenwälder Südamerikas nach unbekannten Pflanzen mit neuartigen Wirkstoffen, sondern mangels eigener Historie auch die Archive der Klöster Fulda, Lorch, St. Gallen, St. Emmeram in Regensburg, St. Quirin am Tegernsee, Frauenchiemsee, Andechs, Melk und andere nach Hinweisen auf Heilkräuter. Auch Strabos Kräutergärtlein auf der Insel Reichenau kann man noch heute besichtigen …

Karl ließ zehn Jahre lang an die zehntausend sächsische Familien ins fränkische Stammland verschleppen, in Lager sperren und beidseitig des Rheins seinen Parteigängern als Leibeigene dienen. Da »Rechtgläubige« jener Zeit nicht als Sklaven verkauft werden sollten, bemühten sich die Priester auch gar nicht erst, ihre Opfer zu »bekehren«. Das so von Heiden befreite Land teilte Karl großzügig unter die Priesterschaft und seine Vasallen auf, was zahlreiche Klostergründungen an strategischen Positionen im Elbegrenzland nach sich zog und die Vorteilsnehmer an ihn band.

Aber schon 805 zwang ihn die Sorge um die Nordgrenze, seine Pfalz in Nijmwegen zu besuchen. Der Kaiser und sein ältester Sohn Karl beobachteten dort im Rheindelta eine Flotte dänischer Schiffe mit dem charakteristischen Drachensteven. Besorgt registrierten die Franken schnelle, wendige Rudermanöver und den offensichtlich geringen Tiefgang: damit könnten die Normannen überall landen. Karl überkam eine Ahnung, welche Gefahr solche Flotten für die Küsten seines noch ungefestigten Reiches bedeuteten, deshalb musste er unbedingt verhindern, dass sich die Stämme an der Küste zu einer gewaltigen Seemacht zusammenschlössen.

Da auch Ostfriesland schon seit 785 in seiner Hand war, begann er entlang der südlichen Nordsee, ausgehend von Dorestad mit seinem Kastell, eine Küstenwache zu installieren. Dazu ließ er an Buchten und Flussmündungen feste Plätze mit Wachposten, sogar Leuchttürme errichten und Schiffe ausrüsten, um eine Landung des Feindes zu verhindern. Diese Aufgabe übernahmen vor Ort die waffenfähigen Friesen in ihrem ureigensten Interesse. Dafür wurden sie vom Dienst im fränkischen Heer außerhalb Frieslands freigestellt und gleichzeitig zum Wurtenbau verpflichtet. Sie genossen das Privileg, allein dem Kaiser oder Grafen als seinem Vertreter Zins und Tribut zu zollen. Hieraus leiteten die Land- und Hofbesitzer (Eigenerben) auch späterhin ihre »friesische Freiheit« ab.

Karl schickte nun seinen Sohn Karl mit verlässlichen Kundschaftern auf dem Landwege nach Jütland, um die Situation an der Nordgrenze zu überprüfen. Hier hatte der Däne Godfred in ganz kurzer Zeit durch Sklaven (Slaven) den langgestreckten Schutzwall Danewerk aufschütten lassen, der von den westlichen Sümpfen an der Nordsee bis nach Haithabu an der vierzig Kilometer tiefen Schleibucht reichte und als Bollwerk gegen die Franken dienen sollte. Die Westküste wusste Godfred durch seine Flotte gesichert. Nach gelegentlichen

Überfällen auf die Grenzvölker bis nach Friesland zog sich der Dänenkönig jedoch immer wieder schnell hinter die Befestigungen zurück. Darum musste der Kaiser einen Gegenpol errichten und ließ an der Elbe schleunigst eine Garnison anlegen, die den Nordosten schützen sollte. Schon am 15. März 810 wurde dieser neue Ort dem Herrscher gewidmet, er sollte später Hamburg heißen.
In vielen weiteren Normannenschlachten verschliss sich nach dem Tode des großen Kaisers die Kraft des Reiches. Die Fuldaer Annalen vermelden zwar 881, dass Krieger Ludwigs des II., einem Enkel Karls, schon 9000 normannische Reiter getötet hätten. Aber im gleichen Jahr fielen weitere Normannen ins Rheinland ein und missbrauchten die Aachener Kapelle Karls des Großen als Pferdestall. Wie überliefert ist, gelangte das Reichsschiff erst im neuen Jahrtausend unter den Sachsenkaisern in ruhigere Gewässer.

Liudger, der Apostel des Münsterlandes

Als der älteste deutsche Bischofssitz, schon im 3. Jahrhundert in Trier gegründet, frei wurde, bot Karl diese ehrenvolle Aufgabe Liudger an. Der aber bat darum, ab 792 bei den kriegerischen, heidnischen Sachsen in Westfalen seine Missionsarbeit fortsetzen zu dürfen. Liudger errichtete eine Domburg auf königlichem Grund, woraus später Münster entstand, gründete die älteste Höhere Schule Deutschlands und entwickelte eine germanische Choralfassung. Sie erinnerte mit ihrer volkstümlichen Sangesweise sehr an die Lieder des blinden Bernlef zur Leier und wird teilweise sogar noch heute im Münsterland gepflegt. Auch andere Traditionen wie Prozessionen im Bistum basieren auf altgermanischen Kultumzügen. Angesichts des verbissenen Festhaltens der Sachsen und Friesen an ihrem alten Götter- und Dämonenglauben kam man ihnen also entgegen, indem heidnische Bräuche und Gesänge ins christliche Brauchtum eingebaut wurden. Statt ihres Zaubers und der Amulette lernten sie nun Weihwasser und Reliquien kennen.
Auf seinen Missionsreisen zerstörte Liudger alle Götzenbilder, wo er sie antraf, predigte die Lehre Christi und gründete zahlreiche Pfarreien, die er direkt auf den alten Kultstätten errichtete. Als Priester setzte er dort die besten Schüler ein. In seiner Biographie werden nur wenige Orte genannt, unter anderen Leer, wo er um 792 eine erste Holzkirche östlich vom Plytenberg baute. Es wird vermutet, dass in der Geestsiedlung Ihrhove seine Urpfarre entstand.

Schon vier Jahre später konnte der Apostel des Münsterlandes mit der Realisierung seines großen Lebenstraums beginnen, dem Bau eines Eigenklosters in Werden, der Keimzelle des heutigen Dortmunds. Aus Furcht vor Normanneneinfällen verzichtete er auf die Anlage in Friesland, wo er schon auf den Ländereien seines Großvaters eine kleine Kirche errichtet hatte. Er bevorzugte die Nähe der Aachener Pfalz seines Königs und Schutzherrn

Karl. Für den Unterhalt des Eigenklosters stand Liudger beträchtlicher Grundbesitz in Friesland, Westfalen und am Niederrhein zur Verfügung. Den Ankauf des Klosterareals und anderer Grundstücke hatte er großenteils aus eigenem Vermögen bestritten, ein Teil war ihm aber auch für kirchliche Zwecke auf seinen Missionsreisen vermacht worden.

Als Hort von Wissenschaft und Kultur machte sich Werden bald einen Namen und war bei den Abteien Fulda, Corvey, Reichenau und St. Gallen sehr angesehen. Es entstand die berühmte, altsächsische Evangeliendichtung Heliand. In der Art der alten Heldenlieder, wie sie Bernlef an friesischen Höfen vortrug, wird in Stabreimen Leben und Leiden Jesu dargestellt, biblische Personen wie die Apostel bilden das Umfeld für ihre Rolle als sächsische Edelleute und Bauern. Damit wird uns ein zwölfhundert Jahre altes Bild der sächsischen Heimat überliefert. Vornehme Herkunft, Macht und Mut bei Seesturm und Einmarsch in die Burg Jerusalem sowie die Wundertaten des Heilands werden herausgearbeitet, um den Sachsen die Übereinstimmung mit ihren Idealen vor Augen zu führen.

Ein Schatz ohnegleichen und bedeutendes Literaturdenkmal der Klosterbibliothek war auch die berühmte gotische Evangelienübersetzung des Bischofs Wulfila. Der stammte von kriegsgefangenen Goten ab, vertrat 340 als Dolmetsch die Goten am Hofe des christlichen Konstantin des Großen und übersetzte die Bibel. Damit schuf er das allererste Werk in einer germanischen Sprache und schenkte damit der germanischen Welt gleichzeitig eine Schriftsprache, die anstelle der geritzten Runen nun auch das Schreiben auf Pergament ermöglichte. Teile dieser Kostbarkeit befinden sich heute in Uppsala, früher die bedeutendste nordische Thingstätte der Germanen.

Nach dem Tode Liudgers 809 übernahmen sein Bruder und andere Verwandte die Leitung der Familienstiftung. Nicht alle besaßen die Überzeugungskraft und ähnliches Organisationstalent wie der Gründer. So wurde erst spät begonnen, Besitzungen und Abgaben systematisch zu erfassen. Nach den Protokollen der Schenkungen verfassten dann im Skriptorium des Klosters zwei Mönche das Werdener Urbar, die älteste Urkunde mit Angaben über Orte, Namen und Abgaben in unserer engeren Heimat: darunter Termunten, die Liudgerskerk von Reide, Alt-Jemgum, Langen, Campen und Pilsum.

Nach Analyse der Handschriften, der typischen karolingischen Minuskel mit ihren Ober- und Unterlängen und Nachträgen im Text, dass Bauernstellen von den Normannen verwüstet wurden, kann man davon ausgehen, dass die Grundbücher aber erst in den Jahren 880-884 niedergeschrieben wurden. Auch das Manuskript des Heliand, dieses Weltkulturerbstück, soll von der Hand eines dieser Schreiber stammen.
In den folgenden Jahrhunderten verschlechterte sich die wirtschaftliche Lage des Benediktinerklosters, weil Pachten und Abgaben nicht pünktlich eingezogen wurden, die Äbte Schulden machten und in der Politik mitmischten, statt sich ihrem kirchlichen Auftrag zu widmen. Der Ausverkauf begann 1284 mit der Veräußerung friesischer Landgüter, Höfe und Kirchen in Winsum, Holtgast und Osterreide (vermutlich weit früher von wohlhabenden Familien in Reide zum Unterhalt von Liudgers Kloster Werden gestiftet) an den Bischof Eberhard in Münster und den Johanniterorden. So entstanden weitere Kommenden in Jemgum und Dünebroek im Reiderland, sowie Abbingwehr und Heiselhusen bei Campen, auf ehemals Werdener Besitz, wie Dr. Enno Schöningh in seinem Buch »Die Johanniterklöster in Ostfriesland« festhielt. Bis gegen Ende des 8. Jahrhunderts war Westeuropa schon mit 1000 Klöstern überzogen.

Jemgum an der Ems, Ernst Petrich

Der Marschenbauer Thiadulf in Campen

Die Grundbücher Werdens überliefern uns Informationen über ungewöhnlich reichen Streubesitz Liudgers. Größtenteils stammt dieser noch aus den Jahren eigener Missionstätigkeit, die ihn durch West- und Ostfriesland führte, bis er sein Kloster gründen konnte.

Dort zog der Werbeapostel, von höchster Stelle mit der Lizenz ausgestattet zu taufen, mit tragbarem Altar, zeremoniellen Geräten und in Begleitung einiger Priesteranwärter durch die Lande.

Im englischen Durham bewahrt man noch heute den Tragaltar des heiligen Cudberht (dem ersten Bischof von Lindisfarne): ein quadratisches Eichenbrett, mit einer Silberplatte abgedeckt und silbernen Nägeln verbunden, sowie liturgische Bücher, Kelche und goldene Kreuze. Ein ähnliches Teil aus grünem Marmor vom Peleponnes fand sich bei Ausgrabungen auf der Warf von Etzel über dem Fundament einer Holzkirche aus dem 1. Jahrtausend.

Der Reisende in Christo kam bei wohlgesinnten und den bessergestellten Familien unter. In deren Häusern wird der Glaubensbote anschaulich von Sünde, Verdammnis und Vergebung gesprochen, sowie die ersten kultischen Handlungen vorgenommen haben. Die Massentaufen in Flüssen wie in Sachsen dürften angesichts der ausgeprägten Ahnenverehrung und einer schon von den Römern berichteten Beharrlichkeit der Küstenbewohner eher unwahrscheinlich sein.

Die Gastgeber Liudgers gingen vermutlich mit gutem Beispiel voran, ließen sich taufen und machten zur Sicherung ihres Seelenheils verschiedenartige Schenkungen von Land und Pacht, die von den Wanderpredigern zu Protokoll genommen wurden. Auch den Verwandten in West- und Ostfriesland hatte er manche Stiftung zu verdanken. Schwer abzuschätzen ist der Erfolg dieser Bekehrung; die räumliche Dichte der in den Grundbüchern aufgeführten Ortsnamen in der Krummhörn und dortigen zahlreichen Vermächtnissen lässt jedoch vermuten, dass es Liudger, dem Friesen unter Friesen, mit seinen Assistenten besonders gut gelang, die Landsleute zu überzeugen. Ihre Protokolle lassen erstmalig Ostfriesen aus dem Nebel der Vergangenheit hervortreten, es werden uns für das Jahr 792 erste Christen im noch heidnischen Ostfriesland namentlich bekannt gemacht.

Das abgebildete Werdener Pergament listet die Orte Filsum und Hollen bei Leer, Miedelsum bei Uttum, Groß-Midlum, Freepsum, Canum, Pewsum, Groothusen, Upleward auf, sowie Campen und Loquard in mittelalterlicher Schreibweise und Latein. Auf dieser Rundtour

Aus dem Urbar des Klosters Werden, 792 n.C.

könnten die Abgesandten des Klosters auch die jährlichen Abgaben eingesammelt haben. Verfolgen wir den nachstehenden Eintrag:

»In Groß-Campen 18 Fuß und Andulfs Wurt und dar-über hinaus im gleichen Dorf 5 Fuß außer den 2 versprochenen Teilen, die Saxric hinterlassen hat und ebenso den zehnten Teil von Thiadulfs ganzem Erbe«.

Das Maß *Fuß*, später Gras genannt, wird auf 0,43 Hektar geschätzt. An anderer Stelle heißt es in Bezug auf Campen, dass die Abgabe auf einen 10 Fuß breiten Landstreifen zwanzig Wolltüchern entsprach, damals in Form von Mänteln Exportschlager der Ostfriesen. Auch Karl der Große ließ dem Kalifen von Bagdad feine farbige friesische Mäntel als Geschenk überbringen.

Thiadulfs beachtliche Besitzung war also von Lage und Umfang so bekannt, dass sie nicht weiter definiert werden musste. Er hatte zumindest drei Nachbarn auf der großen Dorfwurt von Campen: den verstorbenen Saxric (Sachsen = Schwertleute), dann den Spender von ansehnlichen 18 Fuß und den kleineren Bauern mit seinem Vermächtnis von 5 Fuß. Andulfs Wurt könnte auch Klein-Campen gewesen sein, eine Warf südlich des Hauptortes, die sich von 0,5 auf 2,0 Meter über NN erhebt und später eine Mühle mit Haus trug. Nach einer alten Urkunde war

Die Kuppel der Kirche in Campen

Okko Freese, der Häuptling zu Loquard, 1465 hälftig an dieser Mühle beteiligt.

Sehenswert ist heute die romanische Einraumkirche inmitten des alten Runddorfes Campen. Sie besitzt von Zierrippen schön gegliederte Gewölbe, bemalt mit farbigen Mustern und alten Jagdszenen, die in einer sternförmigen Kuppel zusammenlaufen. Ein weiterer Schatz im danebenstehenden Turm entzieht sich leider dem Betrachter, die zweitälteste Glocke Ostfrieslands, umschrieben »Ao D MCCXCV facta sum a Aembone«. Also muss diese kleine Gemeinde, auch 1698 hatte sie außer Gesindehäuschen erst zehn Bauernstellen, schon im 13. Jh. recht wohlhabend gewesen sein. Die zweite Glocke schuf F. Siemons, einer der ersten Lothringer Gießer 1621, von dem die in Wolthusen ebenfalls stammt. Leider ist eine sehr kunstvoll aus Silber getriebene Monstranz, von der kleinen Campener Bauernschaft 1521 gestiftet, wie auch immer nach Groningen geraten.

Auch der Grundbesitzer Thiadulf und seine Nachbarn dürften ihren Wohlstand hauptsächlich durch Viehwirtschaft auf der umliegenden Marsch erworben haben. Weitere Erlöse brachten Spinnen, Weben und Verkauf von Wollmänteln sowie Fischfang und Küstenhandel. Da die Verarbeitung von Flachs eine gleichbleibend hohe Luftfeuchtigkeit voraussetzt, legte man dazu Grubenhäuser an. In Dalem bei Cuxhafen entstand zu jener Zeit ein Grubenhaus mit Webstuhl von erstaunlichen 4 Meter Kettenbreite …

Nach der Schenkung an Liudger hat Thiadulf offenbar bald darauf den Hof an einen Sohn übergeben, um sich nun ganz dem Missionar anzuschließen. Denn im Urkundenbuch für die Geschichte des Niederrheins findet sich als zweitältestes Pergament erstmalig das exakt datierte Protokoll einer Schenkung von 22. März des Jahres 793: XLVI. traditio liudgeri in suiftarbant seu in seuuuald et in berilsi. Darin vermacht Lüdger, Redgars Sohn, dem Freunde Liudger, dem Stifter der Abtei Werden, sein halbes Erbe. Die

Liudger, der Apostel des Münsterlandes

besagten Grundstücke liegen in Wichmond an der Yssel, südlich von Zütphen. Liudger erwarb auch noch weitere anstoßende Äcker, auf denen er später eine Kirche erbaute. Von dort stammen auch die Grafen von Werla, die im Emsgau den Deichbau einleiteten. Als sie für das neugewonnene Marschenland, die dort erbauten Ansiedlungen der Bauern und Moorland ebenfalls den Zehnten einforderten, da erschlugen die aufgebrachten Brokmer 1091 den Enkel, Konrad von Arnsberg. Ausgedehnte Liegenschaften besitzt im Beritt von Zütphen heute der langjährige Präsident des deutschen Bauernverbandes, Freiherr von Heeremann, der unter seinen acht Vornamen auch den Namen Bonifatius trägt …

Neben dem Gönner Lüdger bestätigen zwölf Zeugen mit ihrer Unterschrift die zitierte Schenkung, darunter unser Thiadulf und sein Frater Reginhard aus Weener, der den Normannen noch einmal davongekommen war, wie unten noch berichtet wird. Die begleitenden Brüder sind wohl als Gründungsmitglieder des Klosters Werden zu betrachten. Ihnen schloss sich auch Meginher aus Jemgum an, vielleicht ein Verwandter Thiadulfs. Im Mai 801 weihte Liudger die Klosterkirche ein und übergab ihr die Reliquien, die er aus Rom mitgebracht hatte.

An Aussagen über die Wiederaufnahme der Mission in Friesland nach der Eroberung durch die Normannen fehlt es. Beachtliche Rückschlüsse konnten jedoch aus den siedlungsarchäologischen Untersuchungen Haarnagels im ostfriesischen Dunum nahe bei Wittmund gezogen werden. Auf dieser Geestinsel inmitten von Niederungen wurde ein frühmittelalterliches Gräberfeld aufgedeckt. Unter dem Einfluss der Christianisierung lösten dort im Verlauf des 9. Jh. Körpergräber die altgermanische Brandbestattung ab. Gleichzeitig änderte sich die Grabausrichtung von SN über SW/NO auf WO, was der christlichen Tradition folgt.

Auf dem Gräberfeld fallen von Kreisgräben umfasste Hügel ins Auge, unter denen die ältesten Urnengräber lagen. Es sind fünf Gruppen zu erkennen, die wohl zu entsprechenden Gehöften gehörten. Jeweils einige Gräber enthielten wertvolle Beigaben. Hier wurden die angesehendsten und vermögenden Mitglieder eines Familienverbandes beigesetzt. Als Beigaben der Frauen fanden sich vergoldete Silbernadeln, kunstvolle Millefiori-Glasketten, auch Schlüssel und Amulette. Die Gräber der Führungskräfte enthielten Lang- und Kurzschwert, Lanzenspitze und Schildbuckel. Vergoldete Sporen und Beschläge vom Pferdezaumzeug wurden auch noch aus späteren, christlichen Körpergräbern geborgen. Offensichtlich vergingen also weitere Generationen, bis das neue christliche Gedankengut soweit übernommen war, das ja solche Grabbeigaben nicht vorsah.

Aus den Befunden von 778 (!) Bestattungen in Dunum leitet Haarnagel seine Aussagen über die soziale Organisation im weiteren ostfriesischen Kulturraum ab. Knapp die Hälfte wies Beigaben auf, die weitere Informationen vermitteln. Das Gräberfeld beginnt Mitte des 7. Jh. mit Brandgräbern in Gruppen und wurde etwa 200 Jahre lang belegt. In jeder dieser sieben Generationen erfolgten etwa zehn Begräbnisse mit je ein oder zwei reich ausgestatteten Gräbern, wohl des Patriarchenpaars. Das lässt fünf bäuerliche Familien mit je zwei bis drei Höfen vermuten.

Aus ähnlichen Grabungen im friesisch-sächsischen Raum wie Schortens und Cleverns stammen karolingische Münzen, wertvolle Metallarbeiten und schöne Gläser, Belege für frühen weitreichenden Handel. Mit den christlichen Symbolen geschmückte Amulette weckten bei der ländlichen Oberschicht das Interesse am Kunsthandwerk der Klöster.

Die Hofgruppen können etwa 10 – 15 Hektar bewirtschaftet haben. Ein Acker schloss an die Häuser an, Rinder, Schafe und Pferde weideten auf der bescheidenen Vegetation an den Ufern der Buchten, in der Geest durchstreiften Schweine den lichten Wald auf der Suche nach Eicheln. Jungpferde dienten den Sippen als Schlachttiere. Hunde hielt man ebenfalls. Auf Ackerparzellen wurden Hafer und Gerste angebaut, aber auch Bohnen und Lein. Im Verlaufe von mehreren Generationen konnte sich aus den anfänglich gleich großen Stellen eine besonders aktive Familie herausarbeiten, die schon eine arbeitsteilige Bewirtschaftung des Hofes einleitete und ärmere Nachbarn auf dem Hof und in den Webereien für feine Kammgarnstoffe beschäftigte.

Mit 20 – 30 Hektar dominierende Hofherren, wie sie auch schon Tacitus beobachtete und sie *nobilis* nannte, gewannen ihr Ansehen bei den Germanen durch den größeren Besitz, ein adeliger Geburtsstand existierte nicht. Damaligen Adel bezeichnet man heute sehr treffend als »ererbtes Charisma«. Den erfolgreichsten Männern wurde die Rolle eines Sprechers und Anführers angetragen, und zur Zeit der Völkerwanderung hatten sich daraus wiederum *principes* hervorgetan, politische Führer ihrer Stämme. Im *Lex Frisionum* zeigen um 800 die Vergeltsätze für Totschlag die Standesunterschiede auf. Für die nobilis sind 220, für *Freie* 110, für *Liten* 55 und für *Sklaven* 27,5 Schillinge zu zahlen.

Unter den fränkischen Königen wurden dann sozusagen die Karten neu gemischt. Wer das Glück hatte, in die neu geschaffene Organisation eingesetzt zu werden, getreu dem deutschen Sprichwort: *Wer den Papst zum Vetter hat, ist bald Kardinal*, der konnte seine Sippschaft protegieren und den weniger Einflussreichen Grund und Vermögen abjagen. Dann adelte man sich selbst, indem man sich sehr vornehmer Vorfahren sowie angestammter Rechte rühmte. Hatten alsbald die dankbaren, nicht minder ehrgeizigen Erben erstmal den Stammsitz arrondiert

Mittelalterlicher Ritterspiele in Rastede, Stromann

und befestigt, so erweiterten sie ihre einfachen Namen Karl, Otto oder Heinrich um den Ortsnamen wie Christian von Oldenburg oder Ocko tom Brok. In der Rückschau zählt man die vor 1350 zum Uradel. Erst mit den spätmittelalterlichen Hofbeamten bildete sich eine größere Schicht des niederen Adels, zu dem auch die städtischen Patrizier gerechnet werden. Aus den Berufskriegern entwickelten sich die adeligen Rittersleut, die sich als eigener Stand noch besser im Sattel halten konnten, nachdem Steigbügel verwendet wurden – um 1200. Nun galt auch der mittelalterliche Abzählreim: Bauer, Bürger, Edelmann.

Der Wohlstand der Marschenbauern war aber nicht allein aus Viehzucht und Ackerbau zu erzielen. Weitere Familienmitglieder lebten von Fischfang und Seefahrt oder hatten sich auf den Schiffbau spezialisiert. Westlich Wilhelmshavens, in Hessens, grub Haarnagel eine Werftanlage des 7.Jh. aus. Die Helling erschien ihm erheblich länger als für den Eigenbedarf zu erwarten. Ein Werftbetrieb spricht für eine ältere handwerkliche Erfahrung der Region im Bau von Schiffen. Die kleine Küstenfahrt von Ort zu Ort und der frühzeitige, lebhafte Austausch mit den Nachbarn in West und Ost hatten diese Erfahrungen und Kenntnisse entstehen lassen. Schließlich war auch das erforderliche Bauholz für größere Schiffe über die Flüsse in das baumarme Ostfriesland herbeizuschaffen. Geschickte Zimmerleute fanden nun auch bei dem langsam einsetzenden Kirchenbau in Ostfriesland Arbeit.

Friesischer Fernhandel

Bereits eingeleitet durch die lange Anwesenheit der Römer im Limesland und mit ihrer Ablösung durch die Merowinger verlagert sich die nördliche Mittelmeerkultur mehr und mehr auf das Abendland gen Norden. In der Karolingerzeit beschleunigt sich diese Entwicklung auch im Küstenraum durch den Fernhandel der Friesen. Mit der Anlage des Wiks Dorestad um 680 südöstlich von Utrecht an der Gabelung von Krummem Rhein und Lek verknüpften sie ihre seit der Römerzeit geübte Flussschifffahrt nun mit der Küstenfahrt. Friesische Kaufleute gaben damit das Startsignal für einen beträchtlichen Ausbau des Nordhandels, ausgehend von ihrer Küste. Sie schufen die Verbindung zwischen der südlichen Nordsee von den britischen Inseln über Friesland, Sachsen bis zu den skandinavischen Küsten und der Ostsee zu einem einheitlichen Verkehrsgebiet mit wirtschaftlichen und kulturellen Gemeinsamkeiten, bereits hundert Jahre vor Beginn der Wikingerzüge.

Die Eroberung des lebhaften Handelszentrums Dorestad 689 war deshalb primäres Ziel der fränkischen Expansion. Die friesischen Händler treidelten Seineaufwärts zum Markt von Saint Denis und tauschten auch im Elsaß ihre gefärbten Stoffe gegen Getreide und Wein. Über das östliche Flusssystem erhielten sie sogar Brokat, orientalische Seidenwaren und Gewürze, die sie wiederum im Rheinland anboten. Nicht alle diese Fahrten verliefen glücklich, die Nordsee gibt auch heute noch manche Münze zurück wie an den Stränden von Sylt und Föhr, unter anderen ein um 650 in Maastricht geprägtes Goldstück.

Stürmische Winde aus Nordwest bauen, besonders während des Winters, im Skagerrak hohen Seegang auf und haben schon tausende von Segelschiffen an den Küsten Jütlands stranden lassen. Deshalb suchten schon die alten Seefahrer nach dem sichersten Weg zur Ostsee, den sie über Eider, Treene und einen kurzen Transport über Land zur Schlei fanden. Hier an der weiten Schleibucht, südlich des später entstandenen Haithabu, wurde ein Gräberfeld entdeckt, für dessen Brandbestattungen einige Generationen kugelförmige Urnen einsetzten, eine typisch ostfriesische Keramikform. Friesische und sächsische Händler ließen sich also schon im 7. Jh. an der Schlei nieder, sie führten ihre Fahrten über die Ostsee fort und fanden auf Gotland und in Schweden weitere Absatzgebiete.

Nachdem nun die Seekaufleute Pionierdienste geleistet hatten und sich die Handelswege im Norden entwickelten, fühlten sich auch die Missionare bemüßigt, den dortigen Heiden ihre Heilslehre zu bringen. So begann der Franzose Ansgar aus der Picardie mit seinem Begleiter Witmar 829/30 in Dorestad eine Seereise, die ihn über Haithabu in das schwedische Birka führen sollte, wo sich schon früh eine kleine Gemeinde christlicher Friesen gebildet hatte.

Sein Biograph Rimbert: *»Als sie ungefähr auf der Mitte der Fahrt waren, stießen sie auf Seeräuber. Obwohl nun die Handelsleute, die bei ihnen waren, sich mannhaft verteidigten und auch zuerst den Sieg davontrugen, so wurden sie doch beim zweiten Angriff von den Piraten völlig besiegt und überwunden, so dass sie ihre Schiffe und alles was sie hatten, verloren und sie selbst, nur mit genauer Not aufs Land fliehend, entkamen. Bei dieser Gelegenheit verloren sie nun sowohl die kaiserlichen Geschenke, die sie nach Schweden überbringen sollten, als auch ihre ganze Habe, außer wenigem, das sie beim Herausspringen aus den Schiffen mit sich nehmen und forttragen konnten.«*

Offenbar befand sich der Konvoi der Schiffe auf einem Kurs dicht unter Land, denn die Glaubensboten konnten über Bord springen und sich aufs Watt oder an das nahe Ufer retten. Da sie gerade erst die halbe Strecke (nach Haithabu) zurückgelegt hatten, wird sich der Überfall vermutlich im Bereich der ostfriesischen Inseln ereignet haben. Mit den Geschenken sollten wohl die

Wik und Hafen von Haithabu

Landesherrn den Kirchengründungen in Haithabu und Birka gnädig gestimmt werden, ein beträchtlicher Geldbetrag war für Kirchengrundstücke, den Bau sowie die Lebenshaltung Ansgars vorgesehen.

Für Wanderkaufleute jener unsicheren Zeit wirkte sich eben erschwerend aus, für Räuber aber sehr verlockend, dass man seine Barschaft ständig bei sich tragen musste, es keine Banken gab und die Münzen aus schweren Metallen bestanden: Kupfer, Silber, Gold. Deshalb reiste man zulande in Gruppen, im Konvoy über See.
Wie hier berichtet, haben sich also Fahrensleute der Küste und Insulaner nicht nur am regulären Handel, sondern gelegentlich auch an der Seeräuberei beteiligt. In Campen fand sich bei der Hauserweiterung der Familie Ohling unweit vom Glockenturm eine goldene Brosche, ähnlich dem Goldsolidus Ludwigs des Frommen (814-840), wohl eine der vergröbernden Nachahmungen, die ein Campener »Seehändler« seiner Frau als Wertanlage und Schmuckstück mitbrachte.

Nachmünzen der silbernen Reichsdenare Ludwigs kamen auch in Schatzhorten zum Vorschein, die um das Jahr 1000 in ganz Skandinavien, Island und sogar an der unteren Wolga von Wikingern angelegt wurden. Sie traten gleichzeitig mit anderen Münzen aus England, Deutschland und Osteuropa auf; auch arabische Dirhams fanden sich. Ein Teil der Münzen dürfte aus Raubzügen der Wikinger stammen und dann in die Horte gewandert sein, der andere wohl aus ihrem Fernhandel mit den Anrainern der Nordsee.

Gründung Emdens

Die meisten alten Orte der Krummhörn des frühen Mittelalters lagen an den Buchten und weit ins Land reichenden Prielen, die für die Entwässerung des tiefliegenden Landes große Bedeutung hatten. Ihre Bewohner ernährten sich als Fischer, zunehmend als Bauern, nahmen die verlandenden Watten als Wiesen und Weiden in Besitz und handelten mit Vieh, Leder, Wolle und gewebten Tuchen.
Zwar findet sich keine schriftliche Erwähnung darüber, Emden dürfte jedoch dank seiner bevorzugten Lage an der Emsschleife und Mündung der Ehe schon sehr früh als Ansiedlung von Fischern entstanden sein und so wohl auch der Versorgung der römischen Flotte gedient haben. Daneben wird der Ort eine Station der karolingischen Küstenwache gewesen sein.

Weit genug emsaufwärts, vor Sturmfluten geschützt gelegen, bot der Prallhang an der halbrunden Biegung des Flusses ausreichende Wassertiefe und am flachen Ufer reichlich Platz für die einfachen Häuser und Slipanlagen für die Boote der Bewohner.

Germanische Flusssiedlung

Über Emden gelangten die Produkte aus der Krummhörn zu Lande und zu Wasser in das südliche Hinterland. Die Transporte emsaufwärts über Rheine nahmen jedoch schon vor 800 eine so erfreuliche Entwicklung, dass eine Gruppe wagemutiger Händler ein sehr bedeutendes und umfangreiches Projekt in Angriff nahm. Um sich vor Hochwasser zu schützen, erhöhten sie den äußeren Emsbogen um dreieinhalb Meter. Wahrscheinlich ließen sie Sklavenkolonnen für sich arbeiten. Für den Rand der Wurt schichteten sie durchwachsene Klei-Plaggen aus dem Watt aufeinander und hinterfüllten sie mit Sand.
Zuerst entstanden mehrere benachbarte Kernwurten, die nicht viel später zu einer Straßenwurt, der heutigen Pelzerstraße, entlang dem Emsufer verbunden wurden. Parallel zu ihr folgten Schul- und Rosenstraße sowie um die Jahrtausendwende quer dazu die Alte Deichstraße. Diese lief ein Stück am Deich entlang, der die Ehe bis nach Osterhusen begleitete, solange Emden noch keine Siele hatte. Auf der Emder Kernwurt entstanden nach und nach zehn Siedlungsschichten, sodass bis heute eine Höhe von 7,85 Meter über NN erreicht wurde. In einer älteren Schicht fand sich ein Silberobol aus der Zeit Ludwig des Kindes (900 – 911). Mit den schmalen Gassen zwischen den Stab- und Flechtwerkhäusern verbanden die Bewohner schon bald ihre Wege zu der schachbrettartigen Anlage der Emder Altstadt. Dieses Wegenetz war teils von Miesmuschelbruch bedeckt, teils mit Bohlen befestigt.
Ausgrabungen in der Großen Kirche Emdens zeigten Fundamentsteine, die schon um das Jahr 790 den Bau einer Holzkirche am westlichen Ende der Straßensiedlung andeuten. Unter dieser Höhenlage fanden sich keine Fundamentsteine mehr, jedoch Gräber, die zwar nach Ost-West ausgerichtet – also christlich waren, aber verbrannte Schädelknochen enthielten. So wurden die Hinterbliebenen gleichzeitig dem heidnischen Ritus der

Brandbestattung gerecht, man kann ja nie wissen. Das zeigt, dass die erste Holzkirche schon zu Lebzeiten ältester christlicher Ansiedler im 8. Jh. auf der noch flachen Warf errichtet wurde. Eine größere Holzkirche ließen die erfolgverwöhnten Emder um 966 folgen. Dieses hohe Gebäude schaute von seinem Hügel weit ins flache Land hinaus und kündete von der Kraft des neuen Glaubens und dem Stolz seiner Anhänger.

Es konnten in den Ruinen der Großen Kirche, die im Zweiten Weltkrieg mit der Altstadt zerstört wurde, großflächige Grabungen nicht durchgeführt werden. Jedoch belegt auch der dortige Fund einer kupfernen Scheibenfibel aus dem 8./9. Jh. (lt. Jankuhn) die frühe Existenz unserer Heimatstadt.

Emder Schloss und Große Kirche, 1580

Die Große Kirche liegt tiefer als die Dorfwurt der Pelzerstraße, man nimmt an, dass zwischenzeitlich ein Ringdeich die Kirchwurt vor den Sturmfluten schützte, bis dann der allgemeine Deichbau begann.

Wir können wohl davon ausgehen, dass Liudger auf den Reisen in sein ostfriesisches Missionsgebiet hier gepredigt hat, wenn er nicht sogar den Grundstein für die Vorgängerbauten in Leer, die Große Kirche in Emden und Liudgeri als Sendkirche in Norden legte.

Die freigelegten Haus- und Straßenfundamente unter der Altstadt Emdens bieten das Bild einer Wiksiedlung: kleine Häuser beherbergten Händler wie Handwerker. Für die Versorgung mit Lebensmitteln standen aber nur wenigen Ackerbürgern (den späteren Gemüsebauern) Anbauflächen zur Verfügung, wie sie bei der Ausgrabung in der Schulstraße des 12. Jh. angeschnitten wurden.

Der Warenaustausch erfolgte mit den Bauern an der Sielmönkener Bucht gegen Schlachtvieh, Milchprodukte, Schafwolle und Tuche über das Hinter Tief, während sich von der Marsch der Campener Bucht ein alter Weg entlang der Rysumer Rundwurt durch Wybelsum und Larrelt nach Emden zog.

Wolfgang Schöningh berichtet aus Urkunden, dass Karl der Große einen Land- und Heerweg vom Bischofssitz Münster längs des Emsufers nach Emden anlegen ließ, um sein friesisches Küstengebiet wirksam beherrschen und auch schützen zu können. An seinen Heerstraßen konnte sich der Handel mit Pferden und weiteren ostfriesischen Produkten gegen westfälisches Getreide sowie Trinkgläser und Keramik aus dem Rheinischen entwickeln. Am Dalumer Ochsenwatt bei Aschendorf kreuzte diese Verkehrsstraße die Ochsentrift von Jütland

zur Mündung von Rhein und Schelde. Auch auf diesen Wegen brachten Emder Wanderhändler die Erzeugnisse der Krummhörn in den Fernhandel ein.
Vorgeschichtliche Funde und spätere Gräber belegen die Entstehung des Heer- oder Ochsenweges schon in alter Zeit. Mit fortschreitender Christianisierung des Nordens diente er auch als Pilgerweg zu den frühen Stätten der Christenheit in Jerusalem, Rom und Santiago de Compostella. Auch die Zehntenlieferungen der Ostfriesen an den Bischofssitz in Münster, sowie die Klöster Werden und Corvey gingen diesen Weg.
Bis 1350 wurden Ochsen zum erfolgreichsten Produkt Nordfrieslands. In Spitzenzeiten des späten Mittelalters trieb man im Frühjahr bis zu fünfzigtausend Viecher über die staubige Trasse. Ein buntes Völkchen wird die Krüge und Herbergen entlang dieser Fernwege bevölkert haben: Ochsentreiber und Fuhrleute, Händler und Soldaten, Boten und Pilger, vermutlich auch Quacksalber, Gaukler, Falschspieler, Musikanten und Beutelschneider …

Unsere nordischen Nachbarn und ihre Schiffe

Wer als Jugendlicher die nordischen Sagas verschlungen hat, dem stellten sich die Wikinger als perfekte Krieger dar. Sie waren aber gleichermaßen erfinderische Schiffbauer, geschickte Kaufleute wie Piraten und wagemutige Entdecker zur See.

Tauschhandel betrieben die Skandinavier an ihren Küsten und innerhalb der dänischen Inselwelt schon vor 8000 Jahren, lange noch in den simplen, fellbespannten »Faltbooten«. Um 1500 v.C. hatten sie Feuersteinwerkzeuge im Angebot und Bernstein in großen Stücken und Mengen aus dem Baltikum und vom Strand der Ostsee; freigegeben von Nadelwäldern aus dem Eozän, jenem Zeitraum, als sich die Alpen auffalteten und der Rheingraben bildete. Schon immer liebten vermögende Damen den goldenen Schimmer und die glitzernden Einschlüsse des versteinerten Harzes, von der See freigespült und blankpoliert. Für sie besorgten die nordischen Händler Nachschub, woraus sich die Bernsteinstraße bis ans Mittelmeer entwickelte. Sie stakten und ruderten in ihren kleinen Booten bald schon aus verbundenen Holzplanken, aber noch ohne Segel und Kiel, mit geringem Freibord in Sichtweite des Ufers, natürlich nur bei gutem Wetter südlich zur Elbe und den anderen Flüssen, von wo der Bernstein bis Mittel- und Osteuropa gelangte.

1996 erblickte nach 3500 Jahren ein Sensationsfund wieder das Sonnenlicht: Aus dem Boden des Audiwerkgeländes in Ingolstadt kam ein kostbares Bernsteincollier zum Vorschein. Das prächtige Gehänge aus zehn Schnüren mit 3000 bis fünf Zentimeter großen Steinen bedeckte einst den Busen einer vornehmen Frau. Es lässt die Frage aufkommen, ob die mitteleuropäische Bronzezeit tatsächlich noch so bäuerlich geprägt war – oder sich vielleicht doch schon größere Feudalstrukturen herausgebildet hatten, eine Oberschicht, die mit so wertvollem Schmuck auftrat …

Seit dem Jahr 793 wird berichtet, dass sich jütländische Stämme mit Tauschgut, aber auch zu räuberischen Besuchen an den buchtenreichen friesischen Küsten mit ihrer wohlhabenden Bevölkerung sehen ließen. Nach Erfindung des Kiels und Einsatz des Rahsegels, das sie bei den Friesen kennengelernt hatten, konnten Skandinavier mit ihren Schiffen nun Kurs halten und mühelos auch größere Entfernungen offshore überwinden. So besuchten sie auch die Inselgruppen im Nordatlantik, wo irische Missionare schon hundert Jahre vor ihnen in ihren leichten Lederbooten gelandet waren. Mit der konsequenten Entwicklung der »Wikingerschiffe« um 800 n.C., einem schlanken Segler und dem bauchigen Knorr, sollten nordische Schiffbauer den Aktionsradius und Umfang

Friesische Landstraße 1689, Hobbema

ihres Handels wesentlich ausweiten. Ständig neue Funde der Archäologen zeigen heute die alten Handelsverbindungen bis nach Persien, Indien sogar China auf. Im Frühsommer 1880 machten sich einige Bauern in Gokstad/Norwegen daran, einen Hügel abzutragen, von dem die Sage ging, er beherberge ein Königsgrab. Sie wurden von einem großartigen Fund überrascht: ein hervorragend erhaltenes Kriegsschiff aus dem 9.Jh. An Waffen und Schmuck fand sich zwar nichts mehr in der Königskammer. Aber dem Herrscher waren zwölf Pferde und sechs Hunde für ein ansprechendes Auftreten in Walhall mitgegeben worden. Erstaunt war man über die Reste eines Pfaus, der nur über das russische Flusssystem von muselmanischen Händlern aus dem fernen Indien besorgt worden sein konnte.

Wie sich zeigte, waren die Schiffbauer ihrer Zeit weit voraus. Das Gokstad-Schiff kombiniert eine Reihe erstaunlicher Innovationen. Ein durchgehender eichener Kiel brachte bei 24 Meter Länge und nur 80 Zentimeter Höhe genügend Längssteife in die Leichtkonstruktion. T-förmig verschmälert und damit strömungsgünstig trug er die ersten der sechzehn Plankengänge. Die waren geklinkert (überlappend) miteinander vernietet, kalfatert (abgedichtet) mit teergetränkten, zu Schnüren gedrehten Tierhaaren. Gewachsene Spanten aus Astgabeln der Eiche und in Wäldern gesuchte, passende Krummhölzer übernahmen die Querverbindung der beiden Bordwände, dienten der Versteifung mit Kiel und Mast. An den vom Kiel aufwärts angesetzten Planken hatten die genialen Schiffbauer die Aststummel nach innen stehen lassen und verbanden sie elastisch mit den Spanten. Dazu verwendeten sie Stropps aus den langen Fasern der Fichtenwurzeln. So konnte der Schiffskörper bei stärkerem Wellengang flexibel reagieren.
Gewicht sparten sie dadurch, dass sie die Wandstärke der Planken sehr einfühlsam zwischen erforderlicher Stabilität, Dichtwirkung und Materialeinsatz dimensioniert hatten. Das Boot nahm sechzehn Ruderer an jeder Bordseite des fünf Meter breiten Schiffes auf, besaß hohen Auftrieb und hatte einen Tiefgang unter einem Meter. Mit dicken Wackersteinen im Bereich des Mastfußes erzielte man das nötige aufrichtende Moment. Kielraum und Spanten waren vollflächig abgedeckt, wodurch sich genug Platz für Last und Rudermannschaft ergab. Sie

Wohn- und Schlafraum der Wikinger

Bootsbau bei den Wikingern

saß auf Kisten, die die persönliche Habe bargen (die Seekiste, wie sie bis ins vergangene Jahrhundert alle Fahrensleute begleitete).
Das Segel erzeugte bei Langfahrt genügend Vortrieb, nur bei der Einfahrt in enge Buchten, totaler Flaute oder Kampf gegen feindliche Schiffe musste die Mannschaft rudern. Geübte Seeleute erzielten mit einem Nachbau des Gokstad-Schiffs unter dem überbreiten Rahsegel bei raumem Wind durchaus elf Knoten (20km/h). Die Wikinger bedienten sich der Sonne zum Segeln nach der Breite, hielten nachts ihren Kurs anhand von Polarstern und Fixsternen, sie navigierten ohne Probleme sogar bei Nebel und während der Dämmerung mit Hilfe ihres Sonnensteins. Sie hatten nämlich die Besonderheit des Kristalls Cordierit entdeckt, sich auch bei schwachem, aber senkrechten Lichteinfall von gelb auf blau zu verfärben, wussten also bei jedem Wetter, Nebel und beliebiger Tageszeit, wo die Sonne stand.

Die Navigation wurde sehr erleichtert durch die Tabellen der Sonnenhöhe je Woche nach der Wintersonnenwende, die Oddi Holgason Ende des 10. Jh. anlegte. Die ältesten Berichte von der Kanalküste 1187 beschreiben die Verwendung einer Kompassnadel. Die wurde magnetisiert, in einen Halm geschoben und an Deck in einen Wassereimer gegeben, wo sie sich nach Norden ausrichtete. Später fügten deutsche Kapitäne in der englischen Flotte strahlenförmige Zielkurse ähnlich der späteren Kompassrose in die Seekarten ein.
Seit der Antike hatte sich schon das Lot als Navigationsmittel bewährt. Bei fleißigem Auswerfen wurde man frühzeitig auf Untiefen aufmerksam und konnte sogar Bodenproben vom Meeresgrund aufholen, die eine weitere Orientierung boten. Baken und Feuer waren selten und nicht alle verlässlich, sodass letztlich die erfolgreiche Navigation von der Erfahrung und Ortskenntnis des Skippers abhing.

Um auch die frühzeitige Entdeckung Amerikas durch die Wikinger endlich glaubhaft zu machen, ließ der norwegische Reeder Magnus Andersen das gerade ausgegrabene Gokstadschiff nachbauen, er überquerte den Atlantik in 27 Tagen und kreuzte unter Segeln 1893 bei der Weltausstellung in Chicago auf …
Nur zu gut wird verständlich, dass solche Schiffe den Wikingern zum Symbol ihres Selbstbewusstseins wurden und dem König nach dem Tode als würdiges Grabmal dienten. Sie gewannen mit diesen Schiffen europaweit genügend Gelegenheit, ihre Ideale von Ehre und Wagemut, Kühnheit, Stärke und Behendigkeit zu verwirklichen. Nun beherrschten sie das Meer, dessen Weite und Wildheit ihnen schon während Jahrtausenden Respekt eingeflößt hatte.
Stolz über ihr Können und die Liebe zur See sprechen aus dem im 10. Jahrhundert in England aufgezeichneten Heldengedicht des *Beowulf*. Dieser skandinavische Prinz sticht in See, um seinem dänischen Freund Hrothgar im Kampf beizustehen:

Vom Winde beflügelt, durchflog seinen Weg
Das Schiff wie ein Vogel, das schaumhalsige,
Bis am nächsten Tag zur nämlichen Zeit
Der gewund'ne Steven so weit gelangte,
dass Land die Segler erlugen konnten,
Flutumbrandete Vorgebirge,
Ragende Felsen. Erreicht war das Ziel
Der weiten Reise. Der Wettermark Helden
Stiegen nun eilends zum Strande hinab,
Das Boot zu vertauen; die Brünnen klirrten,
Der Degen Rüstzeug; sie dankten Gott,
Der nach Wunsch gestaltet die Wogenfahrt.

Mit den letzten Worten eilt der Schreiber der Zeit des Beowulf voraus, denn Degen kamen erst später auf und

Mitternachtssonne in den Schären, SAS

noch verehrten die Skandinavier Odin, Thor und Freyr, wilde Kerle so recht nach Wikingerart.

Erst 1939 wurde auf dem Landgut von Sutton Hoo am Deben im englischen Suffolk ein Schiffsgrab aufgedeckt, das zahlreiche goldene Gegenstände barg. Hier soll der König der Angeln, Aethelwald, im Jahre 663 beigesetzt worden sein. Da es sich um ein nationales Denkmal, aber nicht um einen Schatzfund handele, machte daraufhin der englische Staat der Besitzerin von Sutton Hoo, Mrs. Pretty, diese kostbaren Fundstücke streitig. Dennoch beschloss das Gericht am 14.August 1939, sie ihr zuzusprechen, sie dagegen verschenkte den Fund am Tage darauf ans Britische Museum. Sein Urteil machte das

Vorbereitungen zur Ausfahrt

Gericht an den Versen 3163 ff. des *Beowulf* fest, wonach dem Toten die Schätze für alle Zeiten mitgegeben seien. Sie schildern die Grablegung des *Beowulf*:

Ins Grab sie legten
Goldringe und Schmuck
alle Waffen,
die einst aus Horten
feindselige Männer
fortgenommen hatten;
Den Schatz übergaben
sie dem Schutz der Erde,
das Gold dem Sande,
dort glänzt es nun
so unnütz den Menschen,
wie es ehedem war.

Erste schriftliche Berichte christlicher Chronisten, einige Mönche jener Zeit konnten ja lesen und schreiben, schildern uns einen zwiespältigen Charakter dieser Germanenstämme. Traum der in zahlreichen heimatlichen Fehden kampferprobten Männer war, mit eigenem Schiff Abenteuer in der Ferne zu bestehen und mit reicher Beute heimzukehren. Sie nannten das *wikingen*. Eines der ersten Ziele einer gleichgesinnten Schar war Lindisfarne, eine kleine Insel vor der schottischen Nordseeküste mit einem sehr angesehenen Kloster.

Die Normannen kommen!

Wohl in der Dämmerung des sommerlichen 8. Juni 793 holten sie an der Küste die Segel ein, ruderten ihre Schiffe auf den Sandstrand und sprangen waffenschwingend mit viehischem Gebrüll an Land, wo sie keinerlei Widerstand fanden. Starr vor Schreck ob der Heimsuchung durch diese fremden, ungeschlachten, langmähnigen Kerle brachen Mönche unter den Schwerthieben zusammen, andere wurden ins Meer getrieben.

Nur wenige konnten noch beobachten, wie die Normannen Gotteshaus und Abtei ausräumten und die reiche Beute an goldenem Altargerät, kostbar illuminierten und gefassten Evangeliaren sowie wertvollen Wandteppichen an Bord verstauten. Im Dunst der See verschwanden die Räuber so schnell, wie sie aufgetaucht waren.

Der Germanengott Odin

Wikingerschiff vor dem Wind, Townsend

Der »Erfolg« dieses Überfalls sollte Schule machen, denn schon bald fielen solchen Raubzügen nach der Methode *hit and run* auch die Küsten Schottlands, Irlands und Wales zum Opfer. Nordmänner gingen in ungehemmter Brutalität vor, mit Schwert und Lanze machten sie alle Bewohner nieder, die ihnen entgegentraten. Kurz, in einem grausamen Zeitalter waren die Wikinger grausam, nicht schlimmer als ihre Zeitgenossen an anderen Schauplätzen. Aber seitdem haben alle Wikinger, in England Normannen genannt, eine miserable Presse.

Vielerorts rüsteten nun bei den nordischen Stämmen die in einer Siedlung miteinander lebenden Verwandten gemeinsam ein Schiff für ihre Kaperfahrten aus, mit dem erfahrensten Seemann der Sippe am Steuerruder. Der Jarl oder Graf bildete das Oberhaupt einer Großfamilie. Wikinger fühlten sich frei, ordneten sich aber ohne Zwang einem überlegenen Anführer unter und erwarteten, dass dieser stets in der vordersten Reihe kämpfte – als Vorbild an Mut, Kraft und Ausdauer.

Reliquienschrein, geraubt in England, gefunden in Dänemark

Die Klimaerwärmung jener Zeit ließ nun mehr Menschen die harten Winter überstehen, sie erleichterte die Viehzucht und ergab gute Fischfänge. Bischof Adam von Bremen meinte damals, diese Heiden seien polygam und sie zeugten Scharen von Kindern. Da meistens die ältesten Söhne den Grundbesitz erbten, waren deren Brüder gezwungen, ihr Glück in der Ferne zu suchen. Die Wikinger waren gut genährt und überragten schon mit der durchschnittlichen Körpergröße von 1,74 m ihre europäischen Zeitgenossen, die nur selten mehr als 1,65 Meter maßen. Aber auch der fränkische Kaiser Karl der Große war schon allein an Wuchs mit 1,92 m eine Ausnahmeerscheinung.

Die Mannschaften nannten gelegentlich ihren natürlichen Führer *konungr*, dieses alt-nordische Wort ist natürlich mit unserem »König« verwandt und bedeutet »Mann von berühmter Abstammung«. Von diesen Kleinkönigen regionaler Bedeutung gab es im Norden eine ganze Anzahl, die Beherrschung des ganzen Landes nur durch einen Monarchen war aber bislang nicht zustandegekommen.
Godfred, Dänenkönig nördlich des Flüsschens Eider, war so ein typischer Vertreter für den Dualismus der Wikinger von Abenteuerlust und Kaufmannsgeist. Er hatte schon

Hagia Sophia in Istanbul (Byzanz): auf der Galerie ritzte ein Wikinger mit Runen seinen Namen ein

Ein Hacksilber-Fund in Lancashire, 10. Jh.

774 einmal seine Flotte an der Insel Bant versammelt, um sich in der Emsmündung umzusehen. Wagte aber erst 808 an der äußersten Nordostgrenze des fränkischen Großreiches den Ort Reric am östlichen Handelsweg in der Wismarer Bucht zu zerstören, um die Kaufleute an den von ihm an der Schlei gegründeten Wik Haithabu (Hedeby) zu ziehen. An diesem Kreuzungspunkt der Seewege von Friesland nach Birka, dem späteren Stockholm, nach Kaupang am Oslofjord, besonders über die Ostsee zu den slawischen Volksstämmen, wollte er den üblichen Zoll von 10 Prozent auf alle Waren erheben. Damit aber nicht genug, plante er, in die Herkunftsländer dieser verlockenden Güter zu segeln.

Immer größere Flächen wurden entwaldet, Flotten neugebauter, ständig verbesserter Schiffe machten sich auf den Seeweg nach Westen. Den Großteil der Mannschaften bildeten sicherlich Abenteurer, nur auf die schnelle Beute aus. Banden von Geächteten befanden sich auf Grund der strengen Rechtsbarkeit auf der Flucht und suchten eine neue Heimat.

Noch heute singt man auf Island die Saga von Grettir dem Starken. Grettir beging unter dem Einfluß eines bösen Geistes mehrere Bluttaten, floh in die öde Wildnis und wurde nach 20 Jahren doch noch erschlagen. Sein Mörder floh nach Konstantinopel. Grettirs Bruder fand ihn dort bei der Warägergarde des Kaisers von Byzanz und nahm blutige Rache.

Ein vom Althing Geächteter war auch Thorvaldson Raudi, alias Erik der Rote. Er besiedelte Grönland und ermutigte seine Söhne, im Westen den Atlantik zu erkunden: Leif Erikson und seine Brüder stießen auf Labrador, erreichten den St. Lorenz Strom, überwinterten auf Neufundland und hatten 1001 die neue Welt entdeckt.

Und pünktlich zum Jubiläum, tausend Jahre später, lief das Drachenboot Islendigur in die Bucht von L'Anse aux Meadows (Neufundland) ein. Dort, wo man erst 1960 acht Wikinger-Katen entdeckt hatte, stellte sich der Kapitän Gunnar Eggertsson als ein Urenkel Eriks des Roten im 28. Glied vor.

Dem offiziellen Amerika lieferte der Besuch der seefahrenden Pioniere die Gelegenheit, sich einen neuen Gründermythos zuzulegen. Chris Kolumbus und auch die »Mayflower« sind nun out, und die USA können »stolz sein auf ihre nordischen Wurzeln«, so Präsidentengattin Hillary Clinton.

Leif Erikson entdeckt Amerika

Isländische und norwegische Familien führen tatsächlich seit 1200 Jahren Nachfahrenslisten. Ihre Ahnen hatten rund um die Inseln westlich Grönlands mit den Eskimos Handel getrieben und auch Jagd auf Narwale und Walrosse gemacht – die Lieferanten des so begehrten Elfenbeins. Für den schraubig geformten Stoßzahn des Narwals besaßen die Wikinger ein Liefermonopol. Sie drehten ihn den damaligen Herrschern europaweit gegen gutes Gold als Trophäe vom pferdeartigen Fabeltier Einhorn an, das es nie gegeben hat.

Mit den Wikingerzügen begann für Europa eine schlimme Zeit, denn neben Raub und Totschlag betrieben die Normannen auch den Sklavenhandel. Die Kirchenfürsten taten ein übriges, einen organisierten Widerstand der Bevölkerung zu untergraben, denn sie redeten dem Volk ein, die Heimsuchung durch die Normannen wäre eine Strafe Gottes für eigene Sünden und sei in Demut zu ertragen.
Ein anderer, sehr einträglicher Geschäftszweig jener Zeit war auch das Erpressen von Lösegeldern. So lesen wir im Heberegister des Klosters Werden von folgendem Fall:
Reginhard hat vor seinem Eintritt (793) dem Kloster alles vermacht, was er in Weener hatte. Von seinem Ertrag in M. und B. überläßt er 8/12 seinem Schwiegervater Vide, der ihn für 13 Goldsolidi aus der Hand der Normannen losgekauft hat. Auch Eva, seine Schwester gab für ihn ein beträchtliches Lösegeld an Silber hin.

Isländische Farm aus Torf gebaut

Das sagenhafte Einhorn

Der Verfall des karolingischen Nordens

Noch 809 rüstete der Däne Godfred zweihundert Schiffe (bei Mengenangaben übertreiben die Chronisten immer noch) und fiel mit dieser Flotte in Ostfriesland ein. Er verwüstete die Inseln, brach in mehreren Schlachten den Widerstand der Friesen, nahm ihnen allen Gold und Silberschmuck und erkühnte sich, dem Kaiser weiterhin die Stirn zu bieten, indem er weseraufwärts zog. Sobald Karl davon hörte, ließ er seine Truppen den Dänen bei Verden, wo die Aller in die Weser mündet, erwarten. Godfreds Gefährten waren jedoch wohl sehr um ihre Beute besorgt, jedenfalls kehrten sie um, nachdem sie ihren eignen Feldherrn erschlagen hatten. Karl vereinbarte mit Harald, dem Sohn Godfreds, die Eider als dänische Grenze. Normannen ließen sich jedoch durch Verträge nicht binden, sie machten bald darauf wieder erhebliche Beute in Friesland und verschleppten viele Männer und Frauen aus Frankreich und Belgien auf den lukrativen Sklavenmarkt. Ein kräftiger Mann brachte 300, Frauen 200 Gramm Silber, während man für ein Kettenhemd etwa 800 Gramm hinlegen musste.

Mit der größten Ausdehnung des fränkischen Reiches schwindet nach Karls Tod 814 die karolingische Macht, Übergriffe der Normannen zu verhindern. Sein Sohn, Ludwig der Fromme, zieht noch 837 die Befehlshaber der friesischen Küstenwache auf dem Reichstag zu Nijmwegen zur Verantwortung, dass es zur Plünderung der reichen Insel Walcheren (heute Domburg) und Dorestads durch die Normannen hatte kommen können. Ihm wird erklärt, es sei unmöglich, die so langgestreckte Küste mit ihren zahllosen Meeresarmen, Prielen, Flussläufen und Inseln wirksam gegen Landgänger zu schützen. Daraufhin wird das Budget erhöht und eine neue Abwehrflotte auf Kiel gelegt. Auch gab Ludwig die Ländereien zurück, die sein Vater den friesischen und sächsischen Fürsten genommen hatte. Allerdings war auf dem Reichstag auch vom Ungehorsam der Friesen die Rede, nur widerwillig hatten sie die Frankenherrschaft hingenommen, machten auch wohl gelegentlich mit den Piraten gemeinsame Sache.

Münstersche Annalen berichten aus dem Beginn des neuen Jahrhunderts: »... *Seit Liudgers Tode haben wir fast Jahr für Jahr von dem grausamen Volk der Normannen unzählige Leiden erduldet... Dänische Seeräuber drangen in Friesland ein, erhoben nach Belieben Tribut, blieben im Kampfe Sieger und bemächtigten sich fast des ganzen Landes ... Normannen kamen nach Friesland, plünderten einen Teil völlig aus, brachten die Männer um oder schleppten sie in die Sklaverei, verwüsteten Land und Kirchen und töteten in ihnen die Bevölkerung ... Die Normannen hören nicht auf, das Christenvolk zu versklaven und zu töten, die Kirchen dem Erdboden gleichzumachen, indem sie die Mauern niederlegen und die Dörfer in Brand stecken ... Verbrannt sind die Kirchen, die Klöster verödet, die Höfe von ihren Bewohnern verlassen, so dass jene Küstenlandschaft, die einst eine Menge Menschen fasste, jetzt beinahe zur Einöde geworden ist.*«

Mit nachlassender Ergiebigkeit der Raubzüge im nahen westlichen Friesland wird die Suche der Dänen nach alternativer Beute oder Ansiedelmöglichkeiten bei den Nachbarn Vorrang gewonnen haben.

Der Sänger Bernlef besuchte während dieser heidnischen Phase seine Brüder in Christo beiderseits der Ems, sang mit ihnen die Psalmen und erteilte Sterbenden die Nottaufe.

Ob sich die christlichen Nachkommen des Thiadulf in Campen noch gegen die normannische Besatzung halten konnten oder sich verbanden, berichtet uns keine Urkunde mehr. Aber ein gewisser Tyadolfo als Vertreter des Norderlandes ist 1310 an einem Vertragsabschluss mit der Stadt Bremen beteiligt. Es geht dabei um Rechtsfälle wie Totschlag, Schulden und Seeraub.

Der Name Tiadeka taucht nur wenig später in mehreren Grundstücksverträgen mit Kloster Langen auf: bei

Miedelsum, Damhusen, Hamswehrum, zwischen Woltzeten/Campen und Logumer Hammrich.
Auch auf der hohen Wurt neben der Kirche von Langen geht das Erbe von »Tiadekaland« an die Klosterbrüder. Mit diesem Namen wird eine der ersten Siedlerfamilien und Erbauer der Dorfwurt Langen aus der Zeit vor Beginn des Deichbaus im 10. Jh. fassbar. Aus Lage und Umfang des Besitzes kann man schließen, dass es sich um eine der ältesten nobilis-Familien handelte. Der Erbe und Verkäufer ist Ulbod, früherer Häuptling von Langen und Wybelsum, der sich 1418 in Campen zur Ruhe setzt, möglicherweise auf dem Grundstück seines Vorfahren Thiadulf …

Nach 836 hatten sich Normannen für längere Zeit an der friesischen Küste festgesetzt, trieben Tributzahlungen ein und verstärkten ihre Heere mit Söhnen des beherrschten Frieslands. Nordischen Langbooten war die ostfriesische Küste längst zum vertrauten Fahrwasser geworden. Gemeinsam starteten sie Eroberungszüge nach England und Schleswig. Der Schatzfund von Senja/Troms in Nordnorwegen enthielt einen silbernen Armreif mit der Runeninschrift: *Wir fuhren zum Treffen mit Frieslands Kriegern, und die Kriegsbeute teilten wir.*
Je weiter sich die Söhne Karls des Großen entzweiten, sogar gegeneinander Krieg führten, desto häufiger und dreister wurden die überfallartigen normannischen Angriffe. 841 fällt ihnen Rouen an der Seine zum Opfer. 67 Langschiffe der Normannen arbeiten sich 843 die seichte Loire hinauf und erobern Nantes. Andere Wikinger brechen in Sevilla ein. Hamburg wird dem Erdboden gleichgemacht. Nachdem 846 Rom noch von christlichen Friesen und Angelsachsen gegen die Sarazenen verteidigt werden konnte, drohte dem Papstsitz 859 erneut Gefahr. Eine Flotte der Wikinger verlässt die Loire, segelt ins Mittelmeer, die Rhone aufwärts bis Valence, plündert anschließend Pisa und Luna, das die Normannen für Rom halten, und kehrt erst drei Jahre später, von den Mauren auf ein Drittel gestutzt, aber mit unermesslichen Reichtümern beladen, von ihrem Raubzug zurück.

Die Bischofsstadt Köln suchen die Normannen 862/63 heim, das Jahr 882 sieht sie in Trier. Im Winter 885 rudern sie mit 700 Schiffen die Seine aufwärts, plündern das Umland aus und belagern die Ile de la Cité (Paris) fast ein Jahr lang, bis endlich der feige Karl der Dicke, Urenkel des großen Kaisers, die Piraten gegen Lösegeld zum Abzug von seiner Hauptstadt bewegen kann. Die schwachen Nachkommen des Reichsgründers Karl erkaufen sich, beschämendes Kapitel fränkischer Geschichte, siebzig Jahre lang durch enorme Tribute an Gold und Silber (20.000 Kilo), die sie ihrem Volk abpressen, die Freiheit von den Normannen. Diese rauben das Reich der Franken jedoch zusätzlich aus und verkaufen die Männer als Sklaven.

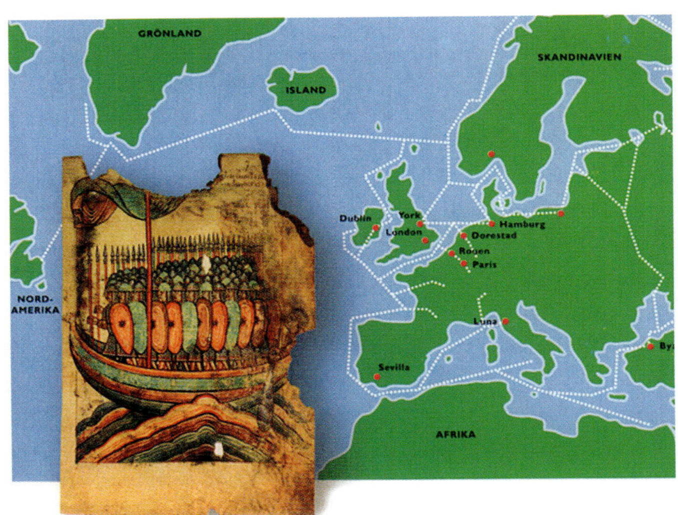

Die europaweiten Beutefahrten der Wikinger

Der Bevölkerung in Britannien erging es nicht besser. Auf ihrer Insel kannten sie bisher nur Fischerboote. Nach der Plünderung von Dorestad am Rhein 835 setzten dänische Normannen im Verein mit Friesen über den Kanal und verwüsteten die kleine Insel Sheppy in der Themsemündung. Ihre Überfälle wiederholten sie von den friesischen Stützpunkten aus, überwinterten später in England, zerstörten London 851 und dehnten ihre Eroberungen aus. Die Unterlegenen wurden auf die Sklavenmärkte von Haithabu und Magdeburg gebracht. 866 beherrschten die Normannen Ostengland, vertrieben den Erzbischof aus York und erhoben als gewaltigen Tribut das Danegeld.
Zu allem Überfluss führte 868 auch noch der Friesenführer Ubba einen Raubzug durch Northumbrien. 880 konnte nur noch König Alfred im südwestlichen Wessex Widerstand leisten und zunächst einen Friedensvertrag abschließen. Dann errichtete er Wehrdörfer entlang der Grenze mit den Normannen und besann sich, diese mit ihren eigenen Waffen zu schlagen. Er gab friesischen Schiffbauern seine erste Kriegsflotte in Auftrag. Deren neuer Schiffstyp war durch ein hochliegendes Kampfdeck, schützendes Freibord, größere Breite und sehr geringen Tiefgang im Vorteil. Die Schiffe wurden von sechzig oder mehr Ruderern bewegt und standen unter dem Kommando erfahrener friesischer Seeleute. Schon im Jahr 886, so berichtet die Chronik, seien an der Südküste Englands zwanzig Wikingerschiffe mit Mann und Maus untergegangen. Derart diszipliniert, begannen nun die Normannen sich in ihrem Gebiet, dem Danelag zu integrieren. Auch in der englischen Alltagssprache haben sie ihre Spuren hinterlassen, ähnlich wie die Römer vor ihnen.
Es konnte sich lange keine starke Nation in Britannien entwickeln, da die Normannen in ihre ewigen Familienfehden verstrickt blieben, sich unliebsamer Verwandtenbesuche aus Dänemark, Schweden und Norwegen erwehren mussten und das übrige Reich Alfred des Großen sich unter seinen schwachen Nachfolgern auflöste. Seit 979, unter dem König Aethelred II. der Ratlose genannt, übrigens ein Vorfahr der englischen Royals, verfiel das Land unter den nicht endenden Übergriffen skandinavischer Normannenfürsten, bis endlich 1066 Wilhelm aus der Normandie, selbst Nachkomme des großen Norwegerhäuptlings Rollo, dem räuberischen Zeitalter in Britannien ein Ende machte.
In farbig gestickten Szenen zeigt uns der berühmte Wandteppich von Bayeux noch heute auf 70(!) laufenden Metern sehr anschaulich Wilhelms Vorbereitungen, die Überfahrt und die blutige Schlacht bei Hastings. Darin verlor der Harold Godwinson, Herrscher in England und auch er Nachfahre dänischer und schwedischer Könige, Land und Leben. Das Monumentalwerk ist erstaunlich detailtreu und konnte wohl zur Krönung Wilhelms am 25.12.1066 in Westminster noch nicht vollendet sein.

Der Schüler und Nachfolger Ansgars, Rimbert, Bischof von Bremen und Hamburg, hatte auf einer Dienstreise nach Haithabu um 870 zum erstenmal den mittelalterlichen Sklavenmarkt gesehen. Darüber heißt es in seiner legendenhaften Lebensbeschreibung:

»Auf den Loskauf der Gefangenen verwandte er fast alles, was er hatte, ja, der Anblick des Elends, welches die vielen noch bei den Heiden festgehaltenen Christen zu erdulden hatten, dieser Anblick, den er aushalten mußte, bewog ihn, selbst die Altargefäße zu diesem Zweck herzugeben ... Des Beispiels wegen will ich eine von jenen Begebenheiten anführen, in denen er nicht nur, was seine Wundertätigkeit, sondern auch was seine Barmherzigkeit anlangte, hervorstrahlte. Als er einst in das Land der Dänen kam, sah er an einem Orte, wo er für eine jüngst entstandene Christengemeinde eine Kirche erbaut hatte, der Ort heißt Sliaswich, eine Menge von Christengefangenen in Ketten einherschleppen.

Wandteppich von Bayeux: Wilhelm überquert den Kanal

Unter diesen befand sich eine Nonne, welche, sowie sie ihn aus der Ferne erblickte, ihm, indem sie die Knie beugte und wiederholt das Haupt neigte, sowohl ihre Ehrerbietung zu zeigen, als ihn wegen ihrer Auslösung um Erbarmen anzuflehen schien. Auch begann sie, damit er sehen sollte, sie sei eine Christin, mit lauter Stimme Psalmen zu singen. Der Bischof, von Mitleid ergriffen, betete weinend zu Gott um Hilfe für sie. Infolge seines Gebetes zerriss sofort die Kette an ihrem Halse, womit sie gefesselt war. Dass sie jedoch nicht entfloh, verhinderten die sie haltenden Heiden mit Leichtigkeit. Darauf begann der heilige Bischof, von Angst und Liebe um sie bewegt, den sie hütenden Heiden verschiedene Gegenstände von Wert für sie anzubieten; die aber wollten auf nichts eingehen, wenn er ihnen nicht sein Pferd abtrete, auf dem er selber ritt. Dessen weigerte er sich nicht, sondern sprang sogleich aus dem Sattel und gab es mit allem Geschirr für die Gefangene hin, schenkte derselben auch, nachdem er sie losgekauft hatte, die Freiheit und ließ sie gehen, wohin sie wollte.« (bei Jankuhn)

Die Annalen des Klosters Fulda erwähnen für 880 den Sieg der Friesen über die Normannen, denen alle geraubten Schätze abgenommen und untereinander verteilt wurden. Der für Frieslands Geschichte bedeutende Chronist Bischof Adam von Bremen gibt dafür den Gau Nordwidi am Meer an. In der ostfriesischen Stadt Norden kennt man tatsächlich die Theelacht, eine uralte, traditionsreiche Einrichtung, die der Überlieferung zufolge nach dieser Normannenschlacht entstanden sei. Der Teilhaber und Syndikus dieser bäuerlichen Geschlechtergemeinschaft, Heimatforscher Rudolf Folkerts, beschreibt die Sache so:
»Damals erlitten die Eindringlinge aus Skandinavien, Normannen genannt, eine schwere Niederlage, die

praktisch die Befreiung Frieslands von einer als sehr streng und grausam geschilderten Herrschaft brachte. Zu immerwährendem Gedächtnis an dieses bedeutsame Ereignis wurde den Norder Kämpfern ein großes Gebiet in gemeinschaftliche Dauernutzung übergeben: die Hilgenrieder Bucht, in deren Bereich die Schlacht geschlagen worden sein soll. Sie war damals noch nicht eingedeicht und wurde deshalb häufig überschwemmt, insbesondere bei Sturm und Springfluten. Noch heute ist sie deutlich an ihrer tieferen Lage im Gelände zu erkennen. Seit über tausend Jahren beziehen die Erben jener Familien Erbpacht aus diesem Gebiet, das um 1800 eine Gesamtgröße von rund 1200 ha hatte, ursprünglich aber noch viel größer war.«

Auch die Sage nimmt dieses Thema auf und schmückt das Ereignis noch weiter aus. Bischof Rimbert, einer der Vorgänger Adams, habe in Norden die Christen aufgerufen und ermutigt, die skandinavischen Heiden zu vertreiben. 10.377 von ihnen seien dort erschlagen worden und darüber hinaus noch viele auf der Flucht ertrunken. Die Walstatt soll seitdem immergrünen Rasen tragen. Heute ist auf dem Norder Friedhof ein Granitblock mit einer Mulde zu sehen, nach der Legende damals von den Knien des um Gottes Hilfe flehenden, inzwischen heiliggesprochenen Rimbert eingedrückt. Man vermutet, dass dieser Stein als Eckpfosten einer früheren Holzkirche eingebaut wurde. Dem nüchternen Volksglauben nach soll das in der Mulde angesammelte Regenwasser gegen Warzen helfen.

Friesen auf Kreuzzug

Inzwischen hatte sich das Christentum weitgehend durchgesetzt: um die erste Jahrtausendwende waren schon viele Holzkirchen in Geest und Marsch unserer Halbinsel entstanden. Sodass auch Friesen dem Ruf des Papstes folgten und sich an den Kreuzzügen beteiligten. 1189 stellten sie sogar neunzig Schiffe für die Reise nach Jerusalem. Dieses seemännische Großunternehmen sollte man im Vergleich zur spanischen Armada sehen, die vierhundert Jahre später mit 130 wenn auch größeren Schiffen gegen Engeland zog.

Am 23. April jenen Jahres 1189 liefen allein vom Butjadinger Hafen Blexen an der Wesermündung elf Koggen aus mit mehr als tausend friesischen, sächsischen und bremischen Kreuzfahrern. 36 Schiffe mit 2.500 Mann folgten dann am 3.6.1189. Alle schlossen sich Kaiser Friedrich Barbarossa an, um den Sultan Saladin aus der heiligen Stadt Jerusalem zu vertreiben. Auch das reiche Langwarden an der Nordküste Butjadingens wird das Vorhaben mit Schiffen, Ausrüstung und Mannschaften unterstützt haben. Bis zur Winterruhe in Italien waren die Kreuzfahrer sechs Monate unterwegs und erreichten ihr Zielgebiet auch nicht vor Ende April des folgenden Jahres. Vor der Küste Palästinas gaben jedoch die königlichen und fürstlichen Anführer des 80.000 Mann Heeres ihren Plan auf, das stark befestigte Jerusalem zu erobern, weil sie zur Sommerzeit Wassermangel befürchteten, und suchten sich ein anderes Ziel – Ägypten.

Besondere Meriten erwarben sich die Friesen während der fünften Kreuzfahrt 1218, als sie halfen, Damiata in der Nilmündung zu stürmen. Auf der breiten Mauer dieser Stadt sollen zwei Reiter nebeneinander haben reiten können. Einer der 32 Türme stand auf einem Felsen inmitten des Stroms und hielt eine starke Kette, die quer über den Fluss bis zur Stadtmauer gespannt war und den Hafen versperrte. Die Mauren wehrten sich lange gegen die Belagerer mit Steinen, Pfeilen und griechischem Feuer, das heißt Brandgeschossen.

Das griechische Feuer: mit Pech und Schwefel

Schließlich vertäuten die findigen Papstritter zwei Schiffe zu einem »Katamaran« und befestigten zwischen Masten und Vordeck ein »hölzernes Kastell«. Von dieser hohen Warte aus enterten sie den Kettenturm von oben. Voran schwang der Friese Haye aus dem Groningerland seinen Morgenstern und bahnte den nachdrängenden Kameraden den Weg. So machten sie den Hafen für die Flotte frei und nahmen die Stadt ein. Allerdings war diese Eroberung fruchtlos, da man gar nicht in der Lage gewesen wäre, einen Brückenkopf im Morgenland zu halten. Also tauschte man die Gefangenen aus und überließ wieder dem Sultan die Stadt. Ohne eine weitere Aktion schifften sich die Truppen dann in die Heimat ein. Auch 1267 erging wiederum die schmeichlerische Bitte an die Friesen, »in Anbetracht ihrer Tapferkeit und Frömmigkeit« doch den Christen in Palästina »Hilfe« zu bringen. Eine zeitgenössische Quelle berichtet, diese Friesen hätten sich geweigert, vor dem Papst im Dom zu Rom auf die Knie zu fallen und stattdessen verlauten lassen: »Wir Friesen beugen uns vor Gott, aber keinem Menschen auf der Welt.«

»Das Volk spendete freiwillig Geld und füllte die in allen Kirchen aufgestellten Opferstöcke für den Kreuzzug. Für diesen empfingen überall sehr viele das Zeichen des Kreuzes, und es rüsteten sich in Friesland wieder Angehörige aller Stände: Vornehme, Reiche und Arme. Schnell sammelten sich so viele, dass angeordnet werden musste, dass nicht die Menge der Männer die Größe der Geldsumme, der Rüstung und der für den Kreuzzug gebauten Flotte übertreffen würde. Jeder müsse sieben Mark von der Sterlingmünze, sechs Krüge Butter (75 kg), eine Rinderhälfte (gepökelt), einen Schweineschinken, einen halben Scheffel Mehl und zudem soviel Waffen und Kleidung wie ausreichend sei bereithalten. Dann bestieg man, nachdem alles richtig ausgerüstet war und man die Zeremonien nach päpstlicher Sitte vorgenommen hatte, in der Woche, die auf das Osterfest folgt, an verschiedenen Stellen die Schiffe, die im Gebiet zwischen Lauwers und Elbe gebaut waren, und sammelten sich bei der Insel Borkum. Später vereinigten sich alle Schiffe, die die Friesen ausgerüstet hatten, nämlich fünfzig Koggen außer kleineren Schiffen ...«

Auf ihrer Fahrt zum Mittelmeer trafen die Schiffe in Höhe vom spanischen Galizien und im Hafen Ferrol auf Galeeren mit Lateinersegel an der zum Bug schräg verlaufenden Rah, ursprünglich aus dem Indischen Ozean stammend und von den Ägyptern zur Dhau verbessert. Zur großen Überraschung handelte es sich um Landsleute, nämlich um friesische Seeräuber, die sich hier mit der wendigeren Lateinertakelage angefreundet hatten: in kritischer Situation eine Lebensversicherung. Über Sardinien, Sizilien, Karthago gelangten die Kreuzfahrer im Herbst schließlich nach Palästina. Die Flotten der anderen europäischen Völker, Franzosen, Engländer und Italiener waren jedoch inzwischen schon wieder von der Flagge mit dem roten Balkenkreuz gewichen, vor Ort stritten noch die Venetianer, Genuesen, Pisaner wie auch die Ritterorden der Templer, Deutsche und Johanniter untereinander. Deswegen hatten ihnen auch die Sarazenen leicht alle Burgen nehmen können.

»Was sollten die Friesen da mit einer so kleinen Schar gegen so mächtige Feinde ausrichten, zumal die Bundesgenossen so uneinig waren? Da fuhren sie alle ab, die übrig gebliebenen waren, auf verschiedenen Schiffen (denn ihren eigenen Schiffen, ausgetrocknet und abgerüstet, vertrauten sie nicht mehr) und wurden in die Häfen Griechenlands, Siziliens, Italiens, Sardiniens und Frankreichs verschlagen. Dort mussten sie noch verschiedene Gefahren bestehen. Jedoch die meisten kehrten, von Griechen, Siziliern und Italienern beraubt, zerstreut und geschwächt, schließlich nacheinander in ihre Heimat zurück« schildert unser Chronist Ubbo Emmius das Ende der Kreuzzüge.

Seeräubergaleere, Holbein

Kritische Bilanz zieht auch Tileman Wiarda, der ostfriesische Geschichtsschreiber um 1797:
»Dies war das Ende der heiligen Kriege (1291), worin nach Voltaires Berechnung mehr als zwei Millionen Europäer im Orient ihr Grab gefunden, und die auch unserm Vaterlande den Kern der besten Mannschaft entzogen, und die Reichthümer unserer Vorfahren in ein entferntes Land geschleppt haben, wo sie zum Triumph des Aberglaubens und zur Schande des Christentums ewig vergraben worden.«

Eine ewige Schande für das Christentum ist dagegen aus heutiger Sicht der skrupellose Völkermord in Palästina durch die Ritter des Kreuzes. Untaten, auf die sich muslimische Fundamentalisten und Mordbuben in rauschhaftem Realitätsverlust siebenhundert Jahre später berufen sollten.
Der Marinehistoriker Chatterton (1909) bucht als einzigen Erfolg englischer Teilnahme, dass sie ihre Küstenfischer zu blue water sailors machte und ihnen im Mittelmeer zeigte, in welche Richtung ihre Fahrzeuge weiterentwickelt werden mussten. Anstatt sich abwechselnd als Piraten, Fischer oder Söldner durchzuschlagen, gewannen Seeleute nun bei der Navy des Königs einen höheren Status und eine feste Heuer.
Auf der Reise ins gelobte Land begegneten sich die europäischen Seeleute in vielen Häfen des Mittelmeeres, begutachteten gegenseitig ihre Schiffe und beobachteten sehr genau deren Manövrierbarkeit und Seeverhalten. Daraus ergaben sich in der Folgezeit interessante Varianten der bisherigen Schiffstypen. Die Schiffsbauer im Mittelmeer befestigten die Planken kraweel, das heißt stumpf übereinander auf den Spanten und dichteten die Spalten mit Werg und Teer ab. Sie steuerten ihre Schiffe mit langen Rudern an beiden Seiten des Achterschiffs. Das große Dreieckssegel wurde mit der langen Rah weit vor dem Mast tief angeschlagen und achtern wie ein Catsegel ausgestellt. Bei der Wende war nur das achtere Schothorn auf Luv durchzuholen einfach mit einer Endlosleine. So konnten »Lateiner« höher und schneller an den Wind gehen und auslaufen, während die rahgetakelten Koggen oft im Hafen auf günstigeren Wind warten mussten.
Das Beste aus beiden Welten wurde in den folgenden Jahrhunderten zur Karavelle vereinigt: der gerade Achtersteven mit dem Heckruder an einem kraweelgebauten Dreimaster mit Lateinersegeln. Diesem Fahrzeug vertrauten die Entdecker Bartolomeus Diaz, Vasco da

Gama und Christoph Columbus ihr Schicksal an. Für ihre späteren Raubfahrten nach Südamerika stellten sie allerdings wieder auf Rahsegel um, da sie ja mehrheitlich vor den Passatwinden segelten.
Unklar blieb bis heute, wie sich eine Kogge mit ihrem Rahsegel trotz auflandigem Wind von der flachen Nordseeküste oder der berüchtigten Jammerbucht (Limfjord) freihalten konnte. Das Aufkreuzen war selten möglich. Segelexperimente im Hamburger Institut für Schiffbau mit einem Modell der Bremer Hansekogge ergaben einen Wendewinkel von 130°. Um also nicht auf Legerwall zu geraten, mussten die Q-Wenden frühzeitig, weiträumig und zügig eingeleitet werden. Dabei halfen Bugspriet und Vorsegel, die niederdeutsche Seeleute einführten.

Christopher Columbus
set an example the
Government's never
forgotten.
He didn't know where
he was going,
he didn't know where
he was when he got there,
and he did it all
on borrowed money.

Flugblatt aus dem heutigen Trinidad, das Columbus einst auf seiner 3. Reise, 1498 im Namen der Spanischen Krone in Besitz nahm

Vom Langboot zum Segelschiff

Die in Emden anfänglich benutzten viereckigen Pünten mit ihren schrägen Wänden, sehr leicht zu staken, zu wriggen und auf Land zu setzen, waren als Fähren an den Flüssen vom Rhein bis zur Weichsel gleichermaßen bekannt. Für Fahrten über See waren sie aber ebensowenig geeignet wie die schmalen nordischen Ruderschiffe für das zunehmende Handelsvolumen. In der Frachtfahrt zum Rhein benutzten Küstenbewohner daher um 830 gedrungene Boote mit größerem Laderaum, aufgebaut aus stromlinienförmig verlaufenden, geklinkerten Planken. Deren eichene Spaltbohlen waren miteinander vernietet und mit Teer abgedichtet. Parallel zu den für Englands König Alfred gebauten Kriegsschiffen entwickelten Friesen ihre Schiffstypen weiter, schon seit 867 tauchen sie mit ihren ersten reinen Segelschiffen, einmastigen Koggen unter riesigen Rahsegeln, in den Häfen von Nord- und Ostsee auf. Viele jener alten Handelszentren zeigen noch heute die Kogge in ihrem Stadtsiegel.

Über ihrem flachen Boden sind die Planken ebenfalls geklinkert, sie greifen übereinander und verbessern damit die Längssteifigkeit beträchtlich. An den Plankenenden ist das Hirnholz mit Silberblech »gebunden«.

Um insgesamt eine steifere Schale zu erzielen, setzten die friesischen Erfinder das Spantengerüst direkt auf den eichenen Kiel. Ein durchgehendes Verdeck stabilisiert das Schiff nun auch in der Breite. Erstmalig übertrifft die dickbauchige Kogge an Seetüchtigkeit die bisherigen Schiffsformen. Der Zolltarif von Kampen erwähnt 1340 *»Ostfresen, dy hangroeder hebben an oeren scepen«.* Mit ihrem neuartigen Heckruder also und einer langen Pinne anstelle von Seitenrudern kann der Rudergänger nun wesentlich mehr Steuerkraft aufbringen. So wird die Kogge zum Vorbild des Schiffbaus in allen Ländern. Bei der Bezeichnung ihrer Ladefähigkeit ging man von der Praxis aus. Man zählte das Fassungsvermögen an Weinfässern, dem häufigsten Transportgut zwischen Mittelmeer, Rhein und Nordsee. Als Maßstab kamen deshalb tons auf, etwa 1000 Kilo. Geleerte Weinfässer wurden gern als Brunnenfassung eingegraben, manchmal allerdings auch als Sarg.

An der Ostsee dagegen war die Bezeichnung nach (Roggen)Lasten üblich, ca. 2000 Kilo. Die aus dem Bremer Hafen geborgene Kogge von 1380 fasste etwa 120 Tonnen bei einer Schiffsgröße von 23,5 x 7,5 Meter und erforderte als Besatzung 18 Mann.

Siegel des bedeutenden hansischen Hafens Bergen

Nachbau der Bremer Hansekogge

Diese Kogge war an Frachtvolumen und Reisezeit dem Landtransport weit überlegen. Denn schon eine Wagenlast Getreide erforderte vier Pferde, Fuhrleute, beschützende Reiter und brauchte für die Strecke Lübeck-Danzig und zurück je 14 Tage. Die Kogge schaffte dies in vier Tagen.
Die bald schon über 100 Lasten ansteigenden Frachtmengen und der erforderliche Tiefgang bescherten größeren Schiffen an den Mündungen und flussaufwärts Probleme. Schon deshalb verbot man den »Schepherren» bei Strafe, Abfälle oder Ballast einfach über Bord zu geben. Um arbeitsintensives Leichtern zu vermeiden, wie es vor Stralsund und Brügge vorgeschrieben war, wurde der Tiefgang auf drei Meter begrenzt. Die noch größeren Kielschiffe machten gewöhnlich an langen Stegen fest, die das Schlickwatt überbrückten.

Bereits ab 1040 kaufen friesische Seefahrer das Elfenbein aus Walrosszähnen und Seehundfelle in Island ein. Im Handel mit Westfriesen, Britannien, vor allem aber auf der alten Route über Jütland in die Ostsee ergaben sich nun für die ostfriesischen Seekaufleute mit der Kogge und der aufkommenden dreimastigen Hulk größere Transportvolumen und zunehmende Gewinne.

Emden im Mittelalter

In die Buchten und Flussmündungen der stark gegliederten ostfriesischen Küste lief die Flut bis an den Geestrand weit auf. So existierte schon in früher Zeit eine Reihe von Orten, die heute im Binnenland liegen, wie Marienhafe, Norden, Dornum, Jever mit kleinen Seehäfen und vielen Familien erfahrener Seeleute, was aus alten Urkunden beispielhaft hervorgeht.
1061 schenkte Liudprondus (= Lubbe) de Frisia zum Seelenheil seiner Vorfahren der Bremer Kirche Land im Pachtwert von 1 Pfund Silber/a. Er besaß ein Erbgut bei Orschem (Otzum), das mit dem 15. Jh. in den Fluten versank. Bei Ebbe wurden noch vierhundert Jahre später die Fundamente der Kirche Otzum-Seriem in der Balje zwischen den Inseln Langeoog und Spiekeroog sichtbar. Eine Urkunde aus dem Jahre 1289 belegt auch, Accumersiel sei den Seeleuten wohlbekannt.
Den friesischen Seehandel einschließlich Seeraub betrieben die Söhne der Marschenbauern in jungen Jahren, während sich die Frauen und älteren Männer um Vieh und Weberei kümmerten. Solchermaßen erfolgreiche bäuerliche Familien gewannen bald an Ansehen und Einfluss und stellten die Richter. Führten sie ihr Amt klug und gerecht, konnte sich daraus nach Generationen ein Häuptling hervortun, der durch hohen Arbeitsanteil bei der Deicharbeit auch noch seinen Grundbesitz vergrößern konnte.
Emdens geschützte Lage als »Großhafen« blieb fast tausend Jahre lang hervorragender Standortvorteil. Am Uferrand der Ems boten sich genügend Anlegeplätze für Schiffe und Raum für das Transportgut. Neue Wurten wurden angelegt und mit bestehenden verbunden, auch der Deichbau machte im Laufe des 11.Jh. Fortschritte.
»1368, als eine äußerst schreckliche Pest an der ganzen Meeresküste wütete, wurde in Emden eine Pfahlbrücke über den größeren Bach, der den Namen Delft trug, zum ersten Mal gebaut. Durch diese Brücke wurde das Kloster des Franzis-

kanerordens, das man früher von der Stadt aus nur mit dem Boot erreichen konnte, mit der kleinen Stadt verbunden ... Als man die Pfahlbrücke baute, hatte Emden schon längst begonnen, sich unter den benachbarten Orten zu erheben und besaß die Größe und den Namen einer Stadt schon mehrere Jahre hindurch und ebenso das Recht, Münzen zu prägen, bereits vom Jahre 1234 der christlichen Zeitrechnung an. Die Stadtbewohner selbst hatten allmählich die Beschäftigung in der Landwirtschaft aufgegeben und sich, verlockt durch die Bequemlichkeit des Hafens und des Flusses, eifrig dem Handel gewidmet, und sie übten nun in großer Zahl Handwerke jeder Art des Gewinnes wegen aus, wie das in Städten üblich ist. Sie verkauften derartige Waren sehr viel und besonders an die Nachbarn auf dem Lande. Schließlich schien diese Stadt den Emsigern und den übrigen Bewohnern in dieser Gegend schon eine Art Handelsplatz zu sein, nicht ohne Konkurrenzneid von zwei bedeutenden Dörfern, die nicht weit von dort entfernt lagen: nämlich Osterhusen und Larrelt, dieses am Ufer der Ems an einem für die Schiffahrt durchaus geeigneten Platz, Osterhusen weiter im Landesinneren.« (Ubbo Emmius 1598)

Man glaubte, ein Ziegenbock als Hausgenosse würde die Pest vertreiben, Sammet

Vom Seehandel profitierte denn auch das Hinterland. Der Absatz seiner Produkte über Emden und den Küstenhandel war gesichert, manche konnten sich schöner Dinge wie Schmuckketten und reich verzierter Keramik erfreuen oder sich sogar Luxusprodukte wie Trinkgläser und Wein aus dem Rheinland leisten.

Auch die Wanderhändler dieser Zeit mussten sich ihr Brot noch hart verdienen. Nur wenige konnten lesen und schreiben, so sind kaum Berichte und Abrechnungen überliefert, die über ihr Leben Auskunft geben. Diese Kaufleute begleiteten ihre Ware mit Pferd und Wagen selbst, tauschten sie gegen gesuchte Produkte ein und setzten diese nach glücklicher Heimkehr wieder ab. Wanderhändler mussten neben dem geschäftlichen Risiko ständigen Gefahren durch Wegelagerer, Wettbewerber oder auch enttäuschte Kunden ins Auge sehen. Um sich zur Wehr setzen zu können, durften sie Waffen

Rheinische Gläser

tragen; sie schlossen sich zusammen und zogen in Gruppen über Land. Die kleinen Kaufleute, wie sie wohl auch für Emden im folgenden Jahrhundert typisch waren, begrenzten ihren Handel auf wenige Produkte oder eine bestimmte Region, betrieben auch den Einzelhandel über die ins Binnenland führenden Gewässer. Ihre Gehilfen wurden vom Emder Kontor aus mit klaren Preisvorgaben zum Ein- und Verkauf ausgeschickt. Wenn es hoch kommt, konnten sich solche Einzelkaufleute ein Gesamtvermögen von einigen tausend Euro erarbeiten.

Ubbo Emmius vermeldet für 1350: *»Dies war die Zeit, da die Bremer ihren Gerstensaft, den sie Bier nennen, als erste von allen nach Friesland und in andere Gebiete zum großen Nutzen für den (Bremer) Staat und die Privatleute auszuführen begannen. Dies sollen Hamburg und die übrigen Seestädte, die damals noch nicht die Kunst verstanden, Bier zu brauen, erst hundert Jahre später nachgeahmt haben. Wirklich zum großen Schaden Frieslands, denn man kauft diesen Stoff für eine maßlose Verschwendung ebenso begierig wie teuer.«*

Bier war für die Marsch eine wichtige Ergänzung des spärlichen Trinkwasservorkommens. Um 1530 berichtet Henricus Ubbius (zu deutsch der Hinnerk Ubben) aus Ostermarsch:

»Die Einwohner Emdens tauschen ihre Landesprodukte wie Fische, Butter, Bohnen und Vieh gegen Roggen, Wein und Bier, von dem dort viel verbraucht wird zum Vorteil der Stadt Hamburg, aber zum größten Nachteil der Friesen selbst, die ein gut Teil ihres Vermögens darin vertun und sich im Rausch totschlagen ...

Die Frauen von Emden sind schön, aber zum Teil dem Trunk ergeben und oft schwer berauscht vom Hamburger Bier, das wie kein zweites in Deutschland durch seine süße Schwere die Sinne umnebeln kann.«

Tonnen Hamburger Biers aus den 600 dortigen Brauereien galten als Verrechnungseinheit, auch Strafmaß, und waren schon den Seeräubern stets eine willkommene Beute. Auch nach der Reformation gab es in Ostfriesland noch zahlreiche Kirchenfeiertage, die neben allen familiären Anlässen Gelegenheit zum Umtrunk boten. Mit Bußgeldern versuchten die Regierenden Jahrhunderte lang, die stete Sauferei einzudämmen, deren Folgen sich nach Aufkommen des billigen Kartoffelfusels noch stärker auswirkten.

Im Ostfriesischen Amtsblatt vom 15. April 1842 wurde ein Bestand von 194 Brauereien und 114 Brennereien nur für Ostfriesland und Papenburg bekanntgemacht. 1867 verfügte deshalb der König in Hannover, in den Gaststätten »Säuferlisten» (Hausverbote) auszuhängen. Traditionsbewusste ostfriesische Familien lassen noch heute bei der Kindstaufe die »Bohnensopp«, Korn, Zucker und Rosinen, im silbernen »Brantwienskopp« reihumgehen ...

Heinrich Heine: *Bier und Schnaps, die Getränke der Völker, denen Nebel und Regen vertraut sind.*

Die Trinker, Jan Steen 1660

Langwarden – Butjadingens Tor zur Nordsee

Schon seit dem 7./8. Jahrhundert schleusten Händler aus Niens in Butjadingen Produkte ihrer Metallwerkstätten und Webereien über den Nordseehafen Langwarden in den fränkisch-sächsischen Warenstrom ein. Sie betrieben auch lukrativen Zwischenhandel mit englischen und flandrischen Tuchen.

Den Bau erster Holzkirchen dort westlich der Weser in Langwarden und Blexen hatte noch Willihad angeregt, der Bremer Bischof. Etwa zur gleichen Zeit wie in Emden um 800, machten sich die Friesen von Langwarden daran, ihre 7 einzelnen Kernwurten zu einer Langwurt mit den beträchtlichen Ausmaßen von 600 mal 150 Meter Breite zu verbinden. Vermutlich wurden auch hier Sklavenkolonnen eingesetzt, um die gewaltigen Erdbewegungen durchzuführen.

Am westlichen Ende der Warft errichteten sie ihre Olde Kerk aus Tuffstein, einem leichten geblähten vulkanischen Material ähnlich dem heutigen Ytong. Die Archäologen maßen das Fundament, einschließlich Turm aus Sandstein, mit 39 x 10 Meter und fanden kostspielige importierte Steinsärge aus dem 11. Jh. Neben der Kirche lag der Friedhof, der sich im Laufe der Jahrhunderte zum Friesenhügel aufbaute. Er trägt heute nur noch mächtige Bäume und die Denkmäler vergangener Kriege ...

Mit den Wikingern muss man sich wohl arrangiert oder sogar verbrüdert haben. Gemeinsam wurden die See- und Handelswege von der Nordsee über die Ostsee bis ins Schwarze Meer und zum Mittelmeer erschlossen.

Die Langwardener Kirche St. Laurentius

In Langwarden fand dreimal im Jahr großer Markt statt, zu dem Händler aus Nah und Fern, wie Rheinland, Westfalen und dem westlichen Friesland, beitrugen. Hier wurde gehandelt, gekauft und verkauft, gelacht und gestritten. Gleichzeitig tagte in der Gaukirche das Sendgericht, zu dem die friesischen Seelande ihre Kirchenvertreter entsandten. Zusammen mit dem Ortspriester und dem Richter, hier Asega genannt, verhandelten und bestraften sie öffentlich Vergehen gegen kirchliche und weltliche Gesetze.

Die wohlhabenden Handelsschiffer finanzierten nur fünfzig Jahre nach der ersten Holzkirche, um 1150, auch noch die Wehrkirche St. Laurentius am östlichen Ende der Wurt. Sie entstand mit ihrem Querschiff noch auf einem zusätzlichen Hügel direkt am schiffbaren Priel zur

Außenweser, praktischerweise als Festung, Lager und Gotteshaus gleichermaßen.

Neben St. Laurentius errichteten sie einen hohen Glockenturm, auch als Seezeichen: *»De Klocken de lüed us bi Gluck un Noot, so as bi Ebbe un Floot.«* Ein breiter Graben und eine Ringmauer verbesserten den notwendigen Schutz gegen feindliche Horden. Auch die Östringer (Jever) konnten sich 1153 so erfolgreich der Sachsen erwehren.
Am ehemaligen Anleger von Langwarden buddelte man in heutiger Zeit Tuffsteine aus, die damals in der Eifel behauen, von Andernach rheinabwärts nach Utrecht geschafft worden waren und dann über den geschützten Seeweg unter den ostfriesischen Inseln nach Langwarden gelangten. Koggen konnten mit diesen leichten Steinen gut ausgelastet werden. Auch wäre ein mächtiger Kirchenbau aus schweren Granitsteinen auf dem hier noch nachgiebigen jungen Marschenboden gar nicht möglich gewesen. Für den Turm wurde zusätzlich Sandstein verarbeitet, sodass ein gemischter Verband wie an der Kirche in Blexen entstand.

Ein weiterer Hinweis auf den früheren Reichtum des Markt- und Hafenortes Langwarden sind die damaligen sieben Kleriker des Kirchspiels, die von der Pacht für das Kirchland lebten. Sie werden das Ihrige zum Kreuzzug beigetragen haben, indem sie vielen Pfarrkindern für dieses zweifelhafte Unternehmen ewiges Seelenheil in Aussicht stellten ...
Bis ins 14. Jh. hinein blühte der Handel Langwardens mit den Landesprodukten und entwickelte ungewöhnlichen Wohlstand. Bezogen auf Bremer Schiffe hatten sich die Langwardener noch 1315 ihr Strandrecht für 1000 Mark von der Hansestadt abkaufen lassen und stellten nur ihren Bergelohn in Rechnung. Es häuften sich offenbar die Fälle, dass Bremer Koggen vor der Wesermündung auf die Sände Butjadingens gerieten und es Streit um das Strandgut gab. Bei einer solchen Gelegenheit hatte eine gestrandete Bremer Schiffsbesatzung 1312 vier beutegierige Rüstringer erschlagen.
Vertragspartner in Langwarden waren Edo Islandi, Iko Alikaleda und Onniko Harrikonis.
Diese Namen zeigen verwandschaftliche Bindungen nach Rüstringen an, wo wir den Faden später wieder aufnehmen ...

Je weiter die Hanse ihren Handel nach Flandern bis Litauen ausdehnte, um so mehr vergrößerte sich auch das Frachtvolumen. Den Schiffern aus den kleinen Häfen blieben nur noch küstennahe Transporte. Die Kogge war inzwischen zur Hulk weiterentwickelt worden, die mit größerem Frachtraum und Tiefgang flache Priele wie nach Langwarden nicht mehr befahren konnte.
Die Marcellusflut 1362 und weitere schwere Sturmfluten brachen in das moorige Rüstringen ein und machten Butjadingen zur Insel. Die Fluten ertränkten Mensch und

Eine Lübecker Hulk

Vieh, versalzten den Boden und zerstörten die niedriggelegenen Höfe. Der Handel mit dem Hinterland und Bremen ging soweit zurück, dass Langwarden seine Bedeutung als Marktort verlor.
Mit dem Unterhalt zweier Kirchen war das Kirchspiel überfordert. Die Olde Kerk musste abgerissen werden, lieferte aber wenigstens Baumaterial für das Steinhaus, die alte Pfarrei neben dem Friesenhügel, noch heute letzte Erinnerung an bessere Zeiten in Langwarden.

Langwardens Altes Steinhaus

Unstete Bauernsöhne

Sobald ein Erbe den Hof übernahm, mussten seine Geschwister sehen, wo sie blieben. Sie verdingten sich zum Deichbau, übten ein Handwerk aus oder fuhren zur See. Auf der Suche nach Arbeit oder zu pachtendem Land zogen andere umher. Der heranwachsende Ort Norden und die Hafenstädte Leer und Emden boten manchem Jugendlichen eine Anstellung.
Auch das älteste Stadtbuch von Wismar listet ab 1250 viele zugereiste Siedler aus Friesland. Übrigens enthält das Verfestungsbuch dieser Hansestadt 1380 den Eintrag, dass ein gewisser Nicolao Störtebeker in eine nächtliche Schlägerei verwickelt war, Beulen und Brüche davontrug und man seine Kontrahenten der Stadt verwies. Wir werden ihm bald zur Blütezeit der Hanse wieder begegnen.
Am neuen Ort lernten die jungen Leute den Ehepartner kennen und gründeten wiederum in einem anderen Dorf ihren Hausstand. Einzig die alten Kirchenbücher spiegeln die familiären Ereignisse wider. So ist es heute für Familienforscher schwierig und sehr zeitaufwendig, diese Wanderungen und Familienverhältnisse aufzudröseln. Die meisten Kirchenbücher hat man erst im 18. Jh. begonnen und sehr unterschiedlich geführt: nur wenige akurat mit Hinweisen auf die Herkunft, die meisten sehr kurzgefasst. Die Pastoren schrieben nach Gehör: so finden sich beispielsweise beim Eintrag der Geburten einer Emder Familie über die Jahre sechs verschiedene Schreibweisen für ein und dasselbe Elternpaar. Lücken entstanden, wo der Pastor krank oder verstorben war, möglicherweise die Pfarrstelle verwaist. Auch dem Funkenflug bei der Torfheizung fiel außer den reithgedeckten Bauernhäusern schon mal ein Kirchenbau zum Opfer, wobei leider manche Kirchenbücher verbrannten, so geschehen in Westerholt.

Leer, Hafenstadt zwischen Ems und Leda

Um 1600 überlebte etwa jedes zweite Kind, und welches das kritische Säuglings- und Kindesalter soweit durchgestanden hatte und erwachsen wurde, konnte mit durchschnittlicher Lebenserwartung von immerhin 60 Jahren rechnen. Auch die Vorstellung von großem Kinderreichtum in damaliger Zeit ist ebenso irrig wie die Ansicht, dass sehr früh geheiratet wurde. Die Männer heirateten mit 26 – 28 Jahren, Frauen mit 25 – 26, und außereheliche Geburten machten nicht einmal 1 Prozent aus. Zudem ermittelten die Geschichtsforscher, dass nirgends mehr als 17 Prozent Großhaushalte bestanden. Eine stärkere Belastung hätten die Hofstellen gar nicht getragen.
Bevor Heiraten, Geburten und Todesfälle in den Kirchenbüchern namentlich erfasst wurden, gaben nur von den Priestern aufgesetzte Kaufverträge und die Steuerlisten Auskunft über frühere Bewohner der Ortschaften. Der älteste kirchliche Eintrag unserer Vorfahren findet sich am 16.1.1676 in Nesse, als Janssen Frerichs die Schifferstochter Trientje aus Neßmersiel in der schönen alten Kirche aus dem 12. Jh. freite.

Dass die Obrigkeit finanziell schon immer und überall klamm war, ist ja nichts Neues. Ihre Findigkeit, zusätzliche

Die romanische Kirche von Nesse

Einkünfte, Naturallieferungen oder Dienstleistungen zu fordern, war schon früh und weit entwickelt.
Auch die Kirche machte davon keine Ausnahme. Nebenher forderte der Bischof von Münster bei seinem Amtsantritt im Bistum »ein Huhn von jedem Herd, von dem Rauch aufsteigt« pro Jahr. Hinzu kam reichsweit der Königszehnte, den die zuständigen Grafen oder Bischöfe kassierten. Ostfriesische Spezialitäten waren die zusätzlichen Deich- und Sielgelder, Kuhschatz, Torfgeld, Speckgeld, Getreidelieferungen: »Erst ´n Bede, dann ´n Sede, dann ´n Plicht« (Bitte – Sitte – Pflicht), so erlebte es das Volk.

Ein Glücksfall, wenn dem Familienforscher eine der selten noch erhaltenen Abgaben- und Einwohnerlisten spätmittelalterlicher Orte oder beispielsweise die Weinkaufprotokolle des Amtes Esens helfen können, über die Kirchenbücher hinaus weiter in die Vergangenheit zu dringen. So auch im Falle des jungen Paares Frerichs, das in der romanischen Kirche zu Nesse getraut wurde. Aus dem Bauernregister der Stedesdorfer Vogtei erschließen sich weitere vorhergehende Generationen dieser Familie. Am Anfang der Dokumente steht 1556 ein Henrich Johansen, der für seinen »vollen Herd zu Nord-Dunum« mit 36 Diemat den Weinkauf für 32 Reichstaler beantragte.
Was ist nun unter »Weinkauf« zu verstehen? Die Heuerleute hatten je nach Größe und Qualität ihres Besitzes dem Landesherrn eine Art Grunderwerbs- und Erbschaftssteuer zu leisten. Beim Tod des Besitzers oder Verkauf musste der Besitzwechsel innerhalb von 24 Stunden der Rentei gemeldet werden. Es gelang selten, die Beamten herunterzuhandeln, obwohl sie für ihren Aufwand eine zusätzliche Gebühr das »Geschenk« kassierten. Ursprünglich war es Brauch, nach Verkauf eines Grundstücks den Vorbesitzer zu einem Trunk einzuladen, wodurch der Akt erst rechtskräftig wurde. So kam diese Besonderheit zu ihrem Namen, wurde aber bald auf eine Geldabgabe reduziert. Weinkaufprotokolle im Harlingerland dokumentieren die Erbfälle mancher Herde (Höfe) über mehrere Generationen und bieten damit den Nachfahren Einblick in die jeweiligen Lebensumstände ihrer Ahnen.

Die umfangreichste Quelle ostfriesischer Geschichte verdanken wir dem aus Greetsiel stammenden Ubbo Emmen, Lateinlehrer in Leer, Professor alter Sprachen und Historie, Gründungsrektor der Akademie Groningen (1547 – 1625), der sich nach damaliger Mode Ubbo Emmius nannte, und seinem sechsbändigen Friesischen

Der friesische Geschichtsschreiber Ubbo Emmius

Geschichtswerk. Von unserem verehrten Lateinlehrer Erich von Reeken in vierjähriger Arbeit aus dem Lateinischen übertragen, gewinnt man daraus erstmals eine wirklichkeitsgetreue Darstellung Ostfrieslands und lebendige, ja spannende Schilderung aller Ereignisse und Beteiligten, wie sie Ubbo anhand damaliger Schriftstücke erfassen konnte.

Beim Studium seines Werkes sollte man bedenken, dass in den mittelalterlichen Skriptorien der Klöster wohl ein Teil der Kapazität aufgewandt worden sein dürfte, um Urkunden zu fälschen. Diese Falsifikate dienten dazu, die Herrschenden zu glorifizieren, den rechtmäßigen Erben oder jungen Nachfolgern Stiftungen der Vorväter an die Kirche vorzugaukeln oder ihr ältere Rechte auf Titel, Land und Zehnt (z.B. durch das Vorverlegen der Gründung des Bistums Bremen) zuzusprechen. Ubbo war überzeugter reformierter Theologe, der deutlich machte, wo überall in unserer Heimat und wann sich die katholische Kirche schuldig gemacht hatte. Wobei er das Wüten der Inquisition (abgeschafft erst 1870) und der spanischen Schreckensherrschaft in den Niederlanden und seine Auswirkungen auf das nachbarliche Ostfriesland gar nicht mehr behandelte. Schließlich wurde er auch nicht müde, sogar unter den Augen seines Landesherrn, des Grafen Enno von Ostfriesland, die klassischen friesischen Freiheiten zu verfechten.

Der goldene Reif

Den in die Marsch gezogenen Jungbauern ging es mittlerweile weit besser als ihren Vettern auf der Geest. Denn während eine Kuh von der Geestweide etwa 20 – 25 Kilo Butter und 25 – 50 Kilo Käse im Jahr einbrachte, konnte man in der Marsch je nach Qualität der Weide etwa die doppelte Menge erwirtschaften. Wo die Bauern mit Ringwällen ihre Getreidesaat vor der salzigen Flut bewahrten, wurden sie mit hohem Ertrag belohnt. Denn außer der Sommerfrucht war damit auch an Wintergetreide zu denken. Allerdings genügten halbhohe Dämme als Schutz gegen den blanken Hans nicht auf Dauer, bei Sturmfluten brachen sie immer wieder. Zudem litt die Heuernte im Vorland, viel Vieh ertrank, eine dauerhafte Lösung musste her.

Deichbruch: SuperGAU im Küstenland
Ostfriesisches Landesmuseum Emden

Im Rüstringer Asegabuch ist zu lesen: *»Das ist auch Landrecht, dass wir Friesen eine Seeburg stiften und stärken müssen, einen goldenen Reif, der um ganz Friesland liegt: an dem soll eine Elle ebenso hoch sein wie die andere dort, wo die salzene See sowohl bei Tag als bei Nacht anschwillt. Nach außen sollen wir Friesen unser Land verteidigen mit drei Werkzeugen (des Deichbaus): mit dem Spaten, mit der Trage und mit der Gabel. Auch sollen wir unser Land verteidigen mit Schwert und Speer und mit dem braunen Schild wider den hohen Helm und den roten Schild und ungerechte Herrschaft.«*

Saxo Grammaticus beschreibt die Verhältnisse für Nordfriesland um 1180, sie haben sich wohl kaum vom »unsrigen« unterschieden: *»Es ist eine Landschaft mit gesegnetem Boden, reich an Vieh. Im Übrigen steht es wegen seiner niedrigen Lage dem nahen Meer offen und wird bisweilen von Fluten überspült. Damit sie nicht einbrechen, ist das gesamte Ufer von einem Wall umgeben. Durchbrechen sie diesen einmal, so überströmen sie die Felder und ertränken Dörfer und Saaten. Es gibt nirgendwo einen Ort, dessen natürliche Lage höher wäre. Vielfach unterwühlen sie auch die Äcker und schwemmen sie woanders hin, nützlich für diejenigen, auf deren Grund und Boden sie sich abgesenkt haben, aber sie lassen ein Loch zurück. Diese Überschwemmung bringt große Fruchtbarkeit, der Boden strotzt von Gras. Aus getrockneten Erdklumpen wird Salz gekocht. Im Winter ist das Land ständig vom Wasser bedeckt, sodass die Felder wie ein Sumpf wirken. Die Natur der Landschaft lässt nicht erkennen, zu welchem Teil der Schöpfung sie zählt, da sie zu einer Jahreszeit schiffbar ist und in der anderen gepflügt wird. Die Einwohner, rauh von Natur und behend an Körper, verschmähen es, sich ängstlich mit einer Rüstung zu beschweren. Sie bedienen sich kleiner, länglichrunder Schilde und kämpfen mit Wurfspießen. Sie umgeben ihre Äcker mit Wassergräben und springen mit Hilfe von Stöcken hinüber. Ihre Häuser bauen sie auf Hügel, die künstlich aufgeworfen sind.«*

In gemeinsamer Arbeit wurden die ersten Deiche geschaffen: Kein Deich – kein Land – kein Leben. Am Deich waren alle gleich, es gab keine Standesunterschiede im steten Kampf gegen das stürmische Meer. Unter Anleitung eines Fachkundigen karrten die Bauern einen Erdwall zusammen, am Fuß etwa 23 Meter breit und insgesamt 5 Meter hoch. Der Fuß wurde mit einer Holzung, das heißt Palisadenwand abgeschlossen, um das Unterspülen zu verhindern. Wahrscheinlich trug auch diese kostenintensive Maßnahme zu zahlreichen friesischen Münzfunden in den holzliefernden skandinavischen und baltischen Ländern bei.

Jahrhunderte mühseliger Arbeit und schmerzliche Landverluste lehrten die Bauern, ihre Deichrichter und die späteren spezialisierten Deichbaumeister den Querschnitt des Bollwerks zu optimieren. Erst mit dieser Erfahrung kam man von der Vorstellung einer Mauer ab und erkannte, dass es vordringlich ist, die Wucht der anprallenden Wellen abzubauen, bevor man den Deich in die Höhe führen darf.
Zur Befestigung und Verdichtung belegten die Bauern die gesamte Oberfläche des Stockdeiches mit ausgestochenen Grassoden vom Kleiboden im Verband und »vernähten« diese kunstvoll mit Roggenstroh im Boden. Die Deichbaukunst entwickelte sich weiter durch eine zusätzliche Steinschüttung mit Feldsteinen aus dem Hümmling. Sie wirken als Wellenbrecher, woraufhin die Wogen auf dem nur schwachgeneigten Deichfuß ausrollen.

So besitzt der Deichfuß im modernen Küstenschutz auf der Vorlandseite nur noch eine Steigung von 10-12 Grad, und ist binnen steiler. Heutzutage misst der Deich etwa 90 Meter im Querschnitt und 8,5 Meter in der Höhe.

Die Verantwortung für die Instandhaltung des Deiches ging später an die einzelnen Anlieger über, jedoch mussten auch die weiter binnen liegenden Höfe ihre Beiträge an Kosten und Mitarbeit leisten. Ein ausgefeiltes

Deich und Leuchtturm von Hauen bei Pilsum

Regelwerk, das Deichrecht, legte die Einzelheiten fest, der Deichrichter überwachte die Einhaltung im Auftrage der Gemeinschaft konsequent. Innerhalb von 36 Stunden musste der Anlieger einen Durchbruch mit dem Erdreich hinterm Deich aufgefüllt haben, ansonsten drohte ihm, dass sein Haus zertrümmert und in den Kolk geschüttet würde. Wer nicht willens oder in der Lage war, seine Pflicht zu erfüllen, verfiel dem Spatenrecht: »Deiche oder weiche«. Der Deichrichter stach den Spaten in den entsprechenden Deichabschnitt und ein anderer konnte das Anwesen mit der Deichpflicht übernehmen.

Man ahnt, welche Katastrophe eine deichbrechende Springflut direkt, aber auch mittelbar für die Bauern auslöste. So übernahmen reiche Kaufleute manche Ländereien mit dem Risiko, zum Beispiel kaufte und tauschte Hompo Hayen, der Emder Bürgermeister 1472 – 1511, etwa 500 Hektar Grundbesitz in der Krummhörn zusammen. Die Vorbesitzer konnten als Pächter bleiben.

Pilsum und seine Kirche

Bereits im 9. Jahrhundert wird Tiushem in der Werdener Urbare genannt. Ohling setzt es Pilsum gleich, da der alte Name im späteren Häuptlingsgeschlecht der Thyes von »Thyeshem« in oder bei Pilsum wiederkehrt. Es gab also schon damals eine herausragende Familie im Ort, die sich um den Deichbau am Nordufer der Sielmönkener Bucht kümmern konnte. In einem der ersten beiden Steinhäuser soll sie gewohnt haben.

Während der ersten Hälfte des 13.Jh. entstand in Pilsum eine ungewöhnliche Kreuzkirche, die mit ihren Gestaltungselementen an die großartigen Kirchenbauten in der Normandie erinnert. Sie erhielt um 1300 Gewölbe und einen 72 Meter hohen Vierungsturm, ebenfalls aus Backstein. Die Seiten des vierkantigen Turms sind mit gemauerten Blenden reich verziert. Ihre weiß ausgefüllten Bögen bilden mit dem Rot des Mauerwerks einen weit über die See, das flache Land und seine Wasserläufe hinleuchtenden Kontrast.

Pilsum – Morgenstimmung am Störtebekertief 1932, Poppe Folkerts

Links: Die romanische Kreuzkirche in Pilsum auf hoher Warf
Rechts: Wappen des Deichrichters Gerryt Tjaden

Als markante Seewarte zierte dieser mächtige Bau viele alte Seekarten. Wie die meisten ostfriesischen Kirchen wurde das wehrhafte Gotteshaus auch zur Verteidigung bereitgehalten.
Widsel tom Brok lud 1396 Störtebeker und seine Kumpane ein, an Mariens hove Quartier zu nehmen. Mit dem Einbruch der Leybucht hatte der Ort Verbindung zur Osterems, das spätere Störtebekertief.
Den oberen Mauerkranz des Turms besetzen kleine Zinnen, am Südgiebel lockert ein Rautenmuster aus Wulstprofilen die Fläche auf. Rundbogenfriese und Rippengewölbe im Inneren sind aus gebrannten Formsteinen gebildet.
Sehenswert sind der Altar, vom Emder Schiffbauer Husmann geschnitzt, Reste romanischer alter Wandgemälde und ein schönes Bronze-Taufbecken, 1463 gegossen. Störtebekers Sohn aus erster Ehe, Gherd Klinghe, hatte in Bremen die Kunst des Glockengusses erlernt. Von ihm stammt das Meisterwerk, die »Gloriosa« von 1433 im Bremer Dom. Mit diesem Handwerk wuchsen auch seine Söhne Berend und Hinric auf. Vom Jüngsten sind in Ostfriesland fünf Glocken und das kunstvoll modellierte Taufbecken in Pilsum zu finden.
Einige Grabplatten konnten dem Zahn der Zeit Widerstand leisten. Sie geben uns Auskunft über mittelalterliche Gemeindemitglieder Pilsums und ihre Stellung. Auffällig ist das Familiengrab von Gerryt Tjaden, + 3.4.1614 (38 Jahre lang Deichrichter), des Sohnes, seinerzeit Kirchvogt, Ständedeputierter und Hauptmannes Tjarg Tjaden, + 4.1.1657, sowie dessen Ehefrau und der Tochter. Auf diesen Grabsteinen findet sich das abgebildete martialische Wappen: ein Totenkopf über gekreuztem Gebein, unter dem von einem siebenstrahligen Stern überhöhten Adlerflug.
Diese Beobachtung löst natürlich unsere Neugierde aus. Denn als Vanitassymbol sollen die Gebeine an die Vergänglichkeit allen Lebens erinnern: sowohl auf Grabsteinen als auch auf Piratenwimpeln. Doch ist über eine derartige Tätigkeit Gerryts nichts bekannt geworden.

Auf der Burg von Pilsum saß Affo Folkardi Beninga, auch Häuptling von Manslagt. Er nannte sich 1359 erstmalig *capitalis* in Pilsum und definierte damit den Führungsanspruch aller späteren Häuptlinge. Als man nach der Eroberung Nordamerikas nach einer geeigneten Übersetzung für den Rang der indianischen chiefs suchte, kamen Schriftsteller auf den ostfriesischen Häuptling zurück.
Affo heiratete Tiadeka von Berum, die ihm die Herrschaft über das Norderland einbrachte. Sie begründeten das Geschlecht der Cirsena, der späteren Grafen (Fürsten) von Ostfriesland. Die Tiadeka dürfte mütterlicherseits von einem Hayo Tyaden um 1270 aus Pilsum abstammen. Darauf wird sich wohl der erwähnte Deichrichter Gerryt zurückführen lassen, dessen Vorfahr Hayo Tydena um 1463 auch schon Kirchvogt in Pilsum war.
Affo muss man sich als geschickten Unternehmer vorstellen: Er gedachte ein wenig von Emdens lukrativem

Seehandel abzuzweigen. Im Handel mit der Bremer und Hamburger Kaufmannschaft empfahl er 1362 seinen Sielhafen und die Marienkirche in Appingen als kühles Zwischenlager.
Ähnlich hatten sich schon 1337 die Östringer von Dykhusen dem König von Frankreich angedient. Im Einvernehmen mit dessen damals dominierender See- und Handelsmacht wollte man am hansischen Warenstrom teilhaben.
Im Emsland konnte sich jedoch nur Emden stark vergrößern, sodass weder Leer noch Larrelt trotz günstiger Lage an der Osterems so richtig zum Zuge kamen.

Schloss Berum auf der Burgstelle der Hayena

Die Ostfriesen bauen Klöster

Die Weiterentwicklung der Kirche zur politischen Großmacht blieb auch nach der Zeit Karls des Großen das Hauptziel Roms. Das eroberte Land wurde mit einem Netz von einträglichen Bistümern überzogen, im friesischen Land entstanden zahlreiche Klöster, gestiftet von begüterten Familien, unter tätiger Mitarbeit der Kleinbauern. Da einflussreiche Sippen eine landesweit dominierende Herrschaft bis ins späte Mittelalter verhindern konnten, übernahmen die Klöster so allgemeine Aufgaben wie die Schiedssprechung oder Beurkundung von Besitzwechseln, quasi als Notare.
Nach seiner Gründung um 1240 konnte das Doppelkloster Langen, an dessen Standort nur noch der Name Logumer Vorwerk erinnert, mit umfangreichem Landtausch und -kauf eine weiträumige Flurbereinigung vornehmen. Auch das Vorwerk Miedelsum bauten Mönche und Bevölkerung aus und errichteten eine Filiale auf Heiselhusen nahe Campen. Sie saßen an exponierter Stelle und mussten diese Ländereien Jahrhunderte lang gegen die anstürmenden Salzwasserfluten wie den reißenden Ebbstrom der Ems verteidigen: »dyken un dammen«. An der für die Landesentwicklung grundlegenden Aufgabe der Wasserwirtschaft beteiligten sich die Klöster Langen, Ihlow und Sielmönken. Wie der Name schon sagt, bestand sie in der Aufsicht über die »Waterpoorten« in den Deichen und Planungshilfe bei der Entwässerung des Binnenlandes durch Siele.
Ihre bischöflichen Landesherren in Utrecht, Münster und Bremen verfolgten jedoch über Generationen zwei ganz andersartige Ziele: einmal die Versorgung von Familienmitgliedern und zum anderen die stetige Ausweitung des Grundbesitzes aus machtpolitischem Ehrgeiz.

Die Bischöfe pressten die Bevölkerung ihrer Bistümer aus und mussten jahrzehntelang Aufstände mit Waffengewalt niederschlagen. Mit dem Mittel des Interdikts: Ausschluss des Volks von Gottesdiensten und kirchlicher

Bestattung konnten sie ihre Geldforderungen letztlich immer durchsetzen. Der Chronist beklagt 1271 *den Handel mit Priesterämtern, Ehrgeiz und Habgier des Bischofs und die Liederlichkeit der Priester.*

Das Mutterkloster der Praemonstratenser, Steinfeld in der Nordeifel, war seit seiner Gründung 1138 den Pflichten Nachtwachen-Beten-Fasten gewidmet. Damit unterschieden sich Tageslauf und Arbeitseinsatz seiner Brüder in Langen wie auch der Brüder der anderen Orden also durchaus von der harten Arbeit der Bauern in Marsch, Moor und Geest.

Gelegentlich bot das Kloster den Nachbarn wohl Hilfestellung beim Schriftlichen, aber über eine seelsorgerische Tätigkeit im Umfeld der Klöster ist nicht berichtet worden und ebensowenig über die Betreuung von Armen und Siechen.

Abgesandte des Klosters kassieren die Pacht

Sehr willkommen waren Stiftungen für die Seelenmessen Verstorbener oder Vermächtnisse von Betagten, die ein Plätzchen fürs Alter im Kloster suchten. Diese Möglichkeit geriet in Misskredit, als sich nun auch jüngere Wohlhabende, wie zum Beispiel weichende Erben, dank des Nießbrauchs ihrer Ländereien dort behaglich und ohne Rücksicht auf die Klosterordnung einrichten konnten. Angesichts des nahenden Todes übereigneten sie letztendlich ihr Vermögen und traten auch förmlich in die Gemeinschaft ein, um im Kleid des Ordens bestattet zu werden.

Die theologische Ausbildung der Priester ließ sehr zu wünschen übrig, manche kannten nicht einmal das Vaterunser. Auch fehlte den meisten Geistlichen das intellektuelle Niveau, dem allgemeinen Aberglauben entgegenzutreten. So übernahmen sie vielerorts den aus heidnischer Zeit überkommenen kultischen Opfertrunk zu Ehren der Dämonen und nötigten ihre gläubige Umgebung zum gemeinsamen Gelage bis zum Rausch. Schon Alkuin monierte die »Trinkereien zu Ehren des heiligen Stephan«, und aus Karls Kapitularien geht hervor, dass nicht nur wohlhabende Grundherren sondern nahezu jedermann kräftig dem Wein und Bier zusprach. Nur im Suff mit Gleichgesinnten konnte man wohl damals jener trostlosen Welt entfliehen.

Sogenannte Gottesurteile

Der naive Aberglaube und gleichzeitig eine sadistische Hartherzigkeit, mit der im Mittelalter Strafen vollzogen wurden, sind für uns schwer verständlich. Um mangels Zeugen eine undurchsichtige Schuldfrage in Strafsachen zu klären, bei Erbstreitigkeiten zu entscheiden oder die Vaterschaft zu ermitteln, unterwarf man Beklagte sogenannten Gottesurteilen (Ordalen). Von diesen berichtete um 970 ein Gesandter des Kalifen von Cordoba daheim mit Befremden. Sie wurden schon in heidnischen Zeiten im gesamten Friesland von der belgischen Grenze bis zur Weser veranstaltet und hielten sich als Beweismittel auch nach der Reformation, bis endlich das Römische Recht sie im 16. Jh. ersetzte.

Oft wurde eine strittige Sachlage nach Vorschlag der Schulzen auch durch Zweikampf entschieden. Der Kampf war während drei Tagen (mit Unterbrechungen) auszufechten. Als Bewaffnung dienten je zwei Schwerter, die natürlich gleich lang sein mussten und vor jedem Waffengang vom Kampfrichter überprüft wurden. Die Gerichtsgebühren für diese Form der Auseinandersetzung waren erheblich, insbesondere wenn die Parteien stellvertretend Berufskämpfer einsetzten.

Mit diesen unmenschlichen, fragwürdigen Mitteln ergab sich aus jedem Prozess zwar ein eindeutiges, aber oftmals auch ungerechtes Urteil – was den Zeitläuften entsprach. Gottesurteile erforderten natürlich die »professionelle« Mitwirkung der Priester, die ihnen wie der Kirche Einnahmen verschaffte und ihren Einfluss auf die Bevölkerung stärkte. Gleiches gilt für Hexenprozesse, denn bis 1543 loderten in Riepe die Scheiterhaufen, in Hochheim/Main sogar noch 1628.

Dass Hexen ein geringeres Gewicht hätten als andere Menschen, war ein weit verbreitetes Vorurteil. Eine Wiegeprobe, bei der die Angeklagte ausgezogen und auf eine Waage gesetzt wurde, entschied über Schuld oder Unschuld. »Gewogen und zu leicht befunden«, war das sichere Todesurteil für eine Hexe.

Der Hexerei Verdächtigte setzte man sogar noch im 17. Jh. der Wasserprobe aus: Mit kreuzweise zusammengebundenen Händen und Füßen wurden sie ins tiefe Wasser gestoßen. Ging das Opfer unter und ertrank, wurde der Vorwurf der Hexerei nicht aufrechterhalten. Konnte sich die Verdächtigte aber über Wasser halten, wurde das als Beweis der Hexerei angesehen und die Schuldige auf dem Scheiterhaufen verbrannt.
Man schätzt die während der Jahrzehnte der Hexenverfolgung in Deutschland hingemordeten Frauen auf einhunderttausend. Allein in der kleinen Stadt Osnabrück endeten in einem Jahr über achtzig »Hexen« im Feuer.
Im Kloster Altstadt/Hammelburg ist eine Anleitung zum Exorzismus aus dem Jahre 1626 aufgetaucht, die ein Rezept zum Ausräuchern böser Geister enthält: *»man nehme eine Unze Fleisch oder fein geraspelte Klauen eines Esels, zwei Unzen Hundekot, eine Unze Teufelsdreck (ein intensiv stinkendes Harz), drei Unzen Schwefel, drei Unzen Johanniskraut und drei Unzen Raute.«*

Wie der Besucher im Foltermuseum Rüdesheim erfährt, wurde 1976 in Klingenberg/Main der 23-jährigen Pädagogikstudentin Anneliese Michel auf bischöfliche Anweisung hin von zwei Priestern der Teufel ausgetrieben. Sie starb unter Gebeten …
Noch im Jahre 2009 wird vom Vatikan nach festen Regeln der Teufel ausgetrieben. Der Papst hat auch einen Chef-Exorzisten: Pater Gabriele Amorth. Dieser geht aber angeblich nur mit Kreuz und Weihwasser gegen den Fürsten der Finsternis vor. Wie es heißt, fürchtet der Teufel beides ja sehr – glaubt er also daran?
Als »Gottes«urteil in der Rechtssprechung wurde der Kesselfang angeordnet. An der Friedhofsmauer, wo die Mitbürger bequem zuschauen konnten, stellte man einen Kessel mit heißem Wasser auf, aus dem der Delinquent einen Stein herausklauben musste. Bis es dazu kam, wurden die Regeln erläutert, und der Priester segnete den Vorgang. Er benötigte dafür mal längere oder auch kürzere Zeit, was wohl von der Höhe der zu zahlenden Gebühr abhing. Nach drei Tagen wurde dann der Verband des Unglücklichen abgenommen und ein Schiedsgericht von drei beamteten Zeugen und drei Gemeindemitgliedern mit dem Priester entschieden: »unverletzt« hieß Freispruch, »verbrannt« hieß schuldig. Die Ordale des heißen Eisens sah vor, den Beklagten ein erhitztes Eisen vom Taufstein zum Altar tragen zu lassen, oder er musste über neun bis zwölf heiße, nicht glühende Eisen schreiten. Auch hierbei entschied ein Gremium nach drei Tagen.
Wer denkt heute noch an den Ursprung unserer Redensart »für jemand durchs Feuer gehen«. Frauen, die angeklagt waren, die eheliche Treue verletzt zu haben, hatten im wachsgetränkten Hemd durchs Feuer zu gehen, um diesen Verdacht abzuwehren. Auch der fränkische Karl der Dicke soll seine Gemahlin, die einem Bischof zugetan war, dieser Probe überantwortet haben.

Das münstersche Sendrecht schrieb die Probe des heißen Eisens folgendermaßen fest: *»Wenn der Decanus ein Weib vor Gericht fordert und sie bezüchtigt, dass sie einen Mann zum Beischlafe unter und neben ihrem rechten Manne habe und sie das leugnen will, so soll die Pfaffheit und weise Laien eine Hauptordel finden. Steht nun ihr rechter Mann und spricht, sie sei unschuldig, so soll sie sich selbst durch die Probe reinigen und wenn Gott sie reinigt, so muss ihr rechter Mann sie wieder zu sich nehmen. Verbrennt sie sich aber, so hat er die Wahl, ob er sie hängen oder enthaupten, oder ertränken oder verbrennen will und muss aus diesen vieren eins wählen, oder sie zu sich nehmen, wenn ihm das der weise Priester räth.«*

Auf dem Wege zur Hanse

Wie im Mittelmeer die Genueser und Venezianer den Handelsaustausch zwischen Orient und Occident besorgten, übernahmen friesische Seefahrer schon früh den Warentransport vom Baltischen Meer zur Nordseeküste und darüber hinaus. Mit Münzen, im 11./12.Jh. in Emden und Jever geprägt, kauften sie in Novgorod unter anderem Pelze und Sklaven ein.

Die Route unserer friesischen Segler verlief rund Skagen durch die dänische Inselwelt und setzte außer guter Seemannchaft fundierte nautische Kenntnisse voraus, die Friesen zu gesuchten Lehrmeistern folgender Generationen von Seeleuten machte. Da es noch lange keine exakten Seekarten geben sollte, waren die Jungen auf praktische Anleitung durch die »erfahrenen« Salzbuckel angewiesen.

Während Flamen und Westfriesen Handel mit Britannien betrieben und gegen Häute, Wolle und Zinn edle Produkte wie Rüstungen aus Mainz, Rheinwein, sowie

Hafen von Gent, gotisches Portal am Haus der Freien Schiffer

kostbare Brokatstoffe und Schmuck lieferten, verlagerten die Friesen unserer Küste ihre nördlichste Handelsniederlassung vom schwedischen Birka am Mälarsee nach Sigtuna, wo sie im 11.Jh. eine Gilde einrichteten. In der Folgezeit beteiligten sie sich am Ausbau zur Stadt Stockholm. In diesen Gilden, später auch als Fahrerkompanien bezeichnet, schlossen sich seefahrende Kaufleute zusammen, sicherten sich gegenseitig für den Fall von Schiffbruch ab und bildeten damit ein Vorbild für die zukünftige Hanse.
Im 12. Jh. entwickelte sich das von den Römern gegründete Köln zur »Mutter deutscher Städte« und war mit 200 ha innerhalb der Befestigungen größer als jede andere europäische Stadt. Die Kölner wählten einen Rat, trennten den Erzbischof von der politischen Macht und verwalten sich seither selbst. Sie leiteten den Wandel der Kaufmannsgilden zur Städtehanse ein.
Kölner Unternehmer intensivierten den Handel mit England und unterstützten sogar Richard Löwenherz mit drei Schiffen bei seinem Kreuzzug. In London besaßen sie die Gildhall im Stalhof. Die Kaufleute aus Norddeutschland waren mit Wachs und Pelzen aus dem Osten willkommene Handelspartner. Sie erhielten vom englischen König Heinrich III. 1266 Schutz und Zollfreiheit, in Urkunden taucht erstmalig der Begriff hansa auf. Der spätere Edward III. nahm von den deutschen Kaufleuten große Kredite auf, um Krieg gegen Frankreich führen zu können. Seine schwere Krone verpfändete er für 50 000 Gulden an den Erzbischof von Trier und die seiner Königin an die Kölner für die Zollrechte in fünfzehn englischen Häfen.
Als vorsichtige Kaufleute lehnten die Deutschen selbst eine Warenbeschaffung auf Kredit noch lange ab, um riskanten Spekulationsgeschäften vorzubeugen.

Auf ihren Routen London – Brügge – Hamburg – Lübeck – Reval – Novgorod entwickelte sich der Warenhandel

beträchtlich. An den russischen Handelsplätzen tauschte man Tuche und Gewürze gegen Wachs und Pelze. Pelzhandel wurde bald zur Grundlage des norddeutschen Wohlstandes. Lieferverträge nennen Schiffsladungen mit 200 000 Stück. Sie waren auch in Westeuropa und am Mittelmeer sehr begehrt und trugen zum intensiven Nord-Süd-Handel wesentlich bei. Für den vornehmen Zobelpelz sind in Venedig 82 Dukaten für hundert Stück gezahlt worden. Als ungleich kostbarer galt der Marderpelz mit je 30 Dukaten, der als Verrechnungseinheit (Fellgeld) gebräuchlich war. Dem Münzgeld gegenüber war man voller Misstrauen: es stand auch unter Verdacht, die Pest zu verbreiten.
Die Felle von Luchs, Otter, Wiesel und Eichhörnchen wurden vom Weissen Meer, Karelien und dem Wolgabecken an den großen Pelzmarkt in Novgorod geliefert. Bis zu 5000 der kleinen Felle verpackten die Jäger in Fässer und verschifften sie. Noch heute zeugen reiche Häuser in der Emder Pelzerstraße von diesem lukrativen Geschäft. Der Westen lieferte dagegen die Schaffelle aus Schottland, England und dem friesischen Küstengebiet, wo die hohe Luftfeuchtigkeit die Pelze besonders feinhaarig wachsen lässt.
Die spätere Hansestadt Lübeck wollte schon 1250 nicht nur die Engländer und Flamen, sondern auch die friesischen Konkurrenten aus der Genossenschaft der Gotlandfahrer von der Passage des Sundes und damit vom Ostseehandel ausschließen, was aber nicht gelang. Denn diese sogenannten »Umlandsfarer« verkauften und tauschten ihre Woll- und Leinenstoffe, Salz, Getreide, Häute sehr erfolgreich gegen Stockfisch, Tran und Bernstein in den baltischen Häfen.

Wohl nicht immer waren die Gepflogenheiten im Handel ohne Tadel, denn als Abnehmer der lübischen Ware schickt um 1300 der Rat von Eisenach an den von Lübeck folgenden Brief:

»In Antwort auf Eure Briefe, die Ihr gütigerweise an uns gerichtet habt, möchten wir Euch durch gegenwärtiges Schreiben unterrichten, dass wir Euer Ansuchen wegen Maßnahmen gegen Betrügereien im Hopfenhandel sehr gerne befolgen wollen und befriedigend zur Ausführung bringen werden. Dagegen erbitten wir freundlich und ehrerbietig von Euch, dass Ihr zusammen mit den Landesherren und mit den Euch benachbarten Städten anordnet, dass auch in der Mitte der Fässer Heringe von der gleichen Qualität wie oben und unten gelegt werden: von mehreren Seiten wird nämlich Klage erhoben, von den Unserigen wie auch von Fremden, dass die Heringe, die von Euch ausgeführt werden, oben und unten in den Fässern gut und frisch und in der Mitte wertlos und faul sind. Wir bitten Euch, künftig einer solchen Fälschung vorzubeugen und wir werden für Euch immer alles tun, was in Eurem Interesse steht, damit Ihr unsere Bürger, die zu Euch kommen, in gleicher Weise fördert.« (UB Lübeck)

Zu einem wertvollen Handels- und Frachtgut wurde im Mittelalter das Salz. Der Verbrauch pro Kopf betrug stolze 15 Kilo. Butter wurde mit 1:10 konserviert und fürs Einlegen der Heringe verbrauchten die Fischer ein Fass Salz auf fünf Fass Fisch. Das hohe Gewicht und der ansehnliche Bedarf erlaubten den Friesen, das vorteilhaft auf dem Seewege aus Setubal in Portugal und Bayonne in Frankreich herbeigeschaffte Baiensalz im Osthandel gewinnträchtig abzusetzen. Sie konnten sich sogar gegen die seit 950 bestehende Konkurrenz aus Lüneburg durchsetzen. Die erreichte ihre Blütezeit, nachdem sie die Ware über den eigens gegrabenen Ilmenau-Elbe-Kanal nach Lübeck verschiffte.
Im Salzmuseum Lüneburg lesen wir, dass einst eine von salziger Sole weißgefärbte Wildsau die Lüneburger auf die Spur des »weißen Goldes« gebracht habe.

»Das Schöninghsche, schönstes Renaissance-Haus Ostfrieslands in Norden«

Aus einem der Hamburger Handlungsbücher ist zu ersehen, dass drei dortige Kaufleute mit dem Skipper Swartekop zu Ostern 1374 eine Gesellschaft gründen, um zu gleichen Teilen für 300 Mark ein Schiff zu erwerben, unter anderem für diese Salztransporte. Wie sich aus dem Hamburger Pfundzollbuch ergibt, fassten von den 280 Schiffen, die den Hafen 1369 anliefen, nur etwa dreißig mehr als 15 Lasten, alle übrigen waren kleine Wattfahrer, in der überwiegenden Mehrzahl friesische Schiffer.

Neben Emden galt Stade als Umschlagsplatz für Getreide. Aus dem Harz kam Silber, aus Tirol, Kärnten, Ungarn und Spanien wurden von den Fuggern Erze angeboten, Süddeutsche steuerten zu den Warenströmen

Samt, Metallwaren und Öl bei, aus Polen und Preußen kamen Holz und Getreide, Hanf und Flachs aus Reval. Aus Schweden brachten die Schiffe Kupfer, Eisen und Holz heran, Stockfisch (für die Fastenzeit) produzierten Irland, Bergen und Schonen, während England mit der Wolle für Tuchweber handelte und die Niedersachsen Vieh, Pferde und Leinen lieferten.

Mit dem 15. Jh. zeichnete sich im Seehandel eine zunehmende Spezialisierung ab. Der Schiffer entwickelte sich zum Transportunternehmer, der sich stetig um lohnende Frachtaufträge bemühen musste. Während er ursprünglich nur für die jeweilige Fahrt Männer aus den Hafenstädten oder dem ländlichen Umfeld anheuerte, bildete sich nun ein Matrosenstand. Es konnten sich daraus erfahrene Steuerleute emporarbeiten, um selbst als Skipper am einträglichen Frachtgeschäft teilzunehmen. Angesichts des hohen Risikos, das damals mit der Schiffahrt über Nord- und Ostsee verbunden war, blieb der Reingewinn von etwa 10-15 Prozent durchaus bescheiden.
Anfänglich war der Schiffseigner immer noch eigenständiger Unternehmer gewesen, nie Angestellter. Mit Vergrößerung von Frachtmenge und -wert konnte er Teilhaber aufnehmen, so kam es zu Partenreedereien. Vor Ort hatte der Käpitän günstigst einzukaufen, musste die Überholung des Schiffs beaufsichtigen sowie die Mannschaften ergänzen und bezahlen. Entsprechend seiner Erfahrung der jahreszeitlichen Wetterverhältnisse plante er dann Abreise, Route und Zwischenhäfen. Auch wenn er sich schon einen tüchtigen Steuermann herangezogen hatte, so blieb ihm doch die Verantwortung für Schiff, Mannschaft und Fracht. Die Schiffseigner und Reeder waren angesehene Bürger, die oft zum Rat ihrer Heimatstadt zählten und vielfach karitative Einrichtungen förderten. Dies galt auch für Emden. Die Stadt war reich und hielt um 1520 bei etwa 4000 Einwohnern immerhin zehn Goldschmiede im Brot. Den Emder Goldschmied Jan Lutma zog es nach Amsterdam. Sein dortiger Freund Rembrandt skizzierte ihn als älteren Herren.

Die reichsten Kaufleute in den Hansestädte konnten sich durchaus ein Vermögen bis etwa 30 000 lübische Mark erwerben. Sollten sie nicht schon aus einer eingesessenen Patrizierfamilie stammen, so gehörten sie doch nach Erwerb des Bürgerrechts und Einheirat bald dazu. Einer von ihnen war der Käsehändler Simon van Utrecht, der aber aus Haarlem kam. Er leitete den hansischen Einsatz gegen die Vitalienbrüder, avancierte zum Ratsherren und wurde 1432 sogar zum Bürgermeister gewählt.

In der Kunst des Rechnens mussten damalige Kaufleute geübt sein, wie ein Vergleich verschiedener Münzwerte um 1400 zeigt:

Silbergeld

100 Mark lübisch	= 53 Mark preußisch
	= 15 Pfund fläm. Groschen
	= 13 Pfund Sterling

Goldmünzen

100 Mark lübisch	= 64 engl. Nobel
	= 47 Genter Nobeln
	= 92 franz. Kronen
	= 119 rheinische Gulden
	= 100 venetian. Dukaten
1 Mark lübisch	= 16 Schillinge zu 12 Pfennigen
	=192 Pfennige.

Geschäfte ganz anderer Qualität und Größenordnung sollten dagegen wenig später die Medici in Florenz und die Fugger in Augsburg machen mit ihrer päpstlichen

Die frühkapitalistischen Fugger

On Aplas von Rom
kan man wol selig werden
durch anzaigung der götlichen
hailigen geschrifft.

»Wenn das Geld im Kasten klingt, die Seele in den Himmel springt.«

Lizenz zum Ablasshandel und umfangreichen Krediten an gekrönte Häupter zu horrenden Zinssätzen.
Die Augsburger Fugger und Welser finanzierten anno 1505 die erste Gewürzflotte, die sich auf den noch unbekannten Seeweg nach Indien machte. Ihre Faktoreien vom Königshof in Lissabon bis zum indischen Goa betrieben nicht nur gewinnträchtigen Gewürzhandel sondern auch den Verkauf exotischer Tiere. Kaiser, Könige und Fürsten zeigten sich mit Elefanten, Affen und bunten Vögeln, die ihre Untertanen noch nie gesehen hatten.
Jakob Fugger, der Reiche, hinterließ seinen Neffen schon 1525 mehrere Millionen Goldkronen – für damalige Verhältnisse eine astronomische Summe. Und 1572 halfen sie als gläubige Katholiken schon mit Millionenkrediten, den Krieg Spaniens gegen die protestantischen Niederlande zu finanzieren.

Meisterlicher Kirchenbau im Jeverland

Die Kirchen, die vor der ersten Jahrtausendwende in Ostfriesland errichtet wurden, waren reine Holzbauten. Nur von wenigen konnten aus der Tiefe der Wurten Reste der Schwellbalken oder der dachtragenden Pfosten geborgen werden, wie zum Beispiel in Emden. Aber allein im Zentrum einer Siedlung, im Rechteck und auf gleicher Höhe angeordnete Findlinge zeigen schon das Fundament einer großen Holzkirche an. Da die meisten frühen Gebäude Siedlungsbränden zum Opfer fielen, wurden die im 12. Jh. nachfolgenden Gotteshäuser aus Stein erbaut. Im Westen des alten Frieslandes zwischen Ijsselmeer und Wesermündung dienten Tuffstein und der heimische Backstein als Baumaterial. Im Osten finden wir eine überwältigende Fülle klassisch-romanischer Kirchen, in denen zusätzlich Gesteinsblöcke skandinavischer Herkunft eingesetzt wurden. Diese Bauweise nahm 1153 in Schortens ihren Ausgang.

Mäzene fördern Kunsthandwerk und Kirchenbau: Grauer afrikanischer Rotschwanzpapagei, Silber, vergoldet, angefertigt in Emden 1620 von Meister HB.

Trotz der fortgeschrittenen Christianisierung im Küstenland konnten diese erheblich kostenintensiveren Bauten natürlich nur bei genügend spendablen Gemeindemitgliedern in Angriff genommen werden. Beispielsweise legten im östringischen Reepsholt 983 die friesischen Schwestern Reingard und Wendila den Grundstock zu einem Klerikerstift. Ihr gesamtes Erbe, immerhin zwei große Höfe mit Umland, traten sie an die Bremer Kirche ab. Für den Unterhalt des darauf erbauten Klosters sagte der Erzbischof einen gewissen Teil des Zehnten zu.

Reepsholt liegt auf einem Geestausläufer am Ende der ehemaligen Harlebucht, die tief ins Land hineinreichte. Auch die benachbarten Uferorte hielten schon zu heidnischer Zeit eine lukrative Verbindung über die Priele zur Jade.

Um 1200 wurde die große romanische Granitquaderkirche in Reepsholt begonnen, deren Sockel als Unterbau für die frühgotische Erhöhung in Backstein diente. Um den riesigen Westturm aufzubauen, hat man Ziegelsteine sogar vor Ort gebrannt. Zwischen Turm und Schiff wurde eine großzügige Logenarkade eingebaut, wie sie auch in Varel, Victorbur, Larrelt, Marienhafe und Osteel zu finden ist. An diesem erhöhten Platz konnte sich der selbstbewusste Probst oder Grundherr mit seinem Gefolge wirkungsvoll in Szene setzen.

Der Altbau von Reepsholt ist später großzügig mit Gewölben und Kuppeln ergänzt worden. Der Westteil diente nicht nur als Glockenturm, sondern auch der Verteidigung. Er wurde noch während der Kämpfe der ostfriesischen Gräfin Theda gegen Cirk von Friedeburg 1474 zusammengeschossen.

Mit der Erweiterung musste der Boden im Schiff angehoben werden, woraufhin das Nordportal nicht mehr zu nutzen war. Nur das Südportal wurde neu aufgesetzt.

Südportal der Kirche von Reepsholt

Bischof Adalbert, der Nachfolger in Bremen, konnte im neuen Jahrtausend schon an die fünfzig Kirchen in seinem Bistum verbuchen. Und bis gegen Ende des 13. Jh. sollte sich der romanische Kirchenbau im Küstenland noch weiter meisterlich und annähernd flächendeckend entwickeln.

Das Bild der schönen Kirchen im Osten unserer Halbinsel wird vom Baumaterial Granit, einem harten magmatischen Tiefengestein aus alter Erdgeschichte, bestimmt. Es kommt in Ostfriesland nur in Form von Findlingen vor, die von den eiszeitlichen Gletschern in die Geest geschleppt wurden. Viele sind von unseren heidnischen

Die Kirche in Marx

Vorfahren zu den Hünengräbern zusammengestellt worden.

In den benachbarten Kirchen von Reepsholt und Marx hat man sie wie gefunden wenig bearbeitet und trotz unterschiedlicher Größe miteinander verbaut. Die getrennten Seiteneingänge für Männlein (Süd) und Weiblein (Nord) wie im Bilde sind schon lange nicht mehr zeitgemäß.

Die kleine Dorfkirche von Marx auf der hohen Wurt zeigt mit ihren schmalen Fenstern auch Wehrhaftigkeit an. Auf dem First über der kräftigen Apsis dreht sich als Windfahne ein Schwan – Zeichen für eine lutherische Gemeinde.

Um den Materialtransport zu weiter entfernten Baustellen in der Marsch zu erleichtern, lieferten Bauhütten auch »fertig« bearbeitete Quader auf dem Wasserwege an. Bei der Ausbildung der Rahmen für Rundbogenfenster und Portale kam Wesersandstein zum Einsatz. Zum Innenausbau dienten Tuff und Backsteine, die erst die Entwicklung kunstvoller Gewölbe ermöglichten. In Fedderwarden kommen deren Gestaltung sehr harmonisch zur Geltung. Dezente alte Bemalung fördert noch die räumliche Geschlossenheit. Vergleichsweise schlicht ist dagegen die Außenwand aus Backsteinen mit ihren Rundbogenfenstern gehalten, sie ruht auf dem Sockel aus Granitquadern.

Sillenstede: Kircheninneres

In Sillenstede beindruckt besonders die Saalkirche auf mächtigem Hügel. Sie ist schon die dritte in diesem Ort. Nördlich von ihr hat es eine Holzkirche gegeben, die später von einer Steinkirche überbaut wurde. Deren Überbleibsel an Feld- und Tuffsteinen wurden vermutlich zum benachbarten Glockenturm aufgesetzt.

Aus dem ungewöhnlich hohen Innenraum über die farbig bemalte Holzdecke des eindrucksvollen Baus geht der Blick durch einen weiten Bogen auf den geschnitzten Altar. Neben den Altarstufen tragen rot gewendelte Säulen zwei Seitenaltäre, die von Baldachinen gedeckt erscheinen. Diese Ciborien sowie der hohe Bogen tragen noch die alte Bemalung, deren Ranken geradezu orientalisch wirken.

Auch für eine zahlreiche Bevölkerung wird dieses monumentale Bauvorhaben in einer unruhigen Zeit eine gewaltige Belastung bedeutet haben. Der weite Innenraum des langgestreckten Baus bot Platz für viele hundert Gläubige, die zu diesem demonstrativen Gebäude beitragen mussten.

Wertvolle Taufsteine aus westfälischen Werkstätten in den erwähnten Gotteshäusern verdienen besondere Beachtung. Die von Sillenstede und Hohenkirchen zeigen sehr kunstreich herausgearbeitete biblische Szenen. Die Kirche in Sengwarden trägt erhebliche Wunden, die ihr in den Machtkämpfen Edo Wiemkens geschlagen wurden. Denn der robuste Bau bot bei Belagerungen die letzte Rückzugsmöglichkeit im Ort. Der Häuptling von Sengwarden, Omme Onneken, hatte oft genug nicht nur hier den eigenen Kopf für den Oberhäuptling hingehalten, sondern seinen Freund Edo auch anderswo bei so manchen Kämpfen herausgehauen. Omme heiratete hier zweimal und ließ auch seine Söhne taufen.

Bauen mit Findlingen, Haiduck

Die Kirche von Sillenstede

Der Kunsthistoriker Haiduck hielt im Bilde fest, wie die Außenhaut der Sengwarder Kirche aufgebaut bzw. restauriert wurde. Man hat sie, ausgehend von großen Eckquadern, in zwei Schalen aufgemauert. Innen mit dem gewöhnlichen Mauerwerk und außen mit der Verblendung aus Granitquadern.

Die Brocken gesprengter Findlinge mussten als erstes an ihrer größten Fläche eben bearbeitet werden. Von dieser Sichtfläche erfolgte dann lotrechter Abschlag zur rechteckigen Kontur. Auf diese Weise entstand eine unterschiedlich breite Auflagekante, die den Verband so abwechslungsreich macht. Beim Aufsetzen der Quader kam der runde »Kopf« nach innen.

Den Hohlraum zwischen beiden Mauern füllten die geübten Bauleute mit einem Gemisch von Mörtel aus gebranntem Muschelkalk, Abschlägen und Bruchsteinen. Dadurch ergab sich sich ein kompakter Verbund. Wenn im Laufe der Jahrhunderte durch Temperaturwechsel, Frost, Bodensenkungen oder feindlichen Beschuss Quader ihre Haftung verloren, musste ihnen mit geschmiedeten Ankern neuer Halt gegeben werden. In der eindrucksvollen Kirche Tettens ist ihre Renovierung auf Bildtafeln zu studieren.

Das Quadermauerwerk, vor allem in Sillenstede und St.Sixtus in Hohenkirchen, ist in bestechender Qualität ausgeführt, bedenkt man, dass zu jener Zeit keine Diamantsägen und Korundschleifscheiben zur Verfügung standen. Die Betrachtung der Quadermosaike in so vielfältigen zarten Farbtönen ist ein ästhetisches Vergnügen.

Man ist geneigt, die zeitlos klaren Formen und schnörkellose Gestaltung der robusten Baukörper und ihrer

St. Sixtus, Hohenkirchen Mutterkirche des Wangerlandes vor 1143, Taufstein von 1260, Münstermann-Altar

harmonisch einbezogenen Rundbogenfenster und Portale in Verbindung zu bringen mit dem unaufgeregten, nüchternen Charakter der bodenständigen, aber selbst- und qualitätsbewussten Bevölkerung.

Das Aufkommen der Häuptlinge

Nicht erst bei der Abwehr der räuberischen Normannen hatten die Friesen gelernt, sich gemeinsamen Zielen unterzuordnen. Denn im ewigen Machtkampf zwischen Mensch und Meer hatten sie früh erleben müssen, dass auch der Kräftigste, auf sich allein gestellt, hier nichts bewegen konnte. Weitere Übungen brachten der genossenschaftliche Bau und Erhalt ihrer Deiche und Siele mit sich. Diese frühdemokratischen Erfahrungen machten sie sehr argwöhnisch gegen alle Anläufe, Feudalstrukturen in Ostfriesland aufzubauen. Direkt dem Kaiser verantwortlich, beharrten die Friesen auf ihrem Recht zur freien Selbstbestimmung und wählten sich lediglich Richter (iudices, consules, asegas, capitalis). Dieses Ehrenamt war an die Grundstücke gebunden (Herd), es währte ein Jahr. Wichtig war den Bauern auch ihr Auswahlrecht für den zukünftigen Priester des Kirchspiels. Sie legten dabei Wert auf verheiratete Kandidaten und Landsleute.

Das alte Upstalsboomsiegel

Konsequent und demokratisch sicherten die Friesen ihre traditionelle Freiheit durch die ostfriesischen Landrechte ab. Die Vertreter der Landgemeinden trafen sich jedes Jahr nach Pfingsten zum Thing am Upstalsboom bei Aurich und entschieden dort in Fragen des Landfriedens und der Gesetzgebung. Die alten Friesen grüßten einander »Eala fria Fresena« oder prosteten sich zu »het ghilt eele frye Fryse«.

In der Nachfolge dieser alten Thingstätte ist die *Ostfriesische Landschaft* in Aurich bemüht, ostfriesische Geschichte, Kultur und Genealogie zu erforschen und zu pflegen.

Um jede Parteilichkeit auszuschließen, verbot man den Ratsleuten, sich feste Häuser aus Backsteinen zu bauen: somit drohte ihnen für ungerechte Entscheidungen immer die Strafe, ihre Holzhäuser abzufackeln. Gleichzeitig versagte man mit diesem Verbot den wohlhabenderen, arrivierten Bauernfamilien und erfolgreichen Kaufleuten eitle Selbstdarstellung und Machtanspruch durch den Bau von Steinhäusern.
Ein Ventil für ihr Geltungsbedürfnis schuf sich die gewachsene Oberschicht daraufhin in großzügigen Stiftungen an die zahlreichen Klöster und überdimensionierten Kirchenbauten wie zu Marienhafe (begonnen vor 1230 neben einer hölzernen Vorläuferkirche).
Die dreischiffige Kreuzkirche St. Marien besitzt einen mächtigen West- oder Wehrturm ähnlich dem in Reepsholt. Mit seiner repräsentativen Loge zum Kirchenraum nimmt er ein bekanntes Vorbild auf. Denn schon Karl der Große richtete seinen Thronsitz auf der westlichen Empore des Aachener Doms ein. So hielt der Kirchherr gleiche Augenhöhe mit dem Priester, während beide auf die Gemeinde herabsahen. Das Gotteshaus in Marienhafe konnte sich an Größe und

Sitz der Ostfriesischen Landschaft

St. Marien in Marienhafe um 1829

Skulpturenschmuck durchaus mit dem Dom des Bischofs zu Osnabrück messen. Mit der Instandhaltung der riesigen spätromanischen Sendkirche war die Gemeinde jedoch vollkommen überfordert. Angesichts des fortschreitenden Zerfalls musste sie 1829 stark zurückgebaut werden.

Alles in allem schafften die Friesen es nicht, ihren Hang zur Eigenbrötelei zu überwinden, ihre bäuerliche Freiheit auf Dauer zu verteidigen und sich zu einem größeren selbstverwalteten genossenschaftlichen Gemeinwesen weiter zu entwickeln. Nachdem es den Deichrichtern und Sprechern gelungen war, fortan ihr Ehrenamt zu vererben und sich außer der Gerichtsherrschaft auch noch eine Schutzherrschaft anzumaßen, begannen sie um 1150 doch, sich Burgen zu bauen.
Sie traten alsbald als Häuptlinge (hovetlinge) auf und forderten von den so zu ihren Untersassen gewordenen Bauern Lieferungen von Torf und Lebensmitteln, Spanndienste, Bauleistungen zur Befestigung und Heerfolge als Gegenleistung für den Schutz gegen gemeinsame Feinde. Das Steinhaus von Bunderhee, im Reiderland, ist ein gutes Beispiel für diese ersten Befestigungen im Lande.

Das Turmhaus in Bunderhee

Der Turm aus dem 14. Jh. mit seinen meterdicken Mauern bot Zuflucht und Sicherheit in jenen kriegerischen Zeiten.

Bei ausreichenden Vorräten ließ sich auch eine längere Belagerung aussitzen, denn im Keller gab es einen Brunnen. Der schmale Eingang ist auf drei Meter Höhe, konnte also leicht verteidigt werden. Das Steinhaus liegt auf einem Geestrücken, hatte aber eine eigene Zufahrt zum Dollart. Über das Gewerbe des Bauherren ist nichts überliefert.

Die Orgelakademie am Steinhaus von Bunderhee

Kirche der Werdumer Häuptlinge

Mit dem Anbau richtete sich die Familie von Heteren zu Anfang des 18. Jh. das Anwesen wohnlicher her. Heute betreibt darin die Ostfriesische Landschaft ihre Orgelakademie inmitten der reichsten Orgellandschaft Europas, wo im Sommer festliche Konzertreihen in den alten Kirchen stattfinden …

Im 14. Jh. kamen schwere Heimsuchungen über das Land. Die große Pest von 1349, die mit 25 Mio Menschen etwa ein Drittel der Bevölkerung in Mitteleuropa hinwegraffte, und dann 1374 eine mörderische Sturmflut, in der das Dorf Westeel ertrank und die Leybucht in die ostfriesische Küste gerissen wurde. Zudem folgte nun ein Jahrhundert bewegt von gegenseitigen Intrigen, Mord, Kampf und Krieg der Dorfhäuptlinge in Ostfriesland, angeheizt durch die Machtpolitik der Bischöfe mit eigenen Heeren. Auch die Häuptlinge heuerten zur Verstärkung ihrer Mannen für diese Kleinkriege Horden von Söldnern als nützliche Indianer an. Im Emsigerland finden wir dreißig Häuptlinge genannt, in Wangerland, Östringen, Butjadingen und Stadtland insgesamt neunzehn.

Beningaburg Dornum

Keno und sein Sohn Ocko tom Brok in Engerhafe, die sich nach dem Brokmerland nannten, versuchten verbunden mit den Oldenburger Grafen als erste, die ostfriesische Halbinsel in die Hand zu bekommen. Edo Wiemken von Rüstringen mit seinen Nachbarn wusste das im Bündnis mit Focko Ukena, dem nimmermüden Leeraner Häuptling, dreißig Jahre lang zu verhindern. Am Ende der Machtkämpfe sollte es jedoch erst den Cirksenas aus Greetsiel mit Unterstützung durch die Hanse gelingen, sich »gegen letzte Horte der Kaperei durchzusetzen«. Sie begannen, die Landgemeinden zu einigen und den Bauern das Vertrauen in die »friesische Freiheit« wiederzugeben.

Die Likedeeler und ihre Freunde

Gegen Ende des 14. Jh. lösten Rivalitäten zwischen dem Hause Mecklenburg und Dänemark um die Herrschaft in ganz Skandinavien eine Plage aus, die den blühenden Seehandel nahezu abwürgte: die Seeräuberei.
Königin Margaretha von Dänemark und Norwegen versuchte, durch eine Seeblockade den Sohn Mecklenburgs und Regenten Schwedens auszuhungern. Mecklenburg antwortete mit einem Kaperkrieg, um die Versorgung Stockholms mit Lebensmitteln sicherzustellen. Dazu rüstete es in seinen Häfen Rostock und Wismar Schiffe aus, die mit Abenteurern und zweifelhaftem Gesindel aus allen Ständen bemannt wurden. Mecklenburger Adelige leiteten die Überfälle auf dänische wie norwegische Küstenorte und machten beim Kapern der Handelsschiffe bald keine Unterschiede mehr. Außer den dänischen brachten sie nun auch Hansekoggen auf und verhökerten die reiche Beute an der Ostseeküste.
Die Sache hatte Erfolg und gewann Zulauf, Mecklenburg konnte Bornholm besetzen, auf Gotland einen Stützpunkt einrichten und von da aus Bergen und Malmö plündern. Der Flotte der Angreifer mit 18 Schiffen und 500 Schützen vermochte Bergen nicht Widerstand zu leisten.
Zwar hatten bereits seit 1376 die Hansestädte Lübeck und Stralsund Friedeschiffe, aufgerüstete Koggen, als Geleitschutz für ihre Handelsschiffe aufgeboten, allein es gelang ihnen so nicht, der *serovere* (Seeräuber) Herr zu werden.

Die Anführer der Kaperschiffe ließen sich auf ein riskantes Gewerbe ein. Schließlich war für die Beschaffung der Schiffe, ihre Erstausrüstung und Bewaffnung schon allerhand Kapital vonnöten. Hinzu kamen die laufenden Kosten für Material und Lebensmittel, Handgelder etc. Wesentliche Voraussetzungen für das Überleben und den Kampf auf See waren: Führungsstärke, Härte, taktisches Geschick und natürlich ausgeprägte seemännische Professionalität. Das nötige Startkapital und Können brachten insbesondere Adelige von der Ostseeküste mit. So kann denn auch das alte holsteinische Adelsgeschlecht Rantzau auf zeitweilige Seeräubererfahrung zurückblicken. Selbst- und siegessicher riskierten sie Kopf und Kragen: der Gegner machte mit Gefangenen kein langes Federlesen.
Die Freibeuter nannte man Vitalienbrüder, nach den *vitailleurs*, die im hundertjährigen Krieg das Heer versorgt hatten, indem sie unter dessen Schutz die Bevölkerung beraubten. Es lag nahe, die Bezeichnung auf die Seesöldner zu übertragen.
Die Beteiligung der Vitalienbrüder am Krieg zwischen Mecklenburg und der dänischen Königin Margret brachte den Ostseehandel jahrelang fast völlig zum Erliegen, sodass z.B. der Heringspreis auf das Zehnfache stieg. Entsprechend ging auch der Absatz von lübischem Salz zurück. An die Seeräuber verlor die Hanse nicht nur wertvolle Fracht, Schiffe und Söhne ihrer Städte, es brachen ihr auch die Geschäftsverbindungen weg. Solange die beiden ungetreuen mecklenburgischen Hansestädte Wismar und Rostock dem Treiben tatenlos zuschauten, geriet die Hanse in Misskredit und büßte an Machtstellung ein. Sie musste deshalb den Friedensschluss erzwingen. Die Seeräuberei war jedoch schon längst aus dem Ruder gelaufen.
Erst 1395 konnte mit Hilfe des Deutschordens, 4000 Mann und 400 Pferden auf 84 Schiffen von Danzig aus, sowie den preußischen und lübischen Flotten Gotland zurückerobert und die Ostsee von der Plage befreit werden. Margareta von Dänemark, Norwegen und nun auch Schweden konnte mit dem Friedensschluss von Falsterbo Stockholm wieder übernehmen.

Doch die Mehrzahl der Vitalienbrüder ließ sich das einträgliche Handwerk nicht legen: ohne Verzug wechselten sie das Revier und jagten fortan in der südlichen

Städel, Karacke mit Landsknechten, Hans Holbein d.J.

Nordsee nach ihrem Motto »Gottes Freund und aller Welt Feind«.

Die Weite des Jagdgrundes, reger Schiffsverkehr unter Land, geeignete Schlupfwinkel an der ostfriesischen Küste und die Duldung, Unterstützung, ja Hehlerei der dortigen Häuptlinge kamen den Räubern sehr entgegen.

Sicherlich spielte dabei eine Rolle, dass die Hanse den Friesen inzwischen viel von ihrem alten, angestammten Geschäft, dem erfolgreichen Fernhandel, genommen hatte, sodass man allseits mit den Piraten sympathisierte. Ortskundige Seebären fanden bei ihnen einen abwechslungsreichen und lukrativen Job. Schiffseigner brauchten keine Umstellung, denn schon immer hatten sich an der Küste Seefahrt mit Seeraub abgewechselt und waren auch gleichermaßen akzeptiert.

Als neuen Liegeplatz entschieden sich die Seeräuber für den Osten der ostfriesischen Halbinsel mit dem kleinen Hafen Schaar, wo sich das Moorflüsschen Made damals zur Bucht erweiterte. Die Made mündete am heutigen Ölhafen ins Außenfahrwasser von Wilhelmshaven.

Wie Schaar war auch das nahe Rüstringen mit der befestigten Kirche von Bant im Besitz von Edo Wiemken dem Älteren, dem tatkräftigen Häuptling von Jever. Vom Geesthügel Jever führte das Hookstief ebenfalls zu Außenjade und Nordsee. Die Spülwirkung durch das abfließende Binnenwasser war nicht ausreichend. Es musste für einen Tiefgang von 3,5 Fuß regelmäßig geschlotet werden. Dazu diente eine Modderschute wie rechts abgebildet. Sie wurde mit dem Schlamm bei Ebbe nach Öffnen des Siels vom angestauten Binnenwasser seewärts geschoben.

Beninga berichtet später in seiner *Chronica der Fresen*, dass auch auf dem erweiterten Friedeburger Mühlentief Baardsen und andere Schiffe die Verbindung mit Jade und Weser hielten.

Die ersten Kähne fassten lediglich 8 Lasten. Aber 1603 verzeichnete das Sundzollregister das erste größere Schiff aus Hooksiel. Im tideabhängigen Außentief wurden Kaianlagen schon für 60-Lasten-Schiffe vorgesehen. Hier übernahmen Sengwarder Bootsführer den Weitertransport der Fracht, Baumaterial und Torf, mit kleinen Fahrzeugen auf dem Sieltief nach Jever. Die späteren Tjalks nahmen 35, die Kuffs schon 50 Lasten auf. Schmack, Schoner und Galiot waren weitere gebräuchliche Schiffstypen des Seeverkehrs …

Da Edo Wiemken mit seinen Erfolgen auch die Stimmen der Richter im benachbarten Wangerland und Östringen gewonnen hatte, konnte er die Kirchen in Cleverns, Schortens, Sengwarden und Hohenkirchen zu Flucht- wie Verteidigungspunkten massiv ausbauen. Sein Befestigungsgürtel führte nun von der Burg zu Jever bis Bant mit der Eden/Sibetsburg. Den Heerweg durch die Sümpfe im ostfriesisch-Oldenburger Grenzland hatte er schon 1359 mit der »Friedeburg« nördlich von Marx abgesichert.

Die Kumpanei mit den Seeräubern durfte nicht zu offensichtlich werden, um Bremen keinen Vorwand zum

Modderschute am Hafen Hooksiel

Einmarsch zu liefern. Denn die Grafen von Oldenburg und die Bremer hätten sich nur zu gern die Jademündung und Butjadingen bis zur Mündung der Weser unter den Nagel gerissen.

So kam es am 20.7.1368 bei der Coldewärf am Flagbalder Sieltief (heute Ortsausgang Nordenham) zu einer Schlacht, worin die Butjadinger den Oldenburger Grafen vernichtend zurückschlugen und »viel Volk aus Westfalen und woher er es sonst herbekommen konnte« in einem Massengrab endete. Neben dem historischen Kampfplatz sehen wir heute auf der großen Warf einen prächtigen Hofplatz, dessen Vorbesitzer, ein Tjaden, bei diesem Gefecht auch sein Leben ließ …

Omme Onnekens Warf in Sengwarden

Die Herkunft der erwählten Ehefrauen spiegelt zudem die strategische Heiratspolitik der Häuptlinge wider, mit der sie den Besitz abzurunden trachteten und ihre Einflusssphäre über die angeheiratete Verwandtschaft ausdehnten. Die Familienbande(n) garantierten eine verlässliche Hausmacht. Schon durch Edos Mutter Fruwe von Oldersum standen die Wiemkens dem Moormerland nahe.

Schließlich sollte auch noch die kluge Wahl seiner Freunde zu Edos Absicherung dienen. Die kamen von der Nordspitze Butjadingens. Dort hielten schon seit den räuberischen Überfällen der Normannen die mit Salzwasser getauften Bewohner des kleinen Marktfleckens Langwarden die Wacht an der See. 1040 stießen sie sogar bis zum nördlichen Packeis vor, was sich in dem Sippennamen Edo Islandi (1315) niederschlug. Langwarden soll dem Gudrunlied als Hintergrund gedient haben.

Aus Langwarden stammte auch Edo Wiemkens bewährter Kampfgefährte Häuptling Omme Onneken, als hünenhafter Recke von Sengwarden »de Grote« genannt. Südwestlich dieses Dorfes bewirtschaftete er die Windmühle sowie seinen Hof auf einer alten Warf. Im Nebenerwerb führte er Edos Piraten an.

Urkunden berichten von weiterem Besitz in Rodenkirchen an der Unterweser, den ihm seine erste Frau Rameda zubrachte, bei Burhave im Norden Butjadingens vom Vater Tanto Ommelde, sowie Grund in und um Gödens.

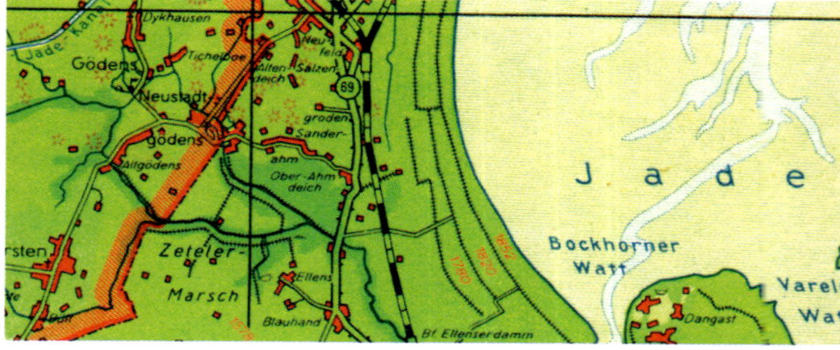

Die alten Wurten und Deiche bei Gödens, Flemings

Es ist überliefert, dass Ine Wyddyken, ein Nachbar aus Etzel, in Omme Onnekens Herrlichkeit einbrach und sich des Mordbrandes, sowie des Totschlags schuldig machte. Da er sich auch an den Kirchen Ackum, Etzel, Horsten und Dyckhusen vergriff und das Vieh davontrieb, wurde er erschlagen. Als daraufhin Ines Bruder Tyark in Gödens erschien, erlitt er den gleichen Tod. Dann kam ein Freund der Brüder, Abbyk Hotten, nach Gödens, um sie zu rächen, verweigerte aber ebenfalls jeden Schadenersatz und musste auch dran glauben.

So fiel Burg Alt-Gödens, auf einer Geestinsel im Salzen Brack, an Omme Onneken. Den Grundstein zur dortigen Kirche soll ursprünglich der bremische Bischof Willihad schon im Jahre 789 gelegt haben. Nach der zerstörerischen Marcellusflut ab 1362 war über den Fundamenten der befestigten Kirche ein Steinhaus aufgerichtet worden. Ommes Onnekens jüngster Sohn aus der zweiten Ehe wuchs in dieser Burg auf. Nach seiner Mutter, einer wohlhabenden Tiader aus dem Reiderland, wurde er auf den Namen Onne Tyadensson getauft.

Die Kirchen- und Burgwarf von Alt-Gödens heute

Omme mit seinen Gödenser Kumpanen und Hintersassen bildete Edos Vlute (»geborene und geschworene« Anhänger): weniger Leibwache, als Clique engster Freunde.

Dass Edos Piraten unter Ommes Führung mit den Kollegen von der Ostsee kooperierten, wird am Museum für Hamburgische Geschichte vermutet. Vielleicht waren die Vitalienbrüder aber auch nur Stegnachbarn und arbeiteten ganz auf eigene Rechnung, jedoch unter dem Schutz des Häuptlings Edo Wiemken.

Es ging damals die »Straten- un Mölenmär« um, Störtebeker hocke auf dem großen Westturm von Edos Insel Wangerooge und halte Ausguck nach lohnenden Frachtschiffen. Er sammle dort oben (über der Kirchenetage) ungeheure Schätze. Die so oft geplünderten Holländer schlugen schon mal zurück. So überfielen sie Wangerooges Dorf und Kirche, raubten kostbare Altargeräte, erschlugen zwölf Mann und entführten die Knechte, Mägde und Kinder, darunter die Tochter des Münzmeisters. Ob Vatern das geforderte Lösegeld von 500 Gulden mit Falschgeld beglich, ist nicht überliefert.

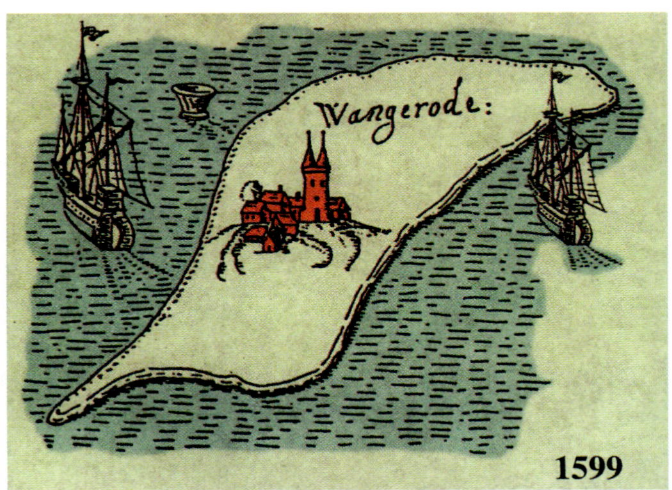

Wangerooges Westturm

Auch noch auf andere Weise rächten sich die Holländer für Edos Jahrzehnte währenden Seeraub. Da gemäß weitreichender Übereinkunft auf den Wegen zu den Marktzentren freies Geleit galt, lief auch im August 1405 ein holländischer Segler in Schaar ein. Seine Besatzung genoss zwei Tage und Nächte Unterkunft und Bewirtung auf Edos Burg. Nach weiteren erfolgreichen Markttagen lud der Kapitän den Oberhäuptling mit seiner Vlute zum Umtrunk an Bord. In der gemeinsamen friesischen Sprache erzählten sie Döntjes und schwenkten so manchen Becher Wein. Es wurde eine lange Nacht, dann aber stürmte plötzlich die Mannschaft in die Kajüte und überwältigte die Gäste. Die wehrten sich zwar nach Kräften, jedoch wurden Edo gefesselt und die übrigen drei erschlagen. Ankerauf ging das Schiff und segelte schon in der Morgendämmerung entlang der Nordseeinseln nach Staveren und Den Haag, wo die Holländer Edo folterten und in Eisen legten. Erst nach über einem Jahr entließen sie den Entführten gegen das horrende Lösegeld von vierzehntausend Goldgulden wieder nach Rüstringen.
Mit seinen Gödenser Kameraden war beim nächtlichen Kidnapping leider auch Omme Onneken gefallen, Edos bester nachbarlicher Freund und Haudegen. Dieses Mitleid wird verständlich, da es sich bei ihm um den Stammvater des Verfassers handelt, und sich die Namensgeschichte bis hierhin durchgängig in den Urkunden verfolgen lässt.
Auf Ommes ältesten Sohn Iko Onneken geht übrigens die Familie zu Inn- und Kniphausen zurück, deren Nachfahren in Lütetsburg einheirateten.

Die Freibeuter besaßen nicht nur große hochseetüchtige, stark bemannte und bestückte Koggen, sondern auch flachgehende und schnelle Boote, auf denen sie die Priele weit hinauf außer Reichweite der Kanonen segelten, stakten und treidelten, ohne dass ihnen die

Die alte Lütetsburg bei Hage Norden

Dickschiffe der Hanse folgen konnten. Aus den Hamburger Archivalien geht hervor, welche Häfen die Vitalienbrüder noch anliefen: Rodenkirchen, Blexen an der Weser, Burhave, Langwarden, Eiswürden, Varel und Gödens an der Jade, Reepsholt sowie Schortenser Siel, Wittmund und Dornum. Über Neßmersiel gelangten sie nach Arle und seit 1396 durch Leybucht und Störtebekertief nach Marienhafe, wo ihnen der gewaltige Kirchturm phantastischen Ausguck und Seezeichen bot. Sie liefen in Greetsiel und Pilsum, Larrelt und Osterhusen ein, an der Insel Nesse boten sich gute Liegeplätze wie auch in Rats- und Falderndelft von Emden. Wenn sie sich über die alten Moorflüsschen, Tergast, Simonswolde sogar bis Timmel ins Binnenland zurückzogen, blieben sie für ihre Verfolger nahezu unerreichbar.
Da sie ihr Unwesen nun schon zwei Jahrzehnte trieben, hatte sich inzwischen auch die Sage ihrer angenommen.

Von unseren Vorfahren wurden sie Likedeeler genannt, angeblich weil sie die Beute stets brüderlich teilten: to liken Deelen! An Ost- und Nordsee entstanden recht romantische Geschichten, wie wir sie auch von Robin Hood kennen, der die normannischen Eroberer in England nervte. So von ihren Hoffnungen und Phantasie beflügelt, schlossen sich arme Bauernsöhne, aber auch mancher Tunichtgut dem zweifelhaften Gewerbe in den genannten Häfen an.

Ein tolles Ding leisteten sich die Vitalienbrüder 1398 und brachten damit das Fass zum Überlaufen. Vor Jütland enterten sie erst ein größeres mit Wismarschem Bier beladenes Schiff aus Danzig. Davon angeregt hielten sie auf die Schifffahrtsstraße des Englischen Kanals zu, kaperten dort fünfzehn Koggen und erleichterten sie um so wertvolle Importgüter wie Öl, Wachs, Wein, Reis, Honig, Talg, kostbare Stoffe und sogar Gold. Dem gefangenen Danziger Schiffer Egghert Schoeff verkauften sie dann auch noch sein eigenes Schiff bargeldlos gegen eine Geisel, einzulösen bei Witzeld tom Brok in Marienhafe. So forderten sie die Hanse heraus, nun auch die Nordsee zu säubern.

An Bord war kaum Raum, wohin man Gefangene oder Geisel hätte wegsperren können. Als Zweitnutzen dienten fortan geleerte Heringsverpackungen – die Fässer – dazu, die Ärmsten zu verstauen. Die geteilten Deckel erhielten eine Aussparung für den Hals. Mehr konnten die Opfer sowieso nicht bewegen. Seither ist in Ostfriesland der Überraschungsausruf *»Man in de Tünn!«* gebräuchlich …

Mit ihrer Flotte von elf Schiffen und 950 Bewaffneten stellten die Hamburger die Seeräuber in der Osterems, noch heute der Hamburger Sand genannt, machten achtzig im Kampf Mann gegen Mann mit Schwertern gegen Enterbeile nieder und stießen sie über Bord. Vier Schiffe entkamen nach Marienhafe. Dort räumte sie Freund Folkmar Allena von Groothusen aus und setzte sie als Sperre gegen die hansischen Verfolger in Brand.

Kirche in Groothusen, Janssen - Jennelt

Währenddessen konnten sich die 114 Likedeeler mit Störtebeker über Land verkrümeln.
Am 6. Mai 1400 warfen die Hanseschiffe vor Emden Anker, nahmen noch zwei in Greetsiel abgetauchte Crews gefangen und ließen nach einigen Tagen 25 gefangene »Nichtfriesen« von ihren Hamburger Schiffsleuten in der Stadt öffentlich hinrichten. Die gleiche Anzahl Friesen (eine Liste ist noch vorhanden) wurde jedoch gegen den Schwur begnadigt, sich niemals wieder als Seeräuber zu zeigen. Das Schauspiel sollte vor allem die bisherigen Schutzherren, die Häuptlinge, einschüchtern.
Unterdessen war Störtebeker mit dem Trupp seiner Leute bei Enno Haytets, Häuptling von Larrelt und Schwiegersohn Folkmars, in Sichtweite Emdens und der Hanseflotte eingetroffen, wo die respektlosen Brüder erstmal die weitere Entwicklung abwarten wollten. Um die eigene Haut zu retten, verriet jedoch der Emder Probst Hisko die ehemaligen Geschäftspartner an die Hanseaten. Daraufhin schickte der Larrelter die Likedeeler eiligst mit einem Schiff wieder auf Törn, das er selbst erst kürzlich den Groningern geraubt hatte. Hisko und die Hamburger zwangen ihn daraufhin, die Holländer zu entschädigen und sein Schloss in Larrelt als Pfand für ein zukünftiges Wohlverhalten abzutreten.

Noch im Laufe des Mai trafen die Vertreter der Hansestädte, alle ostfriesischen Häuptlinge, so auch Tanto Ommelde von Langwarden, Vater unseres Omme Onneken, wie die Abgesandten von Westfriesland und Groningen in Emden zusammen, um die Auseinandersetzungen der verfeindeten Parteien so bald wie möglich zu beenden.
Den Hamburger Häschern waren jedoch auch die übrigen der zweihundert Spießgesellen um die Anführer Gödeke Michels und Wigbald entwichen. Die flohen nach Loquard zu Häuptling Sibrand Brungersna. Mit einer weiteren flugs gekaperten Kogge entkamen sie in die norwegischen Fjorde, wo sie erstmal ihre Schiffe überholten. Im Zwischenbericht der Hamburger Strafexpedition an ihren Rat konnte lediglich vermeldet werden, dass man den Freunden der Piraten, Folkmar und Sibrand, die Burgen in Schutt und Asche gelegt habe und die Versammlung aller ostfriesischen Häuptlinge einer weiteren Kooperation mit den Piraten abgeschworen habe. Von dem später so berüchtigten Störtebeker ist darin zu unserem Erstaunen nicht die Rede – noch war die Hanse auf den Anführer Michels fixiert.
Störtebeker stellte sich mit seinem Trupp unter den Schutz des Grafen von Holland, wo er ungestört überwintern konnte.

Störtebeker

Dieser Seeräuber ist zwar von vielen Sagen umwoben, die ihn zum deutschen Robin Hood stilisieren, war aber doch eine historische Figur. Die Emder *Gesellschaft für Kunst und vaterländische Altertümer* bewahrte bis zur weitgehenden Zerstörung der Stadt 1944 einen als authentisch betrachteten Nachlass des Störtebeker. Nämlich *»ein leinenes, gewebtes, an Kragen und Ärmeln mit silbernen Rosetten besticktes Hemd; einen leinenen gewebten Kissenbezug, dessen einer roter Saum mit Seide und Silberdraht in Form von kleinen Rosetten bestickt ist, und ein Paar Pantoffeln von rotem Sammet, mit starken ledernen Sohlen, wobei an einem Pantoffel die Silberstickerei überm Spann erhalten«.*

Ahnenforscher haben den Weg dieser Hinterlassenschaft verfolgt und konnten somit die Burg Upgant bei Marienhafe als Wohnort des Störtebeker ausmachen. Er heiratete Tochter Tjada des Hauses Widena und verbrachte dort einige Winter – gemütlich in seinen Pantoffeln. Den Namen Tjada hatte ihre Mutter aus deren Familie im Reiderland mitgebracht, so wie sich auch die jenerzeit benachbarte Groothuser Sippe Tiadekana von der Mittel- und Osterburg auf diesen Ursprung zurückführen lässt …

Das erste wirklichkeitsgetreue Kartenbild von Ostfriesland ist Emmius zu verdanken; einen Großteil der geodätischen Dreiecke hatte er selbst abgeschritten (1595) und auch eine anschauliche Beschreibung der ostfriesischen Halbinsel und Orte hinterlassen. Eine kleine Nebenkarte auf diesem schönen Blatt zeigt das Reiderland noch vor Einbruch des Deichs bei Jansum und Überflutung des Dollart in der Marcellusflut von 1362, der 33 Orte und Flecken zum Opfer fielen.

Hier lag an der Mündung der Ee mit ihrem neuen (nach sechs Vorgängerbauten) Siel zur Ems, inmitten des fruchtbaren, flachen Landes zwischen Grotemunte und Nesse, der kleine Hafen Reide, den der Fluß in Wester- und Osterreide teilte. Die Ee wurde von zahlreichen Moorbächen gespeist: im Osten nahe der

Das Reiderland, Emmius

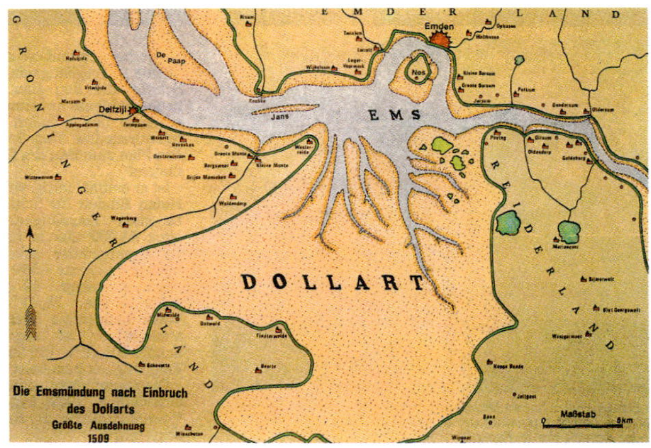

Der Dollart bei Ebbe, 1509

Ostfriesische Tracht, Museum Peldemühle Wittmund

Mündung von der Tya und westlich von der Tjamme.
Die Praemonstratenserklöster Palmar bei Reide, das schon 1288 190 Nonnen beherbergte, und das auf dem jenseitigen Emsufer gelegene Logen (Langen) mit 120 Mönchen verloren in Sturmfluten erhebliche Ländereien. So musste Palmar sein Gut Boneburg bei Groothusen an Langen verkaufen. Auch die Klosteranlage Langen wurde 1499 infolge der Dollarteinbrüche ausgedeicht und die Gemeinschaft nach Blauhaus, bei Woltzeten an der verlandeten Camper Bucht, umgesiedelt …
Ubbo Emmius rühmt als bedeutend und reich den nach der Flutkatastrophe verbliebenen Flecken Reiderwolde, der sich durch zwei Kirchen, sein Kanonikerkollegium und die Häuser vornehmer Familien auszeichne. An die neun Stiegen (180) verheiratete Frauen sollen hier die alte friesische Tracht getragen haben. Auf ihren Schultern waren Glöckchen befestigt, und je nach Vermögen trugen sie getriebene goldene Schilde bis zur Taille oder sogar bis zum Saum ihrer roten, langen gefältelten Kleider, wie sie Unico Manninga malen ließ.
Ein zeitgenössischer französischer Chronist bestätigt: *»In demselben Jahre (1251) drang in Frisia eine Flut, vom Meere heranstürmend, weit hinein und bedeckte eine Strecke von sieben Tagesreisen. In diesem Gebiet ging alles Lebendige elend zugrunde. Nach vierzig Tagen wich das Wasser zurück. Und die Nachbarn, die das Leben behalten hatten, fanden beim Durchsuchen des Geländes unzählige Tote und bei ihnen an den Armen, am Hals, an den Fingern, um den Leib und vor der Brust Halsketten, Armbänder, Fingerringe, kostbare Gürtel, goldene Spangen und Kleider, mit Kleinodien reich geschmückt, die seinerzeit die Todgeweihten angelegt hatten, damit sie später, sollten sie gefunden werden, ein christliches Begräbnis erhielten, das hieraus gezahlt werden könnte. Aber die Finder beraubten sie nur …«.*
Aus dem gleichen Grund trugen die Seeleute in früheren Jahrhunderten einen goldenen Ohrring.
Nach einem einstigen Gewässer (Riede) oder der Ortschaft Reide wird das Reiderland benannt worden sein. Urkundlich bekannt wurde hier Emo, ein gelehrter, reicher Mann, der 1195 das Wierumer Kloster gründete. In den Berichten tauchen später für Farmsum die Häuptlingsfamilie Ripperda und in Termunten an der Ems die Houwerdas auf.
Nahebei war auch eine Familie zuhause, die ihre Tochter Theda (Tjada) von Reide mit dem Häuptling von Neermoor, Fokko Ukena verheiratete. Auch Enno Widena, Häuptling in Upgant bei Marienhafe, hatte in dieser Sippe seine Frau gefunden.

Als 1396 der Likedeeler Klaus Störtebeker die Widena-Burg Upgant betrat, kam er nicht erst auf Veranlassung der Quade Foelke oder ihres Sohnes Widsel, sondern als Nachbarssohn und alter Bekannter der Burgherrin aus Reiderländer Tagen. Er machte nun Tochter Tiada den Hof, sah sie aber nach der Heirat berufsbedingt wohl selten.

Wie Ubbo Emmius erzählt, seien die Seeräuber unter Wichmann, Wigbold, Godeke Michels und Störtebeker am liebsten mit ihren Schiffen nach Marienhafe hinaufgefahren. Hier hätten sie ihre Winterquartiere gehabt und gastliche Aufnahme gefunden, wenn sie des Meeres überdrüssig waren. Auch hätten sie von ihrer Beute jene sehenswerte Kirche noch viel prächtiger ausgestattet, als sie schon früher war, den Turm erhöht und die Mauern mit den Toren, die ihnen als Festung diente, ausgebaut ...

Aber einzig der unmäßige Silberhumpen, der sich gegen Ende seines wilden Lebens in Störtebekers Schiffskajüte fand, sagt uns mehr über die Heimat des Besitzers. Dieser Krug soll nämlich im eingravierten Trinkspruch auch seinen zivilen Namen getragen haben: *Junker Sissinga van Groninga.*

Auf der weiteren Suche nach der Herkunft des Störtebeker und seinem vollen Namen lesen wir bei Ubbo Emmius: »In Groningen wurde am 5. August 1517 das Fundament für ein neues gewaltiges Tor (=Siel) an der Aa gelegt, darauf die ersten Steine gesetzt, unter die wie es Sitte ist, Gold und Silbermünzen vom Rentmeister des Staates Hermann Coq und dem Ädilen (Baumeister) Ludolf Sissing gelegt und das Werk in die Höhe geführt.« Dieser Wasserbau-Fachmann hatte aus dem Studium der Vorgängersiele seiner Heimat bei Reide so viel an Erfahrungen gesammelt, dass er in ganz Friesland als der Berater ein gefragter Mann war.

Mit weiteren Bauten übernahm sich die Stadt dermaßen, dass die Bevölkerung die Steuerzahlung verweigerte, 1525 einen Aufstand ausrief und diese beiden Bürger

Störtebeker, Hopfer/Wrobel

jahrelang für die Schulden Groningens bürgen mussten. Doch kamen sie mit einem blauen Auge davon, weil nach langem Hin und Her der Fürst Karl von Geldern für die Schulden aufkam.

Der Groninger Archivar Pathuis fand einen weiteren Hinweis auf die gesuchte Sippe: Am 13.12.1778 starb in Tjamsweer der Prediger Johannes Sissingh (*19.10.1719 Termunterzijl, oo 12.4.1751 Gerhardina Mettina de Cock). Ganz offensichtlich handelt es sich bei diesem

Termunterzijl mit der Schleuse »De Boog van Ziel«

Paar um Nachkommen der beiden unglücklichen Groninger Bürgen. Bis 1848 lebte ein Enkel als Pastor in Schüttorf, und nicht zuletzt gehörte ein Sissingh, Partikulier aus Jemgum, noch 1887 zum Emder Traditionsverein, der *Gesellschaft für bildende Kunst und vaterländische Altertümer.*

Tjamsweer liegt elf Kilometer westlich von Termunterzijl am Damster Diep, und nach Osten hatte man von dort nur vier Kilometer bis Reide zurückzulegen. Wir können davon ausgehen, dass die Sippe Sissingh hier in Termunterzijl zu Hause war. Auch die Nachbarn in Reide muss Störtebeker gekannt haben, die frühen Besuche in Marienhafe bzw. Upgant bei den Widenas waren für den Seemann nur ein kurzer Schlag über die Ems.

Woebcken zitiert eine Klageschrift des Königs Heinrich IV. von England, in der Störtebeker erstmals für 1394 als Seeräuber genannt wird, und in einem weiteren Fall »one called Strotbeker«, man wusste also um sein Pseudonym (war es auch ein Synonym?). Schließlich lautete der von Herzog Albrecht von Bayern, dem Grafen von Holland, ausgefertigte Kaperbrief vom 15.8.1400 auf Johann Störtebeker, ein Vorname, der in seiner Familie, wie wir oben sahen, weiterhin Tradition behielt.

Es würde nun ins Bild passen, dass Vater Sissingh seine Familie als Handelsmann oder Reeder ernährte. Jedenfalls schickte er den jugendlichen Sohn zur Ausbildung in die Hansestadt Wismar, wo er unschuldig (?) in die schon erwähnte Prügelei geriet. Der Stadtwache gab er den Namen Nicolao Störtebeker an. Es gibt zu denken, dass der Praktikant aus dem Reiderland den Vornamen portugiesisch ausspricht. War er vielleicht schon mit seinem Vater, dem Fahrensmann, auf Salzfahrt in Portugal gewesen? Nannte ihn der Vater deswegen statt Johann zärtlich Nicolao, den Schutzpatron der Seefahrer, dem auch die kleine Kapelle auf der Insel Nesserland gewidmet war? Hatte sich der Sohn den Künstlernamen »Störtebeker« in so jungen Jahren als »Schluckspecht« schon selbst erworben, zählte er nicht damals (1380) erst sechzehn Lenze? Oder war gar Vater Sissingh der sagenhafte Säufer »Störtebeker«, der den riesigen Silberbecher voller Bier auf einen Zug die Kehle hinunterstürzen konnte und ihn mit der tollen Story von der Trinkprobe dem Sohn vererbte?

Störtebekers Pokal

Wurzeln – ein Kapitel historischer Personenforschung

Nun wissen wir, dass Omme Onneken seine zweite Frau, eine jüngere Tiader, nach Sengwarden holte; etwa zur gleichen Zeit, als auch Kollege Störtebeker seine Tjada freite, möglicherweise waren die Damen miteinander verwandt. Wir wollen noch untersuchen, woher nun auch diese Tiader stammen könnte. In Ommes Heimat, im Osten der ostfriesischen Halbinsel, war dieser Name jedenfalls nicht gängig, sondern ist aus dem Gebiet zwischen Reide, Langen, Wybelsum, Groothusen und Campen, Pilsum, also der Krummhörn geläufig, wo überall schon früh Tyadeka-Land beurkundet war.

Der Emder Notar und Heimatforscher Heikes ging bereits davon aus, dass aus einer Familie des Reiderlandes die Mittelburg von Groothusen mit dem Namen Tyada und dem ungewöhnlichen Pelikanwappen ins Beningageschlecht kam. Diesen Weg bestärkt der ursprüngliche Sitz der Beninga bei Pilsum (1362). Er hieß Appingen, genannt nach Appingedam bei Delfzijl, dessen Rathausportal wiederum mit dem Pelikanwappen überwölbt ist.

Das Wappen ist dort schon seit dem 13.Jh. in Gebrauch. Der Legende nach tötete der Pelikan seine lebhaften Jungen, erweckte sie jedoch nach drei Tagen mit seinem eigenen Blut wieder zum Leben. Ein Gleichnis, das an Christi Leiden und Auferstehung erinnern soll …

Ein Nachkomme aus der Einheirat jener Tyada war Probst Hero zu Groothusen,1269 einer der politischen Führer im Emsigerland. Sein Ansehen war angesichts des von ihr ererbten Grundbesitzes von etwa 600 Grasen (zum Teil in Ditzum) nicht zu verwundern.

Rathaus der malerischen Hafenstadt Appingedam

Das Pelikanwappen der Tyada aus Reide, nach v.d. Appelle

Die Osterburg in Groothusen, Stromann

Auch die schon erwähnte Verbindung über die Ems hinweg zwischen Nonnenstift Palmar bei Reide und seinem Gut Boneburg bei Groothusen bestätigt Heikes' Hinweis auf historische Zusammenhänge über die Ems hinweg. Diese Spur ergänzt weiterhin ein Vertrag, in dem die Brüder Gerd und Tiadger von der Beningaburg Grimersum 1354 Reidesse-Land in der Gemarkung Langen an das Kloster verkauften. Grundstück und Name Tiadger stammen vermutlich von dem Vorfahren, der auf der alten Wurt von Langen neben der Kirche schon Land und Sitz aus der Zeit vor dem Deichbau, also um die Jahrtausendwende, besaß und als Tyadeka-Land vererbte.

Die mittelalterliche Burgstelle der Beninga zwischen den Langwarfen von Wirdum und Grimersum lag am schiffbaren Priel der Sielmönker Bucht zur Nordsee, bot also einen günstigen Ausgangsort für Handel und Seeraub. Jüngste Ausgrabungen und Funde an Ziegeln, grünem Fensterglas und Scherben von rheinischer Keramik belegen ehemals herrschaftlichen Wohlstand.

Heros Erbtochter der Mittelburg heiratete den Thiadeko aus Ditzum, einen weitläufigen Verwandten. Ihrer beider Enkelin Tiada erbte die Mittelburg in Groothusen, die sie dem Ehemann Haytat Beninga zubrachte, der schon Wester- und Osterburg besaß. Aber weder sie noch ihre Enkelin Tiada können die Gesuchte sein, jedoch führt uns Thiadeko auf eine aussichtsreichere Fährte.

Der Beteiligung und Duldung der Seeräuberei durch Tiadas Nachkommen in Groothusen machte 1435 die Hamburgische Besatzung Emdens mit grobem Geschütz ein Ende. Ein Großteil der Burgmauern wurden in die umgebenden Wassergräben geworfen und die Wälle eingeebnet …

Fündig werden wir bei der Suche nach der Herkunft des Namens von Omme Onnekens Frau Tiader, die unseren Familiennamen weitergab, im Reiderland. Sie hat dort zwar keinerlei Beurkundung ausgelöst, jedoch sprechen Namensregeln, Alter und weitere Indizien dafür, dass sie eine Nichte des Thiadeko von Ditzum war. Ihren Namen hätte Tiada (Tiader) also als Sproß eines Tiado geerbt. Dieser Häuptling konnte sich um 1320 in Reide, Jemgum und Ditzum, wahrscheinlich auch am östlichen Ufer der

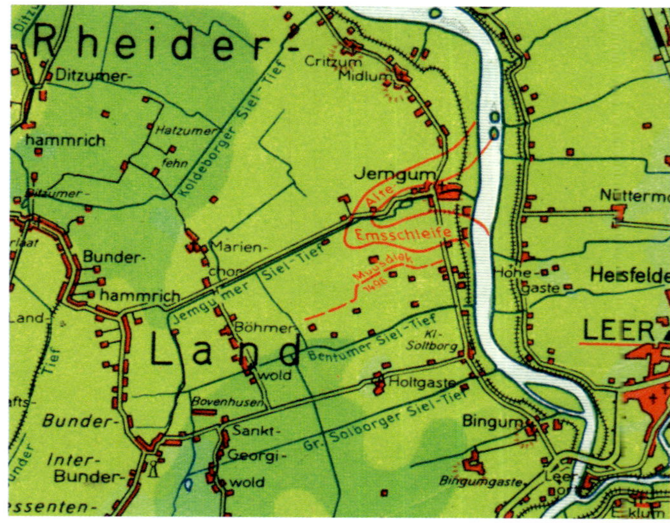

Das Reiderland zwischen Dollart und Ems, Flemings

Ems erheblichen Grundbesitzes erfreuen. Den vererbte er an seine Söhne Udo von Reide, Emo von Jemgum und den schon genannten Thiadeko von Ditzum. Udos Tochter Theda (Tyada) heiratete den Häuptling Focko Ukena, Burgherrn in Leer. Emos Nachkommen waren Hayo von Jemgum und die Schwester Tiada, wobei man diese wie üblich mit dem kleineren Teil des Erbes abfand: dem Hofgut Tyarda zwischen Holtgaste und Bingum, wahrscheinlich auf der Wurt am Soltborger Sieltief.
Die ursprünglich romanische Kirche von Holtgaste liegt auf einer Geestinsel und soll als erste im Sprengel vom Missionar Liudger gegründet worden sein. Auch der Hof hatte zu Tiaders Zeit schon eine sehr wechselvolle Geschichte hinter sich. Einst war er zusammen mit dem Kirchengrund dem Liudger von einem örtlichen Gönner übereignet worden. Als aber Liudgers Nachfolger in

Blick durchs alte Knockster Siel – über die Ems – auf die Kirche Termunten

seinem Kloster Werden mit der Abzahlung eines Kirchenneubaus in Verzug gerieten, mussten sie ans Tafelsilber gehen und 1283 Besitz um Winsum, Oster-Reide und Holtgaste verkaufen. Diese Ländereien wurden anschließend vom Münsteraner Bischof Eberhard den Johannitern im Jemgumer Kloster vermacht. Das Hofgut der Tiader jedoch ging erst 1436 aus dem Besitz des Termunter Klosters an die Brüder in Jemgum. Vermutlich war es von ihr nach der Heirat mit Omme den Johannitern in Termunten überlassen worden.
Um 1397 fanden Störtebeker und seine Mannschaft in Holtgast Zuflucht, während ihre Schiffe vor dem Bentumersiel (wie weiland die römischen) oder dem Soltborgersiel festgemacht waren.
Tiader wird ihre Jugend in Jemgum, Bingum sowie zeitweilig bei den Großeltern in Reide verbracht haben. Sie heiratete hier auch zum ersten Mal. Nicht überliefert ist, wer Vater ihrer Tochter Bruchte war. Die Ehe beider hatte nur kurzen Bestand.

Edo Boying aus Dykhusen, 1389 genannt, leitete das nahe Kloster Termunten bis 1435. Als Mönch und später als Abt wird er manche kirchliche und familiäre Feier seiner Gönner begleitet haben. Natürlich kannte er deshalb auch die Tochter des Hauses, Tiader. Als sie früh zur Witwe wurde, förderte er eine neue Verbindung: mit dem Nachbarn der eigenen Familie in Dykhusen bei Gödens, nämlich dem Omme Onneken. Auch der hatte schon Partnerin Rameda verloren.
Die Brautleute brachten ihre Kinder in die neue Ehe ein, er die Söhne Iko und Gherik, und die wohlhabende Tiader ihr Töchterchen Bruchte Tyadensson. Später heirateten sich die Stiefgeschwister Gherik und Bruchte. Omme und Tiada hatten dann noch einen Sohn miteinander: Onne Tyadensson, der die befestigte Kirche und Burg in Alt-Gödens übernahm. Dessen Tochter Fruke vermählte sich mit Ede Boyings, dem Häuptling von

Wasserschloss Gödens

Dykhusen und Gödens, Neffe des Abtes in Termunten. Ihre Nachkommen, die Familie von Wedel, bewohnen heute das schöne barocke Wasserschloss in Gödens.
Es entsprach der damaligen kriegerischen Allianz, dass Sibet, Edo Wiemkens Enkel und Nachfolger in Rüstringen, quasi Patensohn von Omme Onneken, Amke zur Frau nahm, die Tochter des Waffengefährten Fokko Ukena. Dessen Gattin Theda (Tyada) kam ja auch aus Reide und war eine Cousine der nunmehr identifizierten Tiader.
Die Urkunden belegen, dass die begüterte Sippe Tiados am linken Emsufer, in Reide, zu Hause war. Sie beteiligte sich um die Jahrtausendwende am Wurtenbau beiderseits der Ems, siedelte in Pilsum und stellte 1310 den Ratsherrn Thyadolfo in Norden. Noch ältere Urkunden, ausgenommen das Werdener Urbar mit dem 792 in Campen zum Christen getauften Thiadulf, sind nicht überliefert.
Wester- und Osterreide wurden 1509 von der mörderischen Dollartflut hinweggespült, nur die schmale Landzunge Punt van Reide blieb noch übrig.

In auffälliger Parallelität wurden also Güter bei Holtgaste und Campen von Spendern gleichen Namens dem Missionar Liudger persönlich für sein Kloster Werden vermacht. Man könnte das für einen Zufall halten, wenn es nicht soviele spätere Belege für den regionalen Zusammenhang der Sippe Tiados und ihre Kontakte mit dem Liudger-Kloster gäbe.

Beim Blick in den familiengeschichtlichen Frühnebel klärt sich als letzte Frage nicht eindeutig, ob ein Tiado von Campen nach Reide kam, wahrscheinlicher wurde Campen von Reide aus noch früher besiedelt. Auch wäre plausibel, dass Liudger nach der Kirchengründung in Reide und Holtgaste von seinen dortigen Gönnern für den weiteren Missionszug jenseits der Ems an den verwandten Thiadulf in Campen »weitergereicht« wurde. Diese Begegnung sollte dem Lebenslauf des heidnischen Bauern die entscheidende Wendung geben.

Er ließ sich von Liudger zum Christentum bekehren und nahm an dessen Missionsreisen teil. Auch an der folgenden Gründung und dem Ausbau des Klosters Werden um 796 wird Thiadulf beteiligt gewesen sein und dort sein Leben als Mönch beschlossen haben.

Ein Abstecher nach Wolthusen

Dem Auricher Archivar Friedlaender ist zu danken, dass er die noch erhaltenen alten ostfriesischen Dokumente in seinem Urkundenbuch zusammengefasst und viele Begriffe und Ortsnamen darin erläutert hat. Für Freunde der Heimatgeschichte ist es eine Bereicherung, dieses Konvolut durchzugehen. Querverbindungen und Zweckheiraten damaliger Familien, insbesondere der Häuptlingssippen, sind recht verwickelt. Hier ein Beispiel (nur innerhalb des heutigen Emder Stadtgebietes), rekonstruiert nach dem Ostfriesischen Urkundenbuch.

Wolthusen wird darin erst seit 1437 erwähnt, während Uphusen schon 1367 genannt ist. Beim Spaziergang über die Wurten dieser Dörfer wird jedoch offenbar, dass sie schon weit vor dem allgemeinen Deichbau entstanden sind. In Wolthusen ergab eine Grabung, dass die große Wurt an der früheren Ehe-Schleife in einem Arbeitsgang auf die volle Höhe angeworfen wurde. Als Vorläufer von Emden wird sie in gleicher Weise durch Sklavenarbeit entstanden sein. Hier offenbart sich erhebliche wirtschaftliche Macht.

Als einflussreicher Richter im Reiderland galt 1325 Ayld Wiarda, der in Uphusen ein Steinhaus besaß und Land in Wolthusen. Ein Nachkomme saß in Großfaldern und betrieb Seehandel mit Bremen, gemeinsam mit seinem Sohn Haro. Dieser vermählte seinen Sohn Hayko Aldesna mit Adda, Tochter des nachbarlichen Wiard von Klein-Faldern und Uphusen. Über diese Erbfolge kamen Groß- und Klein-Faldern ebenso zusammen wie auch Wolt- und Uphusen.

Das kleine Reich vor seiner Haustür war nun aber dem Probst von Emden, Hisko Abdena, ein Dorn im Auge. Im ersten Anlauf fing er daher 1400 den greisen Haro weg, »quälte ihn eine Zeitlang in dem dreckigen Kerker« und ließ ihn vom Emder Scharfrichter erdrosseln. Einen Ausfall aus der befestigten Stadt auf die nahegelegene Burg von Faldern wagte er jedoch nicht.

Dennoch konnte das junge Paar nicht länger in Frieden leben, nachdem es Likedeeler mit vier gekaperten Schiffen am Roten Siel aufnahm und dafür mit dem Verlust seiner Faldernburg 1408 wie später geschildert büßen musste. Den jugendlichen Sohn von Hayko und Adda, Aylt, verschloss die Witwe des Okko tom Brok, Quade Foelke, übelstbeleumundete Person der ostfriesischen

Der Faldernhafen vor dem Roten Siel

Das Turmhaus Hooge Huus auf der Wolthuser Warf

Geschichte, im Auricher Gefängnis und ließ ihn dort verhungern.

Nur für kurze Zeit konnten sich seine Eltern auf ihre Burg in Wolthusen zurückziehen, denn auch diese zerstörten nun die tom Broks, die jetzt mit aller Macht und Brutalität um die Vorherrschaft in unserem so kleinen Ostfriesland kämpften.

An gleicher Stelle auf der Wolthuser Burgwarf steht noch heute das Hooge Huus. Es soll um 1445 entstanden sein. Urkunden und Karten lassen nicht erkennen, ob dies ein ausgebauter Flügel der vormaligen Wolthuser Burg ist oder als neues Gebäude aus den Trümmern errichtet wurde und Hayko mit Adda und ihren späteren Nachkommen noch darin wohnten. Die verkauften die gesamte Herrlichkeit Up- und Wolthusen jedenfalls 1596 für die Summe von hunderttausend Gulden an die Stadt Emden.

Der erste Pächter des Kruges im Hoogen Huus wurde schon vor 1600 Habbo Niterts, Sohn von Nittert Habben und Cousin des Pilsumer Deichrichters Gerryt Tjaden (1541 – 1614). In den folgenden Jahrhunderten wechselten die Besitzer von Haus und Grundstück, müssen aber nicht notwendigerweise die Kneipe betrieben haben. 1805 ging die Immobilie für 8100 Gulden Gold an den Emder Weinhändler Harm Christian Harms. Gleichzeitig findet sich im Wolthuser Kirchenbuch unter Trauungen der Eintrag:

»Jan Ennen, van Pilsum, jongman, thans herbergier op het hoge huis alhier, en Grietje Loert, jonge dogter van Wolthuizen, zyn alhier in de kerk getrouwd den 11. Augustus«.

Diese Wirtsleute sind Altgroßeltern des Verfassers. Nach ostfriesischer Tradition wurde der zweite Sohn Loert Janssen genannt, erhielt jedoch zusätzlich den Beinamen de Haan. ‚Wieso'?, fragt sich der Familienkundler, lief da was mit einer Nachbarin?

Noch über hundert Jahre später ist der Krug, die Gastwirtschaft »Fresemann« in Wolthusen, als Ausflugsziel bei Alt und Jung sehr beliebt. Sonntags kommen die Väter nach dem Kirchgang zum Kegeln, die Kinder vergnügen sich auf Schaukel und Wippe, bringen ihre kleinen Geschwister auf dem Karussell in Schwung und laben sich an süßer Brause. Bei Sonne genießen die Eltern im Garten den Tee nach ostfriesischer Sitte oder sprechen Bier und Köm zu. Hinderk Fresemann buk auch die würzigen Kragelings, die zum halben Dutzend aufgefädelt gern als Marschverpflegung für den Rückweg um den Hals gehängt wurden. Auch meine Eltern konnten sich noch gut an Schulausflüge zu »Fresemann« erinnern.

Der Wolthuser Lehrer Pannenborg hat viele solcher Informationen über Wolthusen, Uphusen und Marienwehr zusammengetragen, die für die Familienforschung in diesen Dörfern wertvolle Ergänzungen bieten. In seinem Buch geht er beispielsweise auf die Bewohner des Nebenhauses vom Hoogen Huus ein, die Familie de Haan: Vater Hinderk und seiner Frau Rensche wurden in den Jahren 1903 bis 1924 zehn Kinder geboren. Die Älteste war Grietje, ihr folgten sieben weitere Mädchen und schließlich zwei Jungs. Nr. 7 tauften die

Treckfahrtstief und Mühle Zeldenrüst

Schiffsmodell mit Treckleine

Eltern auf den Namen Auguste Victoria, der damaligen Kaiserin. Als Taufgeschenk wurde den Eltern daraufhin von Ihrer Hoheit ein Sparbuch über zwanzig Goldmark übermittelt.

Nun erklärt sich auch nach so langer Zeit der Beiname de Haan: diese Sippe muss schon seit Generationen im Komplex Hooge Huus wohnhaft gewesen sein, sodass der Pastor schon 1807 bei der Taufe den Loert und die folgenden Kinder des aus Pilsum zugezogenen Wirtes ebenfalls mit dem Beinamen de Haan quasi als eine Adressangabe belegte. Gleichzeitig erfüllte damit der Pastor die napoleonische Anordnung eines festen Familiennamens anstelle verwirrender patronymischer Namensgebung. Und Grietje hieß doch auch schon 1805 die alte Wirtin, Loerts Mutter …

Wehrhaft beherrscht das Hooge Huus noch heute den Abhang der Wolthuser Burgwarf. Markante schmiedeeiserne Anker verstärken sein Backsteinwerk. An der Ostseite des Haupthauses befindet sich ein Turm oder Stiegenhaus in gleicher Bauweise mit gemeinsamem Sims. Über zweieinhalb Geschossen trägt der trutzige Bau ein steiles Dach. Die ursprünglich sehr kleinen Fenster mit den gemauerten Rundbögen wurden vor mehreren Generationen durch hohe, schlanke Schiebefenster ersetzt und auf der Marktseite jüngst noch einmal »modernisiert«. Der kleine, jüngere Anbau umfasste damals neben der Wohnung de Haan noch deren Backstube und einen Kramladen.

Loert Janssen de Haan arbeitete mit Heye Syvers auf der Sägemühle Zeldenrüst, die auch zu Wolthusen gehörte. Dahin führt ein Weg entlang des Treckfahrtstiefs (früher Marienwehrster Tief genannt) für Mann oder Pferd, die »de Schippen in de Lien trecken«.

Wo Weg und Tief nach Tholenswehr abknicken, drehten sich schon vor dreihundert Jahren die Flügel der Sägemühle. Auf den alten Karten finden wir sie zwar nicht eingezeichnet, sie wird aber erwähnt in *»Verhaal van alle Hooge Wasserfluten«*, 1720 Emden.

In diesem Bericht über die katastrophale Weihnachtsflut von 1717 (4,90 Meter über NN) ist zu lesen:

»Zu dem genannten Sägemühlenhaus vor dem Nordertor von Emden ist zu bemerken, dass sich Mann, Frau und Kind auf den Dachboden flüchteten, als das Wasser das Haus umspülte; nachdem jedoch das Haus zerbrach, trieben sie auf dem Dachboden fort. Nahe den Ölmühlen riefen sie um Hilfe, bekamen aber zur Antwort, dass es auch dort zu Ende

Die Weihnachtsflut 1717, Lindner

ginge und alles in Gefahr sei. So fortgetrieben, man sagt nach Leer hin, seien jedoch alle ertrunken, nur der Mann wurde berichtet – sei zu Veenhusen gefunden und in Leer begraben worden.«

Nun aber zurück zu den Häuptlingen.

Das Ende der Häuptlingszeit

Die Vertreter der Hansestädte Lübeck, Hamburg und Bremen hatten erst Ende Juni 1400 die Heimreise antreten können, nachdem sich die im Franziskanerkloster zu Emden, der späteren Gasthauskirche, versammelten fünfundzwanzig Häuptlinge Ostfrieslands verpflichtet hatten, in Zukunft keine gemeinsame Sache mehr mit den Likedeelern zu machen. Obwohl auch Edo Wiemken, Tanto Ommelde (Vater des Omme Onneker) und ihre Freunde aus Butjadingen und Stadland die Vereinbarung unterschrieben hatten, konnten die Hansestädte in der Folgezeit kein Nachlassen des ruinösen Seeraubs entlang der ostfriesischen Küste zwischen Emden, Edos Hafen Schaar und der Wesermündung feststellen.

Das Treiben der Likedeeler wurde den hansischen Kaufleuten nun endgültig zu bunt, sie lobten eine Fangprämie und Kostenersatz aus. Es fand sich bald eine Investorengruppe zusammen, und ein Jahr später lief die mit Kanonen bestückte Kogge »Bunte Kuh« des

Vereinbarung der ostfriesischen Häuptlinge mit den Hansestädten (Urkunde vom 23.Mai 1400, verfasst und gesiegelt in Emden) Archiv der Hansestadt Lübeck

Rathaussaal in Bremen, Postkarte

Totenköpfe vom Hinrichtungsort Grasbrook

Käsehändlers Simon vor einer kleinen Flotte von Hamburg aus.
Es gelang den Kapitänen Langhe und Schoke mit ihrer Flottille in einem anhaltenden Gefecht vor Helgoland vierzig Vitalienbrüder auszuschalten, Störtebekers Schiff aufzubringen und ihn, seinen Unterführer Wichmann und 71 ihrer Kumpane nach Hamburg zu schaffen.
Auf dem Grasbrook, einer Elbinsel, wurden alle am 20. Oktober 1401 hingerichtet. Der Scharfrichter stand »bit an sien Enkel in Bloote«, die Köpfe spießte man zur Abschreckung am Elbufer auf Pfähle und brachte ein Flugblatt in Umlauf, die damalige BILDzeitung, das die Hinrichtungsszene drastisch widerspiegelt.

Von der Erhebung der Abgaben auf Grund und Vermögen sind uns Listen überliefert, die im Detail wiedergeben, wer, wann und wieviel Gulden, Schaff und Witten zahlte. In den Archiven der Hansestädte lagern noch heute jede Menge Geschäftsbriefe, Lieferlisten, Handelsbücher usw. Ja, die Kassenbücher geben sogar an, dass man Störtebekers Scharfrichter Rosenfeld aus Buxtehude mit fünf Pfund entlohnte, während der Totengräber Nocker für die 73 Leichen nur drei Pfund erhielt.
Das Hinrichtungskommando der Hamburger befand es aber für unnötig, sich zu vergewissern, wen sie da im Siegesrausch köpften, nicht einmal die Namen der Delinquenten wurden festgehalten. Man rächte sich für seine Verluste, kühlte sein Mütchen und führte der Bevölkerung vor, wer Herr im Hause ist.
Den dreisten Gödeke Michels, der in Rostock sowie bei dem Kirchenkritiker und Sozialrevolutionär John Wiclif in Oxford studiert hatte, mit seiner Crew schnappten die

Hinrichtung der Likedeeler, zeitgenössisches Flugblatt

Hamburger ein halbes Jahr später vor ihrer Nase, als er unbeeindruckt vom alten Schlupfwinkel Schaar auslief und vor der Wesermündung auf Kaperfahrt ging. Auch er wurde mit 80 seiner Genossen einen Kopf kürzer gemacht.

Übrig blieb einzig Störtebekers silberner Trinkbecher, und der wurde auch noch bei einem großen Brand in Hamburg vernichtet. Die langwierige Auseinandersetzung mit den Vitalienbrüdern kam aber wieder hoch, als vor 140 Jahren mit dem Aushub eines Hafenbeckens auf

Der große Hansehafen Hamburg, Mevius

dem Hamburger Grasbrook zwei Schädel mit Löchern in der Schädeldecke zum Vorschein kamen. Sie wurden sogleich im Altonaer Museum als gruseliges Andenken an die glorreichen Tage der Hanse zur Schau gestellt.

Erst 1999 besann sich das Touristikbüro der Freien und Hansestadt Hamburg der historischen Trouvaille und beauftragte Prof. Püschel, Chef der Rechtsmedizin am Eppendorfer Drehort so manchen Tatort-Krimis, mit dem Nachweis der Identität. Seither bemüht sich der Mann, mehr als das Alter herauszufinden: der eine etwa 40 Jahre, der andere mit der Narbe an der Nasenwurzel wohl zehn Jahre jünger. Auch die Todeszeit um 1400 könnte stimmen, wie ein Kollege aus Oxford beipflichtet. Einer war offenbar ein besonderer Fang oder prominenter, denn sein Schädel war mit einer Klinge sorgfältig vorbereitet, sodass man ihn ohne »Beschädigung« auf dem Pfahl befestigen konnte. DNA-Analyse und Vergleich mit Nachkommen des Altpiraten stehen noch aus. Der Friese Störtebeker und sein Mitarbeiter Wichmann als die Hamburger Touri-Attraktion – das wär doch etwas …

Jedoch noch weitere Jahre hatte damals die Hanse Mühe und hohe Ausgaben, weitere Seesöldner zu fangen, denn die zerstrittenen Häuptlinge benutzten sie weiterhin auch an Land als Aushilfskräfte, um einander Schaden zuzufügen.

Als 1408 Hayko von Großfaldern die vier Piratenschiffe am Roten Siel aufnahm, forderte sein Rivale Keno tom Brok die Hamburger auf, wieder einzugreifen. Sie kamen mit fünfhundert Bewaffneten auf acht Schiffen,

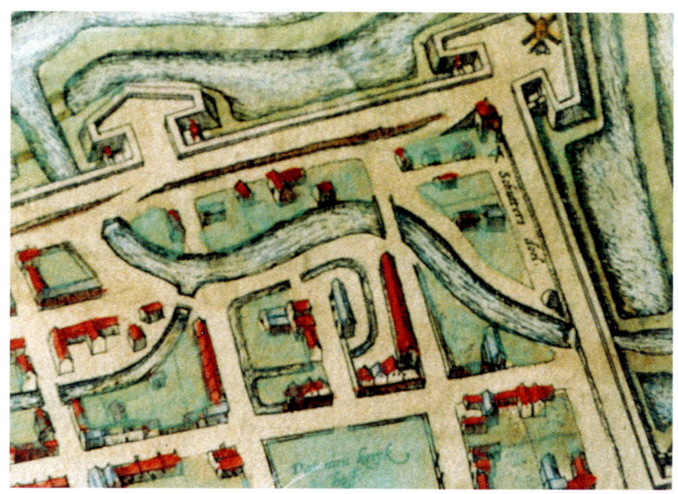

Haykos Burgplatz in Großfaldern, Braun-Hogenberg

erhielten auch noch Unterstützung aus Amsterdam und von Fußtruppen Keno tom Broks aus Engerhafe. Die sechswöchige Belagerung hatte schließlich Erfolg. Faldern wurde erobert, dessen Burg geplündert und geschleift; dem Freibeuterhauptmann Hake zermalmten die Sieger die Gelenke und flochten ihn aufs Rad (Emder Rüstkammer). Es waren ihnen jedoch wieder die meisten Seeräuber, ein weiteres Mal zu Fuß, entwischt.

Haykos Häuptlingsburg war im Norden vom Rommelhilgentief, das über das Doeletief an den Stadtgraben (beim heutigen Emder Tennisverein) anschloss und westlich vom Lindengraben umgeben, der beim jüdischen Friedhof in den alten Graben mündete. Auf dem Emder Stadtplan aus der Vogelperspektive von Braun-Hogenberg 1580 zieht sich um Haykos Burgplatz noch ein weiterer Wassergraben.

Exakt auf diesem Gelände befindet sich der Zimmereibetrieb meines Großvaters Geerd Tjaden, neben den westlichen Nachbarn an der Neuen Reihe (Webergildestraße). Um 1900 war dort Kanalisation unter das Katzenkopfpflaster gelegt worden, wobei man auf dem Pannewarf Spuren des mittelalterlichen Friedhofs und der Kirche Groß-Falderns entdeckte.

Bei der sinnlosen Bombardierung Emdens am 6. September 1944 wurde auch das betriebliche Anwesen bis auf die Grundmauern zerstört, noch brauchbare Mauersteine verwendete man für den Wiederaufbau und füllte die losen Trümmer wie leider in weiten Bereichen der Stadt in das angrenzende Tief. Es fanden sich aber keine großformatigen Steine der zerstörten Faldernburg mehr, denn offenbar hatten schon Vorgänger das Material ihrerzeit recycelt. An der Ecke vom Pannewarf zur Neuen Reihe überdauerte jedoch als weit und breit einziges, das uralte Haus der Familie Hase die wechselhaften Zeiten. Aus dicken Backsteinen gemauert, mit kleinen Scheibefenstern und dem steilen Dach fristete es sein graues Dasein, bis es dann einem Neubau weichen musste …

Landesweit wurde den tom Broks verübelt, dass sie außerfriesische Mächte beizogen, nämlich die Oldenburger Grafen und die Hansestädte. Aber auch die Kämpfer für die ostfriesische Freiheit scheuten davor nicht zurück. So gerufen, kamen die Hamburger nicht nur, sie blieben auch.

Gewöhnlich schreiben die Sieger Geschichte, in Ostfriesland die Cirksena. Wir wollen dagegen in unserer historischen Betrachtung aus der Häuptlingszeit beispielhaft nur noch ein Ereignis beleuchten: die Schlacht auf den Wilden Äckern zwischen den ärgsten Widersachern Fokko Ukena und Okko tom Brok. Der Reporter ist wieder Ubbo Emmius.

»Allgemein glaubte man, dass es im Winter 1427 keine Wirren mehr geben würde. Als aber Fokko bemerkte, dass der Feind sich schon nachlässiger zeigte und nicht genügend Hilfstruppen ausgerüstet hatte, da benutzte er die günstige Gelegenheit, berief schnell und heimlich einige Abteilungen aus dem münsterschen Gebiet, die er für Sold angeworben hatte, zu sich und forderte alle seine Bundesgenossen auf, sich in aller Stille zu rüsten und an einem festgesetzten Tag gegen Ende Oktober mit allen ihren Truppen im Auricher Land zur Stelle zu sein.

Er selbst eilte mit einer starken und schlagbereiten Schar schleunigst und unerwartet nach Aurich, um den nichtsahnenden und unvorbereiteten Feind womöglich zu überwältigen. Nachdem er aber an dieser Stadt vorbeigezogen war, vereinigte er sein Heer mit dem seines Schwiegersohns Sibet (dem Enkel Edos von Rüstringen) und zog dann ohne Aufenthalt mit derselben Eile ins Brokmerland.

Er hatte noch nicht die Hälfte des Walpats zurückgelegt, da erschien sein Sohn Udo mit einer Kerntruppe aus der Norder Jungmannschaft, Imelo von Osterhusen und die übrigen Bundesgenossen aus dem Emsigerland mit ihren Truppen. Da begrüßten sie sich einander freudig und zogen bald in einem Heereszug nach Oldeborg, der Hauptburg Okkos (bei Engerhafe), um sie gleichsam vom Marsch aus anzugreifen. Aber sie fanden die Burg so mit einer Besatzung ausgerüstet, dass sie jeden plötzlichen Angriff mit Leichtigkeit aushalten konnte.

Denn Okko hatte gleich von Anfang an durch einen Spion den Plan der Feinde erfahren. Und obwohl er sich durch ein starkes Bündnis, dem sich auch der Erzbischof von Bremen kurz vorher, wie das Gerücht ging, wieder angeschlossen hatte, ziemlich gesichert zu haben glaubte, so wurde er damals durch dieses plötzliche Ereignis sehr erschreckt und konnte bei solcher Überstürzung seinen Plan nicht ausführen.

Er hatte nur wenige Hilfstruppen zur Verfügung, weil er glaubte, während der Winterzeit nicht mehr kämpfen zu müssen. Stärkere Hilfstruppen der Bundesgenossen herbeizuholen und abzuwarten, zumal zur Winterszeit, wo alles langsamer vor sich geht, die Straßen in Friesland unwegsam sind und die Schiffahrt auf dem Meer unbequem ist, denn das ließ die Schnelligkeit der Feinde nicht zu. Er wagte es jedoch nicht, mit seinen Truppen, auch wenn sie nicht schwach waren, sich auf diese Burg zu verlassen und seine ganze Stellung mit einer nicht hinreichend sicheren Hoffnung auf die äußerste Probe zu stellen. Er hielt das auch nicht für klug und überlegt. Aber da er ja nicht konnte, wie er wohl wollte, so glaubte er, in diesem kritischen Augenblick

Die Kirche in Marienhafe im Mittelalter

wenigstens handeln zu müssen, wie er konnte, um für seine Sache zu sorgen.
Deshalb sicherte er, soweit er das bei dieser Eile konnte, Oldeborg und die übrigen befestigten Orte mit Besatzungen und Nachschub, so dass sie den Ansturm der Feinde, wenn es die Sache erforderte, aushalten könnten. Er selbst aber wich nach Marienhafe aus, das einst von den Seeräubern hervorragend befestigt worden war. Dorthin ließ er auch alle seine Leute bewaffnet kommen, deswegen weil dieser Ort für eine überstürzte Rüstung der geeignetste war und besonders günstig zu sein schien, um Hilfstruppen von der See her aufzunehmen, wenn irgendwelche noch zufällig kommen sollten.
Und da ja die Leute, die er bis dahin noch in seiner Partei hatte, einen brennenden Eifer und Begeisterung zeigten, so strömte mit Leichtigkeit trotz der Kürze der Zeit eine beinahe größere Menge dort zu den Fahnen, als man gehofft hatte. Ich erfahre, dass unter ihrer Zahl auch nicht wenige Emder gewesen seien, die entweder die Liebe und Treue gegenüber den Brokmern oder der Haß und die Furcht vor den alten Herren dazu bewog.

Aber kaum waren alle in Marienhafe zusammengekommen, da gelangte das Gerücht zu Okko, dass die Feinde auf der Auricher Straße in schnellem Zuge herankämen. Und zugleich konnte man von der Spitze des Kirchturms schon in der Ferne die Feldzeichen sehen. Da trug Okko das plötzliche Ereignis schnell dem Rat derjenigen vor, die als Führer der Bundesgenossen anwesend und im Kriegswesen sehr erfahren waren, und fragte sie, was zu tun sei. Fast allen schien es gut, freiwillig dem Feind entgegen zu gehen, der von der Anstrengung des Marsches ermüdet sei. Das werde natürlich besonders dazu dienen, den Mut seiner Leute zu steigern und die Überheblichkeit und das Selbstvertrauen der Feinde zu vermindern. Nun gab es kein Zögern. Mit wenigen Worten redete er das Heer an, das ihn umstand. Nachdem Okko seinen Plan auseinandergesetzt hatte, forderte er es zur Tapferkeit auf. Wenn sie tapfere Männer sein wollten, dann könne durch eine einzige Schlacht in einer Stunde ihr ganzes Schicksal gesichert und der Sieg der Partei auf einmal errungen werden. Und bald darauf ließ er die Trompetensignale ertönen und alle in geordneten Reihen auf dem Fehnhuser Weg vorrücken. Dieser Weg weitet sich, sobald man Upgant durchschritten hat, nach ungefähr einer Meile zu einem weit und breit offenen ebenen Gelände aus.
In diesem ganzen Teil Frieslands kann man kein günstigeres Gelände für eine Schlacht finden als diese Ebene. Als der Heereszug dieses Gebiet betrat und Upgant schon im Rücken zurückgelassen hatte, da glaubte man, ohne Kampf nach Oldeborg kommen zu können.
Aber siehe, da begannen sich schon Fokkos Feldzeichen, die vorangetragen wurden, auch auf demselben Weg nach Durchquerung des Dorfes Fehnhusen auf der gegenüberliegenden Seite zu zeigen. Und allmählich entfaltete sich sein ganzes Heer vor ihren Augen.
Sobald Fokko sah, dass der Feind im offenen Gelände zuversichtlich ihm entgegenzog, da wurde er anfangs durch das unerwartete Ereignis ein wenig beunruhigt. Dennoch legte er sich im Vertrauen auf seine Streitkräfte und seine dauernden Erfolge das von sich aus als Glücksfall aus. Er freute sich, dass ihm Gelegenheit geboten wurde, auf einem sehr geeigneten Gelände, das ihm durch keinen Hinterhalt Schaden bringen konnte, mit allen seinen Truppen gegen den Feind um die Entscheidung kämpfen zu können.
Deswegen rief er plötzlich seine Söhne, seinen Schwiegersohn und die übrigen adligen Bundesgenossen zu sich, spornte sie zur Tapferkeit an und legte dar, was der Einzelne tun sollte. Darauf stellte er rasch das Heer zur Schlacht auf. Er selbst ging bei allen herum, zählte alle seine Siege auf, die sie in wenigen Jahren mit Wagemut und tapferem Kampf errungen hätten, und ermahnte sie, auch jetzt sich ähnlich zu zeigen und durch die Niederwerfung dieses Heeres da, das mehr aus Verzweiflung als im Vertrauen auf seine Kräfte ihm entgegentrete, sich denselben Ruhm zu erwerben und

auf dieselbe Weise zum Sieg zu schreiten. Dies werde der letzte Kampf gegen Okko sein. Wenn sie in diesem aus Feigheit unterlägen, dann würden auch alle vorherigen Erfolge ihnen zugleich verloren gehen. Wenn sie aber Sieger seien, dann würden sie danach ruhig und sicher vor diesem Feind die Früchte aller Mühen ernten können.

Nachdem er dies, so wie er zu jeder Abteilung gekommen war, vorher zu ihnen gesagt hatte, begann der Heereszug vorzurücken und recht begierig gegen den Feind vorzugehen. Und da Okko den Kampf nicht ablehnte und auch nicht langsamer einherzog, so gerieten sie feindselig mit Kampfesbegierde auf dem offenen Gelände aneinander. Beide Heere waren zum Kampf sehr bereit. Nachdem man den Zwischenraum überwunden hatte und sich schon sehr nahe war, stießen sie in einem scharfen Angriff wie Wirbelwinde aufeinander. So begann eine schrecklich blutige Schlacht.

Viele Jahrhunderte hatten einen ähnlichen Kampf in dieser Gegend nicht gesehen, da beide Parteien im Kampf Mann gegen Mann sich begierig Stiche und Hiebe beibrachten und mit Schwert, Lanze und Streitaxt durch gegenseitiges Morden den Sieg zu erringen suchten mit unglaublicher Hartnäckigkeit. Die Mannhaftigkeit der Brokmerländer und der übrigen von der Partei war für Okko zu groß, dass sie das, was ihnen an Kräften und Zahl fehlte, durch Kühnheit und Tapferkeit wettzumachen suchten. Aber die Stärke auf der anderen Seite, die militärische Disziplin und der Eifer mehrerer Obersten überwogen schließlich. Denn Uko, Udo (Söhne des Fokko), Sibet und Imelo bemühten sich in der Feldschlacht in gleicher Weise, und jeder von ihnen suchte durch Ermahnung und tapferes Beispiel seine Leute anzuspornen.

Daher als nach langem schwerem Kampf die Brokmerländer sehen mussten, dass ein großer Teil ihrer Leute erschlagen oder durch Wunden geschwächt war, da begannen sie schließlich zu weichen und die Flucht zu ergreifen. Die Sieger setzten den Fliehenden nach, hieben auf ihre Rücken ein. Und nicht eher gab es ein Ende des Blutbades, als bis alle Überlebenden sich den Siegern ergaben.

Okko tom Brok vor dem Sieger Fokko Ukena, Cramer

Unter diesen war auch Okko, nachdem er sich energisch verteidigt hatte, durch die Menge der Feinde überwunden, gefangen genommen und Fokko zugeführt. Dieser forderte ihn auf, guten Mutes zu sein. Als die Schlacht beendet war, da starrten alle gebannt auf das beklagenswerte Bild. Da lagen auf dem Acker so viele Leichen, durch Wunden schrecklich verstümmelt; die Erde war über einen großen Raum mit viel Bürgerblut besudelt. Schwerter, Lanzen und *die übrigen Waffen lagen überall verstreut. Und dies erschien um so unglückseliger, weil miteinander verwandte Scharen von Menschen es auf heimatlichem Boden vollbracht hatten. Der Grimersumer Chronist überliefert, es seien an die 4 000 Mann von beiden Heeren gefallen. Okkos Anhänger machten den weitaus größten Teil dabei aus.*

Diese so mörderische Schlacht fand am 28. Oktober 1427 statt. Als Fokko auf denselben Feldern, wo man gekämpft hatte, nach militärischer Art drei Tage lang ein Standlager hatte und die Bestattung der Gefallenen ordnungsgemäß ausgeführt hatte, griff er die benachbarte Oldeborg an. Da er Okko in seiner Gewalt hatte, nahm er sie mit geringem Kraftaufwand ein und zerstörte sie danach... Darauf teilte er die ganze Beute gleichmäßig je nach den Verdiensten und der Macht des einzelnen. Auch diejenigen, die der Bischof von Münster zu Hilfe geschickt hatte, bedachte er vor den Augen des ganzen Heeres mit Sold, Geschenken und Lobsprüchen und entband sie von ihrem Eid ... Die übrigen gingen auseinander auf den Wegen, die die nächsten zu ihrer Heimat waren. Fokko kehrte mit seinen Leuten nach Leer zurück und führte Okko mit sich als Gefangenen in die Haft. Diesem Mann, der nun seine Freiheit verloren hatte, wurden alle Federn um die Wette ausgezogen und unter seine Nebenbuhler verteilt, was nun jedem angenehm war oder ihm geschuldet wurde.«

Ansicht von Norden, rechts die Ebene (Schlachtfeld) von Bargebur

Focko Ukena fühlte sich nun stark genug, gemeinsam mit Sibet die bremischen Besatzer vom Westufer der Weser, dem Stadland, zu vertreiben. Das Unternehmen wurde jedoch buchstäblich zu einem Schlag ins Wasser, da sich seine Flotte nicht gegen die bremischen Koggen durchsetzen konnte und auch noch seinem Sohn, der auf gleicher Höhe am Ufer weseraufwärts ritt, die Truppen davonliefen. Dennoch hatte sich Focko Ukena mit diesem Vorhaben ein weiteres Mal für die friesische Freiheit eingesetzt.

Trotz dieser Schlappe war es ihm dank geschickter Bündnisse und tatkräftiger Hilfe seiner Söhne gelungen, den tom Broks den Weg zur Oberhoheit im Lande zu verlegen. Es ist die Tragik seines kampferfüllten Lebens, dass er auf dem Gipfel seiner Erfolge nun selbst in den Verdacht geriet, die Vorherrschaft an sich reißen zu wollen. Heimgekehrt sah sich Focko dem Freiheitsbund der übrigen misstrauisch gewordenen ostfriesischen Häuptlinge gegenüber. Er resignierte und zog sich nach Holland auf seine Burg Dijkhuizen bei Appingedam zurück. Dort starb Focko Ukena 1436.

Mit dem Recht des Stärksten übernahm nun die Hanse die Rolle der Ordnungsmacht, griff auch wiederholt in die erbitterten Konkurrenzkämpfe der ostfriesischen Häuptlinge ein. 1433 startete Hamburg – erneut mit der Begründung, wieder aktive Vitalienbrüder aus Edos Sibetsburg und Emden vertreiben zu müssen – die große Flotte von 21 Schiffen und besetzte Emden.

Die Hamburger verfolgten mehrere gegnerische Häuptlinge und zerstörten ihre Burgen: insbesondere die der Söhne Fokko Ukenas und ihrer Anhänger. Auch Sibet fiel mit dem Freund und Schwager Udo von Norden

1433 im letzten Gefecht bei Bargebur gegen die Hamburger Besatzungstruppen und die Oberherrschaft der Cirksenas in Ostfriesland. Die beiden Kämpfer wurden vor dem Altar des Dominikanerklosters zu Norden beigesetzt.
Im Herbst 1433 sollte es einer Hansetruppe von 2000 Mann unter Hamburger Befehl gelingen, das Piratennest Sibetsburg mit seinem starken Steinhaus aus dicken Mauern innerhalb von drei konzentrischen Wassergräben zu erobern und zu schleifen. Lange genug hatte Lübeck auf den Hansetagen geklagt: »ein mächtiges Schloß, von wo aus der Kauffahrer und der gemeine zur See reisende Mann von altersher und durch lange Jahre gröblich beschädigt ist«.
Da Sibet keine Nachkommen hinterließ, ging Jever an seinen Stiefbruder Hayo Harlda. Mit dessen Urenkelin, dem Fräulein Maria von Jever, starb dieses Geschlecht 1575 jedoch aus. Sie vererbte Jeverland an die Grafschaft Oldenburg. Es geriet 1793 an Rußlands kunstsinnige, mannstolle Zarin Katharina II. (eine geborene von Anhalt-Zerbst), fiel 1807 an die Niederlande, dann an Napoleon, wurde schon 1810 wieder russisch und gehört seit 1818 nunmehr endgültig zu Oldenburg ...
Der hansische Stadthalter in Emden ließ immerhin die bei der Zerstörung der Burgen anfallenden und für Ostfriesland seltenen Steine zur Emsmauer im Süden der Stadt aufrichten. Auch war der Besatzung die Einrichtung eines Stapelrechts zu danken, das später noch wesentlich zu Emdens Aufblühen beitragen sollte. Angesichts der drückenden Stationierungskosten übergab Hamburg jedoch nach einigen Jahren Besatzungszeit den Häuptlingsbrüdern Edzard und Ulrich Cirksena die Stadt Emden mit dem umliegenden Besitz zur »Verwahrung«.
Ulrich sah nun die Chance, seine Macht noch weiter auszudehnen, und bot dem Kaiser 9000 Gulden für den Titel eines Grafen sowie das erbliche Lehnsrecht, das er 1453 erhielt. Aber er traute sich recht lange nicht, seine freiheitsliebenden Landsleute mit einem Herrschaftsanspruch vor den Kopf zu stoßen und hielt den Handel unter der Decke. Zugleich jubelte er der Administration bei Hofe für die Urkunde als Grenzen seiner Rechte noch das Land zwischen Ems und Weser unter. Dabei hatte er ja im Wanger- und Jeverland noch nichts zu melden.
Erst sein Sohn Edzard I. konnte die Herrschaft von der Lauwers bis zur Weser, also über das ganze alte Ostfriesland, erkämpfen, dazu musste er allerdings auch noch die Schwester des Bischofs von Münster heiraten.
Die offizielle Proklamation Ulrichs zum Grafen von Ostfriesland durch den Kaiser Friedrich III. schloss 1464 den Streit der Häuptlinge um die Vorherrschaft in unserer Heimat endlich ab. Inzwischen hatte sich Ulrich durch kluge und vermittelnde Verwaltung beim Landvolk und der Emder Bevölkerung so beliebt gemacht, dass er voll akzeptiert wurde.
Seine Burg sicherte die kleine Stadt im Westen. Die erstreckte sich nun im Osten bis zum Ratsdelft, grenzte mit der Großen Straße an die Neustadt im Norden und südlich mit der Pelzerstraße an die Emsmauer.
Zwei ihrer Kinder machten Ulrichs Witwe Theda Ukena noch Kummer. Almuth ließ sich vom Gefolgsmann Engelmann auf die Friedeburg entführen, und Sohn Enno ging auf eine risikoreiche Pilgerfahrt. Als dieser

Modell der Sibetsburg in Bant-Wilhelmshaven

nach Jahren, im Winter 1491, aus dem Heiligen Land heimkehrte, machte er sich mit seinem treuen Knappen Ulfert Uldinga aus Norden sofort auf den Weg zur wiedererrichteten Friedeburg, um seine Schwester dem nicht genehmen Partner zu entreißen. Die kampfbereiten Befreier ertranken aber beide, als sie in voller Rüstung im Eis des Burggrabens einbrachen.

Seeraub – auch eine Tradition

Seeräuber gab es wohl schon lange vor jeder schriftlichen Überlieferung: Neben der Prostitution und der Medizin dürfte der Seeraub zu den ältesten Gewerben zählen. Auf eine unrühmliche Vergangenheit können da die Vereinigten Arabischen Emirate zurückblicken. In ihren Piratennestern am Ausgang vom Persischen Golf lauerten sie assyrischen und babylonischen Flussschiffern von Euphrat und Tigris schon vor fünftausend Jahren auf.
Ägyptische Piraten vom Nil fanden heraus, dass man mit dem abschwenkbaren Rahsegel viel höher an den Wind gehen kann: Ihre Dhaus vermochten sogar den breiten Fluss aufzukreuzen – Vorsprung durch Technik. Denn auf den Routen der Syrer zu ihren Kolonien Karthago und Cadiz erleichterten diese Piraten die dickbäuchigen Handelsschiffe der Phönizier, die noch unter einem feststehenden waagerechten Rahsegel liefen.

Tausend Jahre später berichten römische Quellen von einem Seeräuberstaat mit über tausend Schiffen an der Südostküste der Türkei, wo ja schon Alexander der Große 333 v.C. bei Issos die Keilerei mit den Persern hatte. Auf seiner Überfahrt nach Rhodos fingen Korsaren der Ägäis auch den jungen Jurastudenten und römischen Playboy Caesar weg, gaben ihn aber frei, nachdem die Hautevolée der Hauptstadt das Lösegeld besorgt hatte. An allen Küsten nahmen nun die Seeräuber überhand, plünderten 67 v.C. Roms Brückenkopf zum östlichen Mittelmeer, den lebhaften Umschlagshafen Delos und kaperten die dort angetroffenen Schiffe.
Daraufhin requirierte der Konsul Pompeius alle seetüchtigen Schiffe im römischen Reich, siebte mit dreizehn selbständigen Flotten die Piratenbrut von West nach Ost aus dem Mittelmeer und ließ ihre Stützpunkte niederbrennen.
Aber erst im Zeitalter der Entdeckungen, im 16.Jh., kam die Piraterie zu vollster Blüte. Spanische und französische

Enterkampf auf Leben und Tod, Schmischke (Ausschnitt)

Schiffer machten einander schon lange Transporte und Märkte streitig und schickten sich gegenseitig Seeräuber auf den Hals.

Auch Englands Südküste lebte mehr vom Seeraub als von der Fischerei. Beiderseits der Kanalküste beteiligte sich das Seevolk an diesem Gewerbe. Wie die Söldner an Land boten sich die Piraten kriegführenden Mächten als Hiwis an: Königliche Kaperbriefe legalisierten diese Seeleute an Bord der privaten Schiffe fortan als Freibeuter.

Hasko und andere Geusen

Als im Jahre 1567 der spanische König Philipp II. aufbrach, die protestantischen Niederlande wieder unter das katholische Joch zu zwingen und die flämischen Lande Picardie und Artois durch seine Flotte unterwarf, löste er verbissenen Widerstand der freiheitsliebenden Küstenvölker aus. Seeleute aus den Fischerorten von Dieppe bis nach Boulogne sammelten sich als erste. Sie bauten Kanonen in ihre Kutter ein und fügten anfänglich einzeln segelnden spanischen Galeassen wie Kurieren erhebliche Schäden zu. Dunst und Dämmerung, ihre Segelkunst und Kenntnis der Platen und Priele kam ihnen dabei zugute.
Die fremdsprachigen Besatzer ahnten Verschwörernetz und Rebellion, Gefangene wurden ohne Federlesens enthauptet. Doch immer mehr vaterlandsbewußte Gesellen folgten den Seestreichern, die man verächtlich Geusen = Bettler nannte, und boten sich dem Führer des niederländischen Freiheitskampfes Wilhelm von Oranien zur Unterstützung an. Er ernannte den Grafen von der Mark zum Admiral der Geusen und erklärte die Freibeuter als seine kämpfende Flotte. Doch die Spanier kümmerten sich nicht um seine Kaperbriefe und verfolgten die Widerständler wie der Stier das rote Tuch.
Da nun der Dienst fürs Vaterland außer einer gelegentlichen Ausrüstungshilfe durch die Engländer und wohlwollender Ankäufe der Beutestücke an der französischen Küste nicht viel einbrachte, machten sich auch einige Kapitäne selbständig in andere Jagdgründe auf. Einer von ihnen, Jan Janszon aus Haarlem, flaggte aus, lief unter dem roten Korsarenwimpel eines afrikanischen Berberhäuptlings und bediente sich allenthalben. Kam aber ein spanisches Schiff auf, so brachte er sich erst in Schussposition, hisste dann seine kämpferische Geusenflagge mit dem goldenen Löwen und schoss gleichzeitig aus allen Rohren.
Geusen lebten als Vagabunden zur See, die Spanier hatten ihnen nicht nur die Verbindung zu den heimatlichen

Stützpunkten abgeschnitten, sondern auch die Nachbarländer verpflichtet, die Freibeuter abzuweisen.
Jedoch an der ostfriesischen Küste fanden sie allemal kurzfristig Zuflucht, erhielten auch Nachrichten über die Bewegungen ihres Gegners. Denn Tausende protestantischer Niederländer waren vor der Schreckensherrschaft des berüchtigten Herzogs Alba, Stadthalter des spanischen Königs, bald nach Emden geflohen. Bei Winschoten hatten die Friesen noch versucht, den weiteren Vormarsch seines 17 000-Mann-Heeres durch Öffnen der Siele zu verhindern, konnten jedoch die Niederlage bei Jemgum nicht verhindern. Alba musste dennoch darauf verzichten, die verhasste protestantische, aber zu stark befestigte Stadt Emden zu belagern. So überschritt er die Ems nicht, erweiterte aber Stadt und Hafen Delfzijl, um so Emden wenigstens wirtschaftlich zu schaden.

Von Delfzijl aus nahmen die Spanier sich das Recht, die Piraten auch in neutralen Gewässern zu bekämpfen. Der ostfriesische Graf Edzard musste vermeiden, in den Krieg gezogen zu werden, und verbot den Geusen die Ems. Einige Male ließ er auch ihre Schiffe auf dem Strom anhalten und die Kanonen konfiszieren. Wenn aber Geusen mit Kaperware den Hafen anliefen, drückten die Emder angesichts der preiswerten Güter gern alle Augen zu. Als im Juni 1571 wieder einmal Schiffe der Oranier, diesmal sogar zwölf, zum gleichen Zweck Emden ansteuerten, sollte es anders kommen. Weil ihnen die spanische Flotte unter Admiral Boshuisen folgte, musste sich Emden neutral zeigen und die Geusen abweisen. Dazu richteten die städtischen Kanoniere an der Emsmauer, vom Friedhof der Großen Kirche aus und der Burg Sperrfeuer auf die Ems.

Zwei der Geusenschiffe wurden jedoch vom Wind in die Schussbahn getrieben und gingen verloren, die übrigen verholten sich nach Larrelt. Nun schickte der spanische

Kanoniere am Burghafen von Emden, Backhuysen

Hafen an der Emder Burg, Backhuysen/Horst Janssen

Admiral vier Kapitäne zum Emder Magistrat, die nach längerer Beratung mit der Erlaubnis zurückkehrten, die Freibeuter weiter verfolgen zu dürfen. Zwischenzeitlich hatte der Wind kaum gedreht, sodass nur vier Schiffe entkommen konnten. Die übrigen wehrten sich verzweifelt, bis die letzten 140 Mann von den Spaniern gefangen genommen wurden. Das spanische Admiralsschiff ankerte am Hoek von Logum (heute Logumer Vorwerk). Die Einwohner des Ortes mussten mit ansehen, wie sechzig der Geusen an den Rahen aufgeknüpft wurden. In dieser Zeit spielt auch »Hasko«, ein spannender Jugendroman um die Wassergeusen. Geschrieben hat ihn Martin Luserke, Gründer der Juister »Schule am Meer«, in der heute die Jugendherberge untergebracht ist. Als ihm die Nazis das Internat wegen hohen Anteils von jüdischen Schülern schlossen, zog sich Luserke auf sein Segelboot »Krake« zurück und schrieb: »Obadjah und die ZK 14«, die versponnene Geschichte eines Fischers und Spökenkiekers, der sich aus einer ebenso knorrigen Eiche sein Boot baut, und »Hasko«. Darin liefert er eine gekonnte Beschreibung des Freiheitskampfes der Niederlande gegen den spanischen Statthalter Herzog Alba und seine Flotte, des Kleinkrieges der Geusen in unseren Küstengewässern sowie des Intrigenspiels im neutralen Emden …

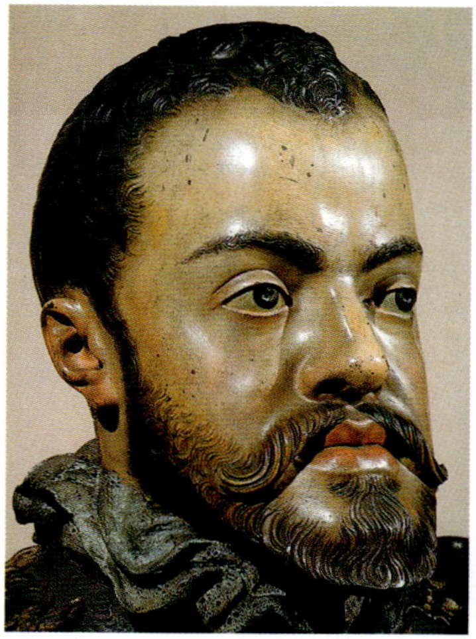

Krieg auf der Nordsee

Die Entdecker verhalfen Spanien zu dem riesigen Kolonialreich, »in dem die Sonne nicht untergeht«, wie Phillip II. protzen konnte. Im Traum von der Weltherrschaft aber vergeudete er die guten Kräfte seines Volkes, und auf der Jagd nach Gold und Silber in Südamerika vernachlässigte er den europäischen Handel. Am Niedergang der reichen Nation war aber ebenso die erkenntnisfeindliche katholische Kirche mit ihrer Inquisition beteiligt. Sie bestand zum Beispiel darauf, dass

Der spanische König Philip II, Escorial

Galeonen sammeln sich für die Fahrt gegen Engeland

Jerusalem den Mittelpunkt zeitgenössischer Weltkarten bildet. Portugal dagegen entwickelte präzise Seekarten, die ihm bald den Vorsprung auf den Meeren sicherten. Einen weiteren Teil des spanischen Handels übernahmen Engländer und Holländer. Als sich auch noch Freibeuter wie Francis Drake darauf verlegten, die Silberschiffe der spanish main von Cartagena/Kolumbien nach Cadiz einzukassieren, entschloss sich der spanische König, nun auch das aufkommende England wieder dem »rechten Glauben« zu unterwerfen.

Unter dem roten Balkenkreuz, dem Zeichen der Kreuzfahrer, setzte er im Hochsommer 1588 eine Flotte von 130 Schiffen nach England in Fahrt, davon zwanzig portugiesische dreimastige Galeonen mit herkömmlichen mächtigen Aufbauten, sieben sogar über 1000 tons groß.

Seine »unbesiegbare« Armada wurde noch von Galeassen aus dem Mittelmeer begleitet. Diese rahgetakelten Galeeren führten 50 Geschütze und einen mächtigen Rammsporn. Dazu stießen noch aus Hamburg zugekaufte bewaffnete Kauffahrer als Transporter für die Landungstruppen. So kamen über 29 000 Mann zusammen, allerdings nur zu einem Drittel Seeleute.

Die Flotte der Engländer konnte dagegen lediglich 15 000 Mann aufbieten, jedoch zu drei Vierteln erfahrene Seeleute. Zudem hatten sie in den vergangenen zehn Jahren ihre Flotte schiffbautechnisch radikal umgemodelt: die weit ausladenden Vor- und Achterkastelle als Schießstand für die Musketiere waren nun abgesenkt und die Schiffsrümpfe gestreckt. Die Langkiele kamen der Kursstabilität zugute. Auch wurde Platz für mehr und gröberes Geschütz gewonnen, als Galeonen bisher tragen konnten. Die neuen Schiffe wurden so bewährten Kapitänen wie Francis Drake unterstellt.

Wenn nun Phillips II. Admiräle dachten, mit ihrer Vielzahl an traditionellen Schiffen, deren Bestückung und

Galeone der englischen Königin Elisabeth um 1585

Kanonengießerei des 16.Jh. in den Niederlanden

zahlenmäßiger Überlegenheit den englischen Gegner bezwingen zu können, so bereiteten sie gerade damit das Ende der spanischen Weltmacht vor.
Denn die englische Flotte hielt Distanz und ließ sich gar nicht auf den herkömmlichen Enterkampf ein. Im Gegensatz zu den spanischen wiesen die englischen Schiffe weitere kriegsentscheidende Neuerungen auf. Sie waren schlanker, schneller zu manövrieren und besaßen geübte Kanoniere. In Kiellinie segelnd, schossen sie breitseitig ganze Salven, während die behäbigen spanischen Schiffe bei ihren Wenden zu viel Zeit vergeudeten.

Die Kriegsschiffe der englischen Königin Elisabeth I. führten nicht nur die kurzen Mörser mit, die im Nahkampf Gesteinsbrocken, Schrott wie Eisenknüppel und alte Kettenstücke in die feindliche Takelage spieen, sondern auch neuartige Langrohrgeschütze mit einer Reichweite von fast einer Meile. Ihre Takelage war derart verbessert, dass die riesigen Rahsegel sich nicht mehr sackartig im Wind blähten, sondern gestrafft werden konnten. Damit erzielten bewährte Seeleute einen kleineren Wendewinkel, konnten somit höher an den Wind gehen und die Konkurrenz ausmanövrieren.
Auf der Ark Royal bediente eine eingespielte Mannschaft von 270 Mann bis zu zwölf Segel während der Manöver.

Was als Scharmützel vor Plymouth begann, zog sich zur anhaltenden Seeschlacht im Kanal hin. Bei schwachen Winden drifteten die Schiffe im Gezeitenstrom. Die Wenden und der Schusswechsel verliefen mit lähmender Langsamkeit, der Geschützrauch blieb träge in Segelwerk und Takelage hängen. Am Abend des 8. Tages ankerte die Armada auf der Reede vor Calais, um ihre Vorräte zu ergänzen. Das englische Geschwader hielt sich auf Sichtweite von wenigen Meilen.
Es war schon Mitternacht, Wolken verdeckten den Mond, als der Strom kenterte und die Navy sich eine bewährte Maßnahme der Geusen zunutze machte. Die hatten auf diese Weise schon in den Jahren 1573/4 die Zuidersee mit Amsterdam und Middelburg zurückerobert. Die Engländer ließen acht Brander von der Kette, die im Flutstrom und mit Rückenwind schnell auf die

Das englische Flaggschiff Ark Royal, eine Viermastgaleone

Die Entscheidungsschlacht bei Gravelines

Zurrtaue halten den Schiffskörper zusammen, (noch heute spanische Winsch genannt)

spanische Flotte zutrieben. Als sich auf den lodernden Booten durch die Hitze auch noch Kanonen entluden, kappten die Spanier in wilder Panik die Anker und kollidierten prompt miteinander. Feuer an Bord war der schlimmste Feind der hölzernen, mit Teer abgedichteten Schiffe und ihrer Pulverkammern. Ohne Ordnung und Absprache suchten die Schiffe der Armada das Weite an der zerklüfteten Küste der Niederlande mit ihren zahllosen Untiefen und Inselchen.

Bevor sie sich wieder zur bewährten sichelförmigen Formation sammeln konnten, nahmen die Engländer nun ein Schiff nach dem anderen in die Zange. Auch kleine holländische Vlieboote witterten gute Beute und kaperten angeschlagene spanische Großsegler. Die meisten waren weidwund getroffen und so kaum mehr steuerbar, ihre Rahen zerschossen, die Segel zerfetzt. Und dann trieben sie noch auf die flämischen Sandbänke zu.

Nach zehntägiger Seeschlacht waren Munition und Kampfgeist der Spanier am Ende. Vor dem totalen Schiffbruch ihres Unternehmens rettete die Armada noch eine undurchsichtige Regenfront und Wind von Westen, der sie in die nahe Nordsee trieb.

Der englische David hatte sich dank seiner artilleristischen wie seemännischen Überlegenheit gegen den spanischen Goliath durchgesetzt und hätte die Armada restlos vernichtet, wenn ihm nicht das Pulver ausgegangen wäre. So konnten sich die Spanier noch dem Fiasko über die weite Nordsee entziehen, wobei einige Schiffe an den ostfriesischen Inseln strandeten. Die anderen flüchteten rund Schottland. Dabei sanken weitere zwanzig Schiffe. Bei Sligo, an der tückischen Westküste Irlands, liefen einige auf die Klippen, andere mussten leckgeschlagen auf Sand gesetzt werden, um nicht kläglich abzusaufen. Die Herbstwinde bliesen der Restflotte ins Gesicht. Wochenlang kämpfte sie sich nach Süden.

Durch Mangel an Nahrung und sauberem Trinkwasser, an Ruhr und Skorbut gingen noch weitere Mannschaften elendig zugrunde. Auf dem Atlantik versank in rauhem Wetter erneut ein Teil des Konvois, weil die hohen Aufbauten dem Sturm zu große Angriffsflächen boten, sich die toplastigen, schwer beschädigten Schiffe kaum noch steuern ließen und querschlugen. Der Verbleib von 27 Schiffen wurde nie geklärt. Typhus griff um sich. Von der beim Aufbruch doch so stolzen Flotte sollte sich nur noch der geringste Teil, schwer havariert nach vier Monaten auf See in nordspanische Häfen retten.

Emdens goldene Zeiten

Bauform und Besegelung der Frachtschiffe entsprachen längst nicht mehr den Bedürfnissen der Schifffahrt: noch schafften die traditionellen Rahsegler im Jahr nur ein bis zwei Reisen ins Baltikum. Erneut ging die Entwicklung neuer Schiffstypen für die Hochsee von den Werften der südlichen Nordsee aus. Als bedeutendste Verbesserung zeigte der neue Schnellsegler, die Fleute, eine erheblich schlankere Form mit einem Längen- zu Breitenverhältnis größer als 4:1. Mit der neuen Erkenntnis »Länge läuft«, ließ sich die Anzahl der Frachtfahrten pro Sommer verdoppeln.
Das Schiffsdeck stieg nach achtern deutlich an und trug nur einen schmalen Aufbau. Im Querschnitt erhielt die Fleute ihren typischen ausgeprägten Bauch in Höhe der Wasserlinie, während die Bordwände aber dann in Deckshöhe wieder merklich eingezogen waren, denn im Sund berechneten die Dänen den Zoll aus Länge mal Breite mitschiffs.
Die drei Masten wurden verlängert, die Segelmacher schnitten die Segel an den verkürzten Rahen in Trapezform unten breiter, sodass sie leichter zu beherrschen wurden. Der achterliche Besanmast erhielt das Lateinersegel. Mit größerer Länge (geringere Abdrift) konnte die Fleute besser Kurs halten. Seit 1595 verbreitete sich von der Stadt Hoorn an der Zuidersee aus dieser fortschrittliche Schiffstyp schnell über Emden, Bremen, Hamburg und Lübeck und nahm der langsamen Konkurrenz bald den Wind aus den Segeln. Die vergoldete Fleute als Windfahne auf dem Turm des Emder Rathauses symbolisiert noch heute den hohen Beitrag des Schiffes zu Ostfrieslands Blüte.
Gleichzeitig wurde bei kleineren Schiffen das querstehende Rah – vom längsgerichteten Schratsegel abgelöst. Dieses »friesische Nationalsegel« wird mit dem Vorliek am Mast befestigt und von einer diagonalen Spiere ausgespreizt. Im Gegensatz zu den Rahsegeln konnte man es erstmals von Deck aus bedienen, ohne in den Mast zu entern, wodurch man an Mannschaft sparte. Als Sprietsegel feiert es heute beim Optimisten, dem Jüngstensegelboot, fröhliche Urständ …

Wer könnte besser geeignet sein, uns als Zeitzeuge ein farbenkräftiges Bild unserer Heimatstadt zu überliefern als Ubbo Emmius (1592). *»An der westlichen Seite von Ostfriesland liegt Emden an der Ems. Es ist das Auge nicht nur vom Emsigerland, auf dessen Boden es liegt, sondern auch der ganzen friesischen Küste, die sich von den Batavern zu den Dänen erstreckt, wenn man seinen Reichtum, die Schönheit seiner Bauten, die vorteilhafte Lage, die Mannigfaltigkeit und die Größe seiner Handelsgeschäfte oder die große Zahl und die Kultur der Einwohner betrachtet.*
Auf der Ems, an der die Stadt Emden liegt, handelt man sehr rege mit allen Waren, die der Ozean heranführt. Sie entspringt in der Paderborner Gegend und durchfließt das ganze Bistum Münster …

Von Oldersum abwärts wird der Fluß breiter und schwillt mehr an; er ist jetzt fähig, größere Schiffe aufzunehmen, und eilt dann nach Westen über fast vier Meilen zwischen Reiderland und dem Emsigerland hin, bis er sich mit dem Dollart vereinigt.
Von da an kehrt er sein Flußbett mit jäher Wendung wieder nach Norden zwischen der Insel Nesse und dem Festland. Darauf erreicht er Emden, das am gegenüber liegenden Ufer liegt und sich sehr in die Länge erstreckt. Von den Mauern dieser Stadt aber wird der Fluß nach Westen abgedrängt, und dann wendet er sich sofort wieder nach Süden, gleich als ob er die eben genannte Insel rings umfließen wollte. Sodann aber setzt der Fluß seinen Lauf nach Westen fort zwischen dem Groningerland und dem Emsigerland, aber schon mit sehr breitem Flußbett. Und schließlich wälzt er sich, von Ufern befreit, durch jene gewaltige Bucht, die zwischen den Inseln und dem Festland liegt, über eine Strecke von drei großen deutschen Meilen gegen die Stürme des

Skizze einer Fleute, v.d. Velde

Nordwestwindes in die Nordsee, indem er Rottum zur Linken und Borkum zur Rechten liegen läßt.
In die Stadt Emden fließen aus dem ganzen benachbarten Land gesammelte Bäche zusammen. Aus vier Sielen entsenden sie ihr Wasser durch zwei Flußbette (Delfte) in die Ems, die so breit und tief sind, dass sie die größten und umfangreichsten Schiffe in großer Zahl innerhalb der Stadtmauern aufnehmen und ihnen einen Platz für das Winterlager bieten können.
So waren die Verhältnisse einst. Zu unserer Zeit (1609) aber beschleunigte sich hinter dem Rücken der Insel Nesse die Strömung des Flusses und begann auf geradem Wege

sofort nach Westen zu eilen. Die Stadt Emden ließ er nun in der Ferne zur Rechten liegen, und durch Einführung von Schlick entstand zwischen den Mauern und der Insel beinahe eine Furt. Deswegen befürchtete die Stadt, dass sie den bequemen Hafen verlieren könnte. Sie ließ daher unter sehr hohen Kosten (600.000 Gulden) und mit großer Mühe in den letzten Jahren Pfähle, einen neben dem andern, vom Winkel der Insel an, miteinander verbunden in die Tiefe des neuen Flußbettes in sehr langer Reihe rammen. Zur Befestigung des Werkes wurden noch gewaltige Balken längsseits auf beiden Seiten fest angelegt, um den Fluß an dieser Stelle vom Dollart abzuschließen und sein Wasser in das frühere Flußbett zurückzuführen, auch jetzt noch mit durchaus wirksamem Erfolg, obwohl das Werk noch nicht zu Ende geführt ist.

Die Bürger werden, so wie jetzt die Verhältnisse liegen, von Bürgermeistern und Ratsherren regiert, nach der Entscheidung des Grafen ausgewählt, deren Herrschaft von diesen selbst wie auch von der ganzen Bürgerschaft anerkannt wird. Aber die Art dieser Herrschaft ist durch Gesetz bestimmt und beruht nicht auf Willkür. Vom Senat sind sechs Quartiermeister eingesetzt, denen die Sorge für Waffen, die Wachen und die öffentliche Ruhe übertragen ist; je zwei in den einzelnen Stadtdritteln, in die die Stadt mit Ausnahme von Faldern eingeteilt ist.

Faldern wurde vor nicht vielen Jahren als eine neue Stadt zur alten hinzugefügt. Es hat auch sechs Männer, aber unter der Herrschaft des gräflichen Drosten, dem die Regierung dort zusteht. Und außerdem gibt es noch Präfekten für die Büchsenschützen, die die Jugend in der Bedienung der Büchsen oder kleinerer Geschütze üben und die die offentlichen Plätze, die Marktplätze, Straßen, Häfen, Siele und ähnliche Dinge, die eingerichtet sind, um die Stadt von ihrem Schmutz und Dreck zu befreien, überwachen und die weiterhin besonders dafür sorgen, dass keine Verwirrung bei den Schiffen eintritt, wenn sie in den Hafen einlaufen oder ihn verlassen, und ferner dass im Winter die Ordnung bei den Schiffen gewahrt wird (Schüttemeister). Ihre Amtszeit dauert zwei Jahre; jährlich scheiden zwei aus dem Kollegium aus und ebensoviele treten an ihre Stelle, die aus den Reihen der vornehmen Bürger ergänzt werden.

Ebenso ist ein Ädil (Baumeister) eingesetzt für die Handwerker und für die öffentlichen Werkstätten. Auch gibt es sechs Präfekten für die Feuerwehr (Brandmeister), ebenfalls je zwei in jedem Stadtdrittel. Ihre Aufgabe ist es, sich nicht nur Mühe zu geben, dass die Stadt keinen Schaden erleidet, dass keine Unruhe aufkommt, wenn zufällig ein Brand ausgebrochen ist, und dass der Brand möglichst schnell gelöscht wird; sondern auch dafür, dass alle Werkzeuge sowohl von der Stadt als auch von den Privatleuten und ebenso eine Menge Wasser bereit stehen und leicht herbeizuschaffen sind.

Dann gibt es auch Beamte für den Zoll und die Steuern (Akzise und Zollmeister). Vier Ädilen haben die Aufsicht über die tägliche Getreideversorgung, den Marktpreis für das Getreide und über alle Maße zu führen. Schließlich gibt es einen Präfekten für den Kerker (Schulte), der ständig mit seinen Dienern durch die Stadt geht und in die Haft abführen läßt, wenn jemand dabei ertappt wird, wie er einen Aufstand erregt oder ein schwereres Verbrechen begeht. Alle diese Männer erhalten vom Senat ihre Amtsbefugnis und sind auch von ihm abhängig. Außerdem gibt es noch vierundzwanzig auserwählte Männer, gleichsam ein Bindeglied für das ganze niedere Volk, deren Patrone sie sind. Und schließlich sind noch die Vorsitzenden der Gilden zu nennen, unter denen die Schiffer den ersten Platz einnehmen wegen der Wichtigkeit der Schiffahrt.

Dieser Stadt muss man ein ganz besonderes Lob spenden. Denn als nach der Dunkelheit, die durch die Priester der katholischen Kirche verbreitet wurde, die Wahrheit des Evangeliums wieder zu leuchten begann, da nahm die Stadt diese sofort begierig auf, und obwohl Gefahren sie oft ringsum bedrohten, blieb sie dennoch standhaft bei ihrem Vorsatz, beschützte die Reinheit der Lehre und des Kultus bis zum heutigen Tag und schützt sie auch heute noch unerschütterlich.

Auch zeigt sie sich freigebig gegenüber ihren Armen, so dass Fremde, die in die Stadt kommen, glauben, nicht eine wahre Geschichte, sondern ein Märchen zu hören, wenn man ihnen die Sache erzählt. Und wenn man ihnen die augenblicklichen Verhältnisse vor Augen führt, dann vermögen sie den Erzählungen noch nicht Glauben zu schenken. Und schließlich hat die Stadt allen, die ihres Glaubens wegen aus ihrer Heimat flüchteten oder vertrieben wurden, Engländern, Franzosen und Niederländern lange Zeit eine gemeinsame Zuflucht und Freistätte gewährt, obwohl ihnen ringsum alle deswegen feindlich gesinnt waren. Sie hat alle erschreckten Menschen, gleich wie wenn sie einer Feuersbrunst entronnen und jeder Hoffnung beraubt waren, freundlich in ihrem Schoß aufgenommen.

»Ich übergehe den trefflichen Zustand der Kirche, die bewundernswerte Ordnung in der Fürsorge für die Armen, die bürgerliche Gesinnung und die Geschicklichkeit des Volkes, das keineswegs parteisüchtig und aufrührerisch ist, die wohlgeordneten Sitten, und worüber man am meisten staunen muss, die Eintracht, die man ohne Fehl erhalten konnte trotz der so starken Verschiedenheit der hier wohnenden Nationen.
Was soll ich die unglaubliche Menge der Schiffe dieser Stadt erwähnen, die nach allen Ländern verkehren? Wozu die günstige Lage des Hafens? Weshalb das herrliche Bauwerk des Rathauses, das in den letzten Jahren errichtet wurde? Die außerordentlich starke Befestigung, die durch die natürliche Beschaffenheit der Gegend und durch Schanzwerke erreicht wurde? Und die Stadt feindlichen Angriffen gegenüber beinahe unangreifbar macht?«
Ubbo Emmius schrieb über Friesland zusammenfassend: *»Gäbe es keine Sturmfluten, so könnte man dieses Land zu den glücklichsten Ländern Europas zählen.«*

Die letzte Generation des 16. Jahrhunderts erlebte ein ungeheures Anwachsen der Emder Schiffahrt: 1570 nannten 396 Schiffe von 10 – 200 Lasten Emden ihren Heimathafen. Diese Flotte machte die Stadt zum bedeutendsten Reedereiplatz Europas. Mit 21.000 Lasten (42.000 Tonnen) übertraf Ostfrieslands Tonnage zeitweilig die gesamte englische Handelsflotte. Daraus wird folgende Szene in Christopher Marlow's »Faust« (1606) verständlich.

FAUSTUS	Was sollen mir Gebet, Reue, Buße?
ENGEL DES GUTEN	Oh, sie bringen dich in den Himmel!
ENGEL DES BÖSEN	Alles Illusionen, Früchte des Wahnsinns, sie machen Menschen töricht, die ihnen zu sehr vertrauen.
ENGEL DES GUTEN	Lieber Faust, denk an das Himmelreich und die himmlischen Werte.
ENGEL DES BÖSEN	Nein, Faust; denk an Ehre und Vermögen.
	Engel ab
FAUSTUS	An Vermögen! Ja doch, der Wohlstand Emdens soll mein sein. Wenn Mephisto mir beisteht, welcher Gott kann dir dann noch schaden, Faust? Hege keine Zweifel mehr. Komm Mephisto, und bring gute Kunde vom großen Luzifer!

Schon für Ende des 15. Jh. wurde die gesamte hansische Hochseeschifffahrt, ohne Küstenfahrzeuge auf 1000 Schiffe mit 30.000 Lasten geschätzt. Von der Hanseflotte

Lebhafter Schiffsverkehr auf der Ems vor Emden

hielt die Stadt Lübeck, »Königin der Hanse« um 1595 mit nur 253 Schiffen, das heißt 9000 Lasten noch den größten Anteil. Gewissenhafter Buchführung der Dänen bei der Erhebung des Zolls für die Passage des Sunds verdanken wir einen Überblick über die Veränderungen des Schiffsverkehrs allein im baltischen Handel:

Jahr	Niederlande	Emden	Hanse	Gesamt
1565	1029	72	30	1674
1569	349	311	149	1583
1575	554	256	110	1878
1580	465	121	66	1876
1585	523	116	44	1967
1590	596	134	81	2496
1595	825	134	44	3143
1600	529	10	134	2154
1605	624	65	97	1955

Die Hanse zeichnete sich bis zum Ende des 16. Jh. durch großen wirtschaftlichen Erfolg und europaweit durch hohes Ansehen aus. Deshalb hatte auch Emden als blühende Seehandelsstadt 1579 einen Aufnahmeantrag gestellt, der aber verworfen wurde. Man neidete den Emdern ihre Kontakte in Skandinavien, den Holz- und Heringshandel, erst recht die Aufnahme der englischen Merchant Adventurers, besonders aber deren Niederlassung in Emden mit einem jährlichen Umsatz von 100 000 Tuchballen, der Hamburg bis dahin einen Gewinn von 30 Prozent eingebracht hatte.

Emder Tuchhändler

Navigare necesse est

lautet ein Wahlspruch der Ostfriesen. Seefahrt muss sein. Die historische Schifffahrt ging ja nicht nur von den kleinen Warforten in der Küstenmarsch aus, sondern verband auch viele Orte am Geestrand mit der großen, weiten Welt und ihren Häfen.

Allerdings sind nach und nach alle die weit ins Land reichenden Buchten der ostfriesischen Halbinsel zum Zwecke der Landgewinnung eingedeicht worden. Siele behinderten nun den freien Schiffsverkehr. So verlegte sich der Binnenhandel mehr auf das Netz der Tiefs. Die Beutefahrt entlang der Küste nahm dagegen etwa seit 1500 von den Sielhäfen als Vorposten zur See ihren Ausgang. Damit gewannen sie an Bedeutung als Marktplätze und Sitz der Häuptlingsfamilien.

Die ingeniöse Funktionsweise der Siele löste das Hauptproblem Ostfrieslands: die Entwässerung. Die Sieltore schließen selbsttätig die Lücke im Deich, sobald das Hochwasser aufläuft und öffnen sich bei Ebbe unter dem Wasserdruck der aufgestauten Sieltiefs. So wurde schon vor Jahrhunderten möglich, das unter Normalnull liegende Binnenland zu entwässern.

Das Greetsiel-Tief mit seinen Zwillingsmühlen

Die Greetsieler Granatfischer-Flotte

Am alten Sieltor von Greetsiel lesen wir die eingemeißelte Inschrift: W. Nannen, bouwmeester 1798 – ein Urahn von Henri Nannen.

Außerhalb der Sieltore erweiterte man den Fluss zu einem Hafen. An der Kajung wurde für genügend Platz zum Anlegen und Umschlag der Ladung gesorgt. Noch heute zeigen die malerischen Fischerorte Greetsiel Dornumersiel, Neuharlingersiel, sowie Hooksiel und Varel das Bild jener typischen Sielhäfen. Vom umlaufenden Deich aus oder den bunten schmalen Häuschen dahinter sahen die Ehefrauen schon von weitem die Schiffe ihrer Männer einlaufen, hier winkten sie auch zum Abschied – manchesmal für immer.

Rund um die Häfen herrschte lebhaftes Treiben beim Laden und Löschen der Fracht, Anlanden des Fischfangs in Körben und Vorbereitung der nächsten Fahrt Fluchende Fuhrknechte bahnten ihren Gespannen den Weg zwischen gestapelten Gütern, Netzhaufen, Ausrufern wie feilschenden Frauen, geschäftigen Schiffsführern, vornehmen Handelsherren, tobenden Kindern und den immer hungrigen Hundemeuten.

Neuharlingersiel an einem Sonntag

Von der nahen Schiffswerft waren die steten Schläge der Zimmerleute zu hören, nur übertönt vom Krächzen der Möven, die das Gewirr an Masten und Stengen besetzten und nur darauf warteten, im Sturzflug die Abfälle zu schnappen, die die Fischer über Bord warfen.
Die Sielorte waren bedeutende wirtschaftliche Zentren, neben Fischfang und Seefahrt gediehen Handel wie Handwerk, boten sich den Jugendlichen Arbeits- und Lehrstellen. Reisende Kaufleute ließen Gasthöfe entstehen und zahlreiche Kröger löschten den Durst der Bevölkerung.

Dornumersiel und das nahegelegene, in der Weihnachtsflut 1717 zerstörte Westeraccumersiel spielten bis

Netzflickerinnen, Liebermann

in die große Zeit der Segelschifffahrt neben Norden die Hauptrollen an dieser Küste. Seit jeher verlief zwischen den Nachbarn die Accumer Ee als Grenze zwischen der Grafschaft Ostfriesland und dem Harlingerland. Beider Häfen mussten seitdem mehrfach verlegt werden, rückten im 17. Jh. schon mal auf fünfzig Meter zusammen, sie opferten aber ihre Eigenständigkeit erst 1965 einem gemeinsamen Außenhafen.

Ebbe im Dornumer Hafen

Fischer landen ihren Fang an, Koekkoek

Nach dem Sturm, Laasner

Schlug der Leser 1765 die *Wöchentlichen Ostfriesischen Anzeigen und Nachrichten auf*, so fand er folgende Nachricht:

»Da Schiffer Frerich Janssen von Westeraccumer-Siehl glücklich von Bordeaux arriviret ist, und laut Connossement et Factura für Rechnung des Ausmieners Johann Georg Wagener in Esens diverse Sorten rothe und weisse Weine, Branntwein, Essig, Pflaumen, Caffeebohnen, Mandeln, Zucker etc. geladen hat; so verspricht gedachter Wagener nicht allein gute Waare zu liefern, sondern auch annehmliche Preise und billige Conditiones. Auch erwartet derselbe ehestens Ungarische, Champagner, Burgunder, Mallaga etc. Weine. Ferner ist bey ihm diverse Sorten von Thee und Zucker, nebst allerhand Gewürz-Waaren zu haben.« (nach Wiechert: ... fuhren weit übers Meer)

Der weitgereiste Schiffer Frerich Janssen hatte schon einen Großvater gleichen Namens und gleicher Profession, der die große Sturmflut von 1717 nicht überlebte, sodass sich die verarmte Witwe mit den Kindern fortan nur ein Zimmerchen in Dornumersiel leisten konnte, wie die Kopfschatzung 1719 ausweist. Dieses Ehepaar zählt zu unseren Ahnen vor neun Generationen ...

Hollands Handelsflotte gelang es im 17. Jh. sogar, die frühere Rolle der inzwischen zerfallenen Hanse zu übernehmen und führte alsbald die Seefahrtsnationen an. Die Niederlande waren sehr reich geworden, kunstvolle und kostspielige Bauten entstanden. Die begabten Maler der Delfter Schule zeigten das pralle Leben der Bürger in ihren schönen Häusern geradezu photorealistisch in zauberhaftem Licht.

Die verkehrte Welt, holländische Bürgerfamilie 1663, Jan Steen

Die Fleute wurde zum Ostindienfahrer verbessert und erschloss die Stützpunkte Südafrika und Indonesien. Die bedeutenden Admirale de Ruyter und Tromp konnten sich zwar noch in drei Seekriegen gegen das rivalisierende England behaupten, aber die Geldmittel der Niederlande reichten nicht mehr lange, die Seeherrschaft auszuweiten oder auch nur aufrechtzuerhalten, es musste England weichen.

Das Batteriedeck der BATAVIA aus Amsterdam 1629

Kurbrandenburgische Fregatte, Verschuir

Und Deutschland konnte man nach seiner großartigen Vergangenheit des Hansebundes auch nicht mehr als Seemacht betrachten, bis sich 1684 die Stadt Emden mit Brandenburg zusammentat. Der Große Kurfürst hatte bereits in Holland gecharterte Kriegsschiffe gegen Schweden geschickt, um seinem Landsieg bei Fehrbellin Nachdruck zu verleihen. In Pillau/Königsberg und Emden begann er mit dem Ausbau einer Flotte, um im Konzert der Kolonialmächte einen angemessenen eigenen Part zu übernehmen. Schon bald zeigten auf den Meeren seine Brandenburg-preußischen Schiffe ihre Flagge: den roten Adler auf weißem Grund.

Sein größtes Schiff wurde die Fregatte »Friedrich Wilhelm zu Pferde«, Länge über alles etwa 45 Meter, Breite 10 Meter, Verdrängung 1150 Tonnen und mit 60 Kanonen bestückt. Am Heck umrahmte barockes, reich vergoldetes Schnitzwerk ein Ölgemälde, den Großen Kurfürsten zu Pferde darstellend.

Die Emder Admiralität kommandierte nun 27 Schiffe mit 398 Kanonen. Jedoch sah Friedrich Wilhelm keine Notwendigkeit für territoriale Eroberungen, sein Lebenstraum war ein Netz von Niederlassungen an den Küsten der jungen Kontinente, über die wagemutige Kaufleute Handel treiben sollten.

Die Gründung seines Forts Großfriedrichsburg an der Goldküste, heute Ghana, zog sich zwar über mehrere Jahre hin. Nachdem aber die afrikanischen Stämme die kurfürstlichen Abgesandten als loyale Vertragspartner erlebten, konnten weitere Handelsstützpunkte angelegt werden, die nun vom Magazin der brandenburgisch-afrikanischen Companie in Emdens Brückstraße ausgerüstet wurden. Die neuen Forts richteten sich nicht gegen die Eingeborenen, sondern gegen die Übergriffe der auf das Monopol von Gold- und Sklavenhandel versessenen Holländer und der von ihnen aufgehetzten Stämme.

Die Flotte des Kurfürsten war zwar technisch auf der Höhe damaliger Schiffsbaukunst, spielte jedoch zahlenmäßig nur eine Nebenrolle. Vor allem konnte er sich die gro-ßen Linienschiffe mit etwa 3000 Tonnen Verdrängung und mindestens drei Batteriedecks nicht leisten, die er zur Absicherung der Handelsschifffahrt gebraucht hätte. Im Frühjahr 1688 erlöste der Tod den Großen Kurfürsten von seiner schmerzhaften Gicht und machte damit auch seiner Vision ein Ende, das Land Brandenburg-Preußen zu einer Seefahrtsnation zu entwickeln.

Während einiger Jahre konnte die Companie trotz der Kaperei und kriegerischer Angriffe der europäischen Wettbewerber noch kleine Gewinne erzielen. Es kam sogar ein kurzzeitiger Überseehandel zwischen Emden und St. Thomas/Karibik zustande. In Emden ausgerüstete Schiffe nahmen in Guinea Sklaven auf und verkauften sie in Westindien Plantagenbesitzern der Inselgruppe gegen »Kolonialwaren« wie Baumwolle, Tabak, Kakao, Gewürze und exotische Hölzer.
Auf ihrer letzten Rückreise hatte die große Fregatte »Friedrich Wilhelm, Kurfürst von Brandenburg« Cadiz zum Ziel, um dort noch Wein zuzuladen, als sie in der Meerenge von sechs französischen Kriegsschiffen beschossen, geentert, ausgeraubt und in Brand gesteckt wurde. Damit setzten auch die Franzosen ein deutliches Zeichen, dass sie keinen deutschen Konkurrenten im Sklavenhandel mehr dulden würden.
Unter den Nachfolgern musste der deutsche Schiffbau als Zuschussbetrieb eingestellt werden, das kurfürstliche Magazin in Emden verfiel, zwei Schiffe verrotteten am Kai Hinter der Halle, und die westafrikanischen Besitzungen gingen für den lächerlichen Preis von 6000 Dukaten 1718 an Holland. Als letztes Relikt aus Groß-friedrichsburg verblieben die beiden Kanonen vor der Emder Neuen Wache. Preußen wollte und sollte nun zur Landmacht werden.

Piraterie auf allen Meeren, Schoonover

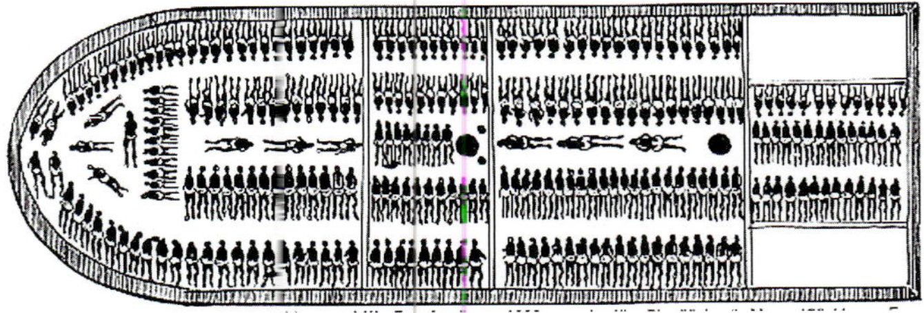

Stauplan des engl. Sklaventransporters »Brookes« um 1800

Im Juni 1751 wurde dem neuen Landesherrn, Friedrich dem Großen, zu seinem Besuch in Ostfriesland ein honoriger Empfang gegeben, der die Stadt Emden vollends in die Pleite trieb. Ostfriesland hatte sich mit einer Million Reichstaler für die Reparatur der 1717 gebrochenen Deiche verschuldet. Die Vorbereitungen für den hohen Besuch begannen schon im Frühjahr mit der Instandsetzung der Wege und Brücken. Straßen und Häuserfronten waren zu renovieren und der Ablauf minutiös zu planen. Man nahm zwar Anstoß am Leichnam eines hingerichteten Raubmörders, der seit einem Jahr auf der Richtstätte am Herrentor vor sich hin faulte, ungünstigerweise direkt an der geplanten Route des Königs, doch fühlte sich in landestypischer Sturheit niemand zuständig, die Relikte des Geräderten zu entfernen. Es wurde deshalb eine Hecke darumgepflanzt.

Am 14. Juni 1751 preschte dann die Kalesche des Königs hinter einem Vorspann von 99 Pferden in zwanzig Minuten von Oldersum heran, durchfuhr zahlreiche geschmückte Ehrenbögen und machte vor seinem Quartier, der späteren Börse, Halt. Der Magistrat hatte dort schon in gebührendem Abstand Aufstellung bezogen, der Bürgermeister half dem König aus dem Wagen, zahlreiche Schiffe im Ratsdelft ballerten mit ausgeliehenen Kanonen Salut. *»Jedermann stehet mit Weib und Kindern nett und propre auf der Strasse, wohl rangieret, die Männer mit entdeckten Häuptern, ohne Tobackspfeifen, sobald sie den König kommen sehen. Ein jeder in seiner Ordnung, in specie die Bürgerofficiers, alle Bediente der Stadt, und die Gewerker, mithinn jedermann sorget dafür, dass kein Gesindel, Jungens und Lumpen-Volck zum Vorschein komme; dass sich jedermann auf die Seite begebe und in der Mitte der Strasse, wo der König fähret, alles offen ist. Alle Flaggen, die zu haben sind, werden ausgesteckt, und dazu einige von Groningen und Delffzyhl verschrieben.«* So lautete die Regieanweisung.

Der König muss wohl vom Empfang durch die Emder Bevölkerung recht angetan gewesen sein, denn er schrieb noch auf der Rückreise von Lingen aus an den Kammerpräsidenten (in Sanssoussi wurde Französisch gesprochen und sein Schriftdeutsch war schwach):

Eine Wiederaufführung des königlichen Besuches 1997

»Wenn ich wider nach Ostfriesslandt Komme, Mus ich wider von den schönen Emder Seefischen Haben. Was Regierungssachen Anbelangt, so Müsen was grave Sachen Seyndt in güthe abgewiesen, Wass aber bagatellen Seyndt, die Müsen Accordiret werden, Damit die leute wissen, das ich ins Land Gewäsen bin. Fr.«

Seine Königliche Majestät besuchte die Hafenstadt vier Jahre später erneut. Auch abgesehen von diesen Ausgaben konnte der Konkurs der einst reichen Stadt nur durch einen Vergleich abgewendet werden. Obligationen der Gläubiger wurden auf 20 Prozent abgewertet, immerhin mit 4 Prozent verzinst, wobei sich die Rückzahlung bis 1806 hinzog. Mit seinem Urbarmachungsedikt griff Friedrich der Große in die bisherige Wirtschafts- und Flurgestaltung auf der Geest ein. Die Gemeinheitsfläche wurde entwässert, aufgeteilt und mit Wegen zugänglich gemacht. Die Besitzer umschlossen ihre Weiden mit Wallhecken und erzielten damit bessere Erträge als auf der früheren Allmende. Leider sind die schönen landschaftsprägenden Wallhecken bei den modernen Bauern nicht mehr beliebt …

Heute stehen die Denkmäler des Großen Kurfürsten und seines Enkels Friedrich des Großen an der Knock. Der Kurfürst hält noch Ausschau über die Ems, als erwarte er von See eine glückhafte Entwicklung für seine kleine Provinz an der Nordsee. Der alte Fritz aber, sein Enkel, ist rückwärts gewandt landeinwärts: unsere Zukunft sah er nicht auf dem Wasser.

Die ostfriesischen Skipper lebten an den Flussmündungen, in den Sielorten und seit dem 18. Jh. auch auf den Fehnen. Die Urbarmachung der Moore beschleunigte sich mit größeren Transportkapazitäten. Es wurde in Kanäle und Schiffe investiert, um den Brennstoff Torf in die Städte zu bringen und den allgemeinen Gütertransport zu bewältigen.

So nannten um 1850 etwa 70 Binnenschiffe und über

Wallhecken bieten Wind- und Wetterschutz

Friedrich der Große an der Knock

Großefehn, Klein von Diepholt

Lotsenprüfung, Jordan

100 seegängige Segler allein Rhauderfehn ihren Heimathafen. Die dortigen sechs Werften, fünf Schmiede, auch viele Block- und Segelmacher trugen darüberhinaus mit ihrer Arbeit zu über 500 seetüchtigen Frachtfahrern unter ostfriesischer Flagge bei.
Das Torfgraben und die Landwirtschaft entwickelten sich dermaßen gut, dass die Flotte der Fehntjer mit Ihlow und Großefehn 1877 während des letzten Aufblühens heimischer Segelschifffahrt schon an zweiter Stelle im Register der Seeschiffe hinter Emden lag.
Hinzu war 1872 die Emder Heringsfischerei AG mit 17 Loggern gekommen, die zwischen Juni und November vor der schottischen Küste bis zu den Shetlands auf Heringsfang fuhren.
Schon bald umfasste die Loggerflotte über hundert Einheiten und verhalf Emden zu einem bedeutenden Wirtschaftszweig, der mit Heringsverarbeitung, Böttchereien und weitreichendem Handel Tausende beschäftigte.

Nach dem Ende des deutsch-französischen Krieges ließ Preußen den Emder Tidehafen durch Bau der Seeschleuse und Ausbau des Binnenhafens zum Hochwasserhafen erweitern. Der neue Dortmund-Emskanal verband nun das Ruhrgebiet mit dem Seehafen und gab Anlass zu großen Hoffnungen.
Die Küstenfahrt nahm also beträchtlich zu, und weil dabei immer mehr Schiffe verloren gingen, sah sich die Obrigkeit veranlasst, für alle die angehenden Kapitäne eine Prüfung vorzuschreiben. Der Seefahrtsschule in Emden, die noch Friedrich der Große 1782 eingerichtet hatte, folgten in Leer und bei Papenburg Navigationsschulen.
Hierher gehört die Geschichte von »Phylax«, der im Ersten Weltkrieg zum gefeierten Seehelden werden sollte. Er hatte schon mehr Schulen als Klassen besucht und war von zu Hause ausgebüxt. Mit den Überlebenstechniken aus »Robinson Crusoe« und »Meuterei

auf der Bounty« vertraut, ausgerüstet mit Angelzeug, Fahrtenmesser und Pfeife vom Vater heuerte der Junge auf einem russischen Windjammer an. In Australien angekommen, verzichtete er auf den zweiten Teil der Reise und versuchte sich erst einmal als Tellerwäscher, Leuchtturmwächter und Fakirgehilfe. Aber auch das Mittun bei der Heilsarmee brachte ihn seinen Träumen nicht näher.

Also zurück nach Hamburg. In St. Pauli trat er als Phylax Lüdicke noch kurzzeitig als Boxer auf, peilte dann aber doch ein höheres Ziel an: wollte Steuermann werden. Neun Monate quälte er sich in Lübeck mit dem Satz des Pythagoras, sphärischer Trigonometrie und Sternenkunde. Dann hatte er's vollbracht und Phylax erhielt das ersehnte Steuermannspatent. Damit traute er sich nun, wieder seinen eigentlichen Namen zu nennen: Felix Graf von Luckner – und sein Onkel, Admiral Graf Baudissin, konnte ihn an Bord der Kriegsmarine hieven. Nach zwei Jahren Fahrt fühlte er sich dann erfahren genug, die Ausbildung zum Kapitän zu beginnen. Bei der Vorstellung in Hamburg und Altona konnten seine Vorkenntnisse jedoch nicht überzeugen.

Auch in Flensburg verabschiedete ihn Oberlehrer Pfeiffer mit dem Hinweis, es in Timmel bei Papenburg in Ostfriesland zu versuchen, dort würden so schwerfällige Menschen unterrichtet.

Und tatsächlich gelang es dem alten Herrn Navilehrer in Timmel, seinen beiden einzigen Schülern weiteres Grundwissen zu vermitteln. Besonders wertvoll war sein Handschreiben an die Kollegen in Geestemünde, die Kandidaten weiter gründlich für das Examen zu trimmen. Und Felix schaffte es. Er durfte sich zuhause wieder sehen lassen und endlich ging es wieder auf See.

1910 wurde Luckner aktiver Seeoffizier der Kaiserlichen Marine auf der Preußen und war fortan auf Kriegsschiffen seiner Majestät auf allen Meeren unterwegs. Nach Beginn des Ersten Weltkriegs wurde der Graf auf das neue Schlachtschiff Kronprinz abkommandiert, er erlebte die Skagerrakschlacht hautnah mit und landete als Artillerieoffizier auf dem Hilfskreuzer Möve.

Ob er sich zutraue, ein Segelschiff durch die britische Blockade zu führen, fragte die Marineleitung 1916 an. Darauf habe er gerade gewartet, war Luckners Anwort. So begann die abenteuerlichste Phase seines unruhigen Lebens.

Noch als 85-jähriger besserte Felix Graf Luckner seine Pension mit Vortragsabenden auf, wobei er manches Seemannsgarn spann und, dazu herausgefordert, auch mal mit seinen »Taudrückern« dicke Telephonbücher zerriss oder 5-Mark-Stücke zusammenknickte …

Wie er segelten auf allen Weltmeeren Friesen als Kapitän, mit dem Steuermannspatent auf großer Fahrt oder als Jan Maat vor dem Mast mit ihrer Seekiste voller Andenken, reichem Erfahrungsschatz und Döntjes von allen Küsten der Erde. Schon seit altersher fuhren, dachten und korrespondierten Seeleute und Handelsherren über ihren heimatlichen Horizont hinaus weltweit – global.

Schifffahrtskontor, Heuken

Lotsendienst bei schwerem Wetter, Bohrdt

See und Not

Zu allen Zeiten hat die See die Menschen fasziniert, ihre Phantasie beflügelt und das Fernweh geweckt. Entdecker, Abenteurer und Forscher zog und zieht sie magisch an. Aber auch viele Menschen, die in der engen Heimat keinerlei Zukunft sahen, machten sich auf die Fahrt zu neuen Ufern, viele fanden eine Heimat in Übersee. Mit der Eroberung des Meeres setzten sich die kühnen Seefahrer großen Risiken und Gefahren aus. Viele fanden dabei den nassen Tod.

Die ersten, nasskalten Novembertage 1854 sahen die Dreimastbark *Johanne* aus Bremen vor der Oldenburger Küste mit kleinster Besegelung gegen die hohen Wellen ankämpfen. An Bord: über 200 Aussiedler, die in der Neuen Welt ihr kleines Glück machen wollten.
Schnell nahm der Sturm zu und schickte gewaltige Brecher über Deck. Die armen Menschen in der drangvollen Enge des Laderaums wurden hin und her geworfen, ebenso ihre Habe, während sich das Schiff vor mächtigen Wogen aufbäumte und sich gleich darauf ins nächste Wellental bohrte.

Die hölzernen Verbände der *Johanne* ächzten, ihre hohen Masten taumelten mit jeder Rollbewegung im unerbittlichen Seegang. Schon drei Tage hielt der Kampf an. Der Sturm drosch jetzt nördlicher auf die Bark ein. Sie machte kaum noch Fahrt über Grund und trieb auf die Küste zu. Der Kapitän konnte in Gischt und peitschendem Regen kein Land ausmachen. Jedoch ließ ihn Grundberührung erkennen, dass er sein Schiff nicht mehr würde retten können – aber die vielen Menschen! Er legte Ruder auf Südkurs vor den Sturm, und der warf das Schiff auf die schäumenden Sände vor Spiekeroog.
Aber damit war die Tragödie noch lange nicht beendet, denn die Strandung ereignete sich drei Stunden vor auflaufendem Wasser. Alle Rettungsboote der *Johanne* waren zerschlagen, und für die Insulaner reichte der Wasserstand nicht, auszulaufen. Die Schiffbrüchigen sollten angesichts der rettenden Küste noch sechs Stunden ausharren müssen, bis Hilfe nahte.

Die riesigen Brecher hoben das verlorene Schiff auf und warfen es auf die Sandbank, immer wieder. Es legte

Das Auswandererschiff Johanne

Verbindung mit Wurfleine und Hosenboje

Voller Einsatz der Rettungsmannschaft, Achenbach

sich quer und schließlich auf die Seite. Ausrüstung glitt aus den Laschings, polterte umher und erschlug hilflose Passagiere. Planken lösten sich und öffneten der Flut den Laderaum. Die Wanten brachen und die Masten donnerten herab. Sie zerquetschten die Verzweifelten, die gerade aus den Luken des Wracks krochen. Das Wasser um das Grab der *Johanne* war vom Blut gefärbt, berichteten die ersten Helfer später in der Bremer Weserzeitung. Die Körper und Teile von etwa 80 Toten wurden gezählt. Nahe am Strand auf dem alten Drinkeldoden Karkhof fanden sie letzte Ruhe. Als Erinnerung an dieses Unglück befinden sich Anker und Schiffsglocke der *Johanne* im Inselmuseum Spiekeroog.

Im September 1860 strandete auch noch die Brigg *Alliance* auf dem berüchtigten Borkumriff. Die gesamte Besatzung verlor ihr Leben. Fischer beobachteten den Untergang vom Strand aus, unternahmen aber nichts zur Rettung.

Mit einem heute unverständlichen Fatalismus wurden diese Schicksalsschläge noch hingenommen. Schließlich erwarteten die Strandjer wertvolle Ladung und Bergelohn für einen verwertbaren Havaristen. Da stand die eventuelle Bereitschaft zu mitmenschlicher Hilfe schon mal zurück. Diese widerstrebenden Gefühle schildert Rudolf Kinau, genannt Gorch Fock, in seiner gruseligen Geschichte »Karen«. Nach dem alten germanischen Strandrecht waren ein gestrandetes Schiff und Ladung

Freigut, die Besatzung konnte man versklaven oder töten. Tatsächlich erflehte noch im 18. Jh. ein Inselpastor: »Herr, segne unseren Strand.«

Am 2. März 1861 gründete in Emden der Leiter des Hauptzollamts Georg Breusing den »Verein zur Rettung Schiffbrüchiger in Ostfriesland«, der 1865 in Kiel zur »Deutschen Gesellschaft zur Rettung Schiffbrüchiger (DGzRS)« erweitert wurde.
Denn in den sieben Jahren seit der Strandung der *Johanne* waren weitere 76 Schiffe an der ostfriesischen Küste untergegangen und ein Großteil der Besatzungen ertrunken.
Dieses Problem fand zwar große Anteilnahme bei der Bevölkerung, aber keine Lösung durch die norddeutschen Kleinstaaten. Breusing war vorausschauend genug, den Rettungsverein rein privatwirtschaftlich – unabhängig und eigenverantwortlich – aufzuziehen. Er begann mit Stationen auf Langeoog und Juist, bald gefolgt von Norderney und Baltrum.
Das Seenotrettungswerk umfasste schon alle deutschen Küsten, bevor noch die politische Reichseinheit zustande kam.

Über 2000 Einsätze im Jahr

»Georg Breusing«, dem Gründer der DGzRS, 1861 Emden, gewidmet

Seither konnte die DGzRS Jahr für Jahr mehrere hundert Menschen vor der deutschen Küste aus Seenot retten und manches Schiff vor Totalverlust bewahren. Unter selbstlosem, heldenhaften Einsatz ruderten die Retter in Sturm und Winter hinaus bei ihrem tatkräftigen Dienst am Nächsten.
Allein aus Spenden finanziert, betreibt die Gesellschaft heute 55 Stationen von der Emsmündung über die Deutsche Bucht bis zur Pommerschen Bucht mit 66 Einheiten: vom kleinen unkenterbaren Rettungsboot bis zum 44-m-Seenotkreuzer mit Tochterboot …

Zum Dank an den unermüdlichen Gründer erhielt schon in früherer Zeit ein Rettungsboot auf Baltrum seinen Namen. Und 1963 wurde auf Borkum der große Seenotkreuzer Georg Breusing mit Tochterboot Engelke up de Muer (das Emder Stadtwappen) in Dienst gestellt. Nach unzähligen Rettungseinsätzen in 25 Jahren liegt er nun als Museumsschiff an eben dieser Muer, am Ratsdelft in Emden.

Bedeutende Söhne Emdens

Belegen lassen sich zwar Geburt und Taufe des Malers Ludolf Backhuyzen um 1631 in Emden nicht, im Gegensatz zu seinen Geschwistern. Jedoch ist sein Vater Gerhard aktenkundig. Als Schriftführer verfasste dieser 1620 eine Mitgliedsliste des Hofgerichtes, das wegen der Pestilenz aus der fürstlichen Residenzstadt Aurich nach Norden verlegt worden war. Die Eltern lebten etwa seit 1627 in Emden. Das Einkommen des Vaters als Notar scheint für eine Schulausbildung des Sohnes nicht gereicht zu haben. Nach mündlicher Überlieferung arbeitete der Junge ab seinem zwölften Lebensjahr als Raddreher bei einem Reepschläger am Sandpfad (spätere Seilerei Schmeding).

Während die Gesellen eines Tages wieder die Mittagspause überzogen, soll er mit Kreide an die Außenwand der benachbarten Scheune ein Schiff gezeichnet haben. Diese Skizze fiel einem Passanten ins Auge, der sich bei den Eltern als Kaufmann aus Amsterdam vorstellte. Er schlug vor, ihm den Jungen zur Ausbildung mitzugeben. Dort begann Ludolf als Autodidakt eine ungewöhnliche Karriere: zunächst als Korrespondent. Schon bald konnte er sich als *Schryfmeester*, das heißt Schreibkünstler selbständig machen.

Mit Schiffszeichnungen verdiente er gutes Geld, sogar der russische Zar Peter der Große nahm in seiner Schaffenszeit als Schiffszimmermann in Amsterdam bei Backhuysen Unterricht. Der junge Künstler verheiratete sich, suchte eifrig sein Können zu erweitern und ging selbst bei bekannten Malern wie Hendrik Dubbels in die Lehre. Er wurde zu einem der gefragtesten »holländischen« Marinemaler.

Er suchte und erlebte mit Vorliebe die sturmgetriebenen Brecher, auffliegende Gischt und donnernde Brandung an der nahen Küste. Er gewann große Fertigkeit in der Darstellung eines dramatischen Wolkenhimmels. Die gekonnte Lichtführung seiner barocken Seestücke zieht den Blick des Betrachters über einen ruhigen, dunklen

Die Übergabe des Oberbefehls an Michiel de Ruyter Backhuysen, 1671, Backhuysen Gesellschaft Emden

Vordergrund in die Mitte dramatischen Geschehens, das aus einem wetterleuchtenden Wolkengebirge grell erhellt wird. Besonders wer selbst segelt, spürt geradezu, wie ihm die Böen ins Gesicht blasen, salzigen Sprühnebel auf den Lippen, und man stemmt sich gegen das krängende Deck des hart am Wind dahinjagenden Schiffes.

Als penibler Zeichner führt Backhuysen seine Gemälde nach gründlichen Vorstudien in beeindruckender Detailtreue aus, Takelage und Segel stehen tadellos – im Gegensatz zu manchen Bildern seiner zahlreichen Wettbewerber.

Aber nicht nur die romantischen Sturmszenen und dramatischen Schilderungen (holl. schilder = Maler) von Schiffbrüchen gefallen, sondern auch die zarten Abendstimmungen und duftig-atmosphärischen Strandansichten des Meisters. Die Großen seiner Zeit schätzten und kauften seine Gemälde, die bedeutendsten Museen

Eine Statenjacht und andere Boote auf bewegter See vor einer Hafenzufahrt 1695, Vitringa

erwarben ein oder mehrere der sechshundert Werke mit dem Monogramm »LB«.
Auch das obige Marinebild trägt sein Werkzeichen, es wird aber seinem Meisterschüler Vitringa zugeschrieben. Während sich der Chef der exakten Darstellung marinehistorischer Vorgänge verpflichtet fühlt, zeigt sein Mitarbeiter trotz der Kriegszeiten ein unbeschwertes, ja heiteres maritimes Treiben auf holländischen Gewässern. Mit dem wirksamen Zusammenspiel von flächiger Form und dekorativer Farbe ist er seiner Zeit voraus.

Ansicht von Emden, Backhuysen

Selbst mit 70 Jahren macht sich Backhuysen noch an die Radierfolge *D'Y Stroom en Zeegezichten,* zehn Blätter, die er nicht nur zeichnet, sondern auch eigenhändig recht detailliert mit gekonnter Tiefenwirkung gestaltet. Zum Abschluss dieser Reihe besinnt er sich auf seine alten Tage noch einmal auf die Vaterstadt und beschenkt uns mit der schönen Ansicht Emdens um 1701, wobei wir von der Insel Nesserland aus über die von einer frischen Brise und zahlreichen Segelschiffen belebte Ems auf die klassische Silhouette blicken, vom Schloss und Rathaus über

Frischer Wind bei Backhuysen, Janssen

die Einfahrt zum Delft bis zur Neuen Kirche. Im Vordergrund, noch vor Anker, liegt eine prunkvolle Staten-Jacht, unter niederländischer Flagge. Pulverdampf an Backbord lässt darauf schließen, dass ein hoher Gast mit Böllerschuss begrüßt wird. Das gaffel-geriggte Küstenschiff (rechts) steuert die Einfahrt am Blauen Turm an.

Als Hommage an Backhuysen übernahm der wohl begabteste deutsche Zeichner 300 Jahre später einige Themen des alten Meisters. Er bläht dabei die Segel im achterlichen Wind, dass es eine Freude ist. Horst Janssen bedankt sich mit diesen flotten Skizzen bei Freunden in Emden.

Erst Henri Nannen, früherer Chefredakteur des »Stern«, verhalf Backhuysen wieder zu verstärkter Anerkennung in beider Heimatstadt. Mit dem Riecher des cleveren Journalisten für einen wirkungsvollen Aufhänger gründete der Pensionär die Ludolf Backhuysen Gesellschaft, und es gelang ihm, unter Aktivierung vieler Spender das bedeutende Bild: *Die Übergabe des Oberbefehls an Michiel de Ruyter* (nach der Niederlage der Engländer in der Seeschlacht bei Lowestoft, am 13.6.1665) nach Emden zu holen. Übrigens ist dieser Admiral de Ruyter in seiner Jugend ebenfalls Seilerjunge in Emden gewesen. Zuerst wurde gemeinsam eine Backhuysen-Ausstellung vorbereitet und im Scheepvaarts-Museum zu Amsterdam gezeigt. Anschließend war die große Präsentation von 40 klassischen Gemälden in Backhuysens Heimatstadt, im Emder Rathaus, zu sehen und brachte damit den Meister der Marinemalerei in die verdiente Erinnerung.

Im Jahr darauf lud Sir Henri zur Eröffnungsschau »Hinter dem Rahmen«, wo er schon den Grundstein zur Emder Kunsthalle gelegt und seine eigene Gemäldesammlung der Moderne eingebracht hatte. Erfreulicherweise ist Nannens Stiftung, ergänzt um attraktive Sonderausstellungen, inzwischen zu einem Magneten für sehr viele Kunstfreunde geworden ...

Ein weiterer Künstler jener Zeit, der Bildhauer Jakob Bosboom, 1614 in Emden geboren und 1662 in Amsterdam gestorben, hatte als Stadtarchitekt ebenfalls Erfolg

Küstenszene mit Fischerbooten und Frachtschiffen
Backhuysen, Emden, Stiftung Henri Nannen

Reederei und Handelshaus Fisser & v. Doornum, Emden

in der reichsten Stadt unseres Nachbarlandes. Dort schmückte er die Giebel so manchen vornehmen Patrizierhauses aus und erhielt die ehrenvolle Aufgabe, die Front des neuen Rathauses am Dam, dem Hauptplatz Amsterdams, zu gestalten. Er gliederte dessen Ansicht durch hohe korinthische Säulen, löste aber die Strenge wieder durch üppige Blumengehänge unter den Fenstern. Neben derartigen Aufträgen ist Bosboom auch als Dozent tätig gewesen: seine Unterweisung *»Van de fyf Colomnen«* ist noch erhalten. Sie erläutert eine damalige Theorie, nach der die antiken Säulenformen die fünf menschlichen Sinne verkörpern …

Der Segler *Gertrude* hatte 75 Reisende an Bord, als er 1856 in Emden mit dem Ziel Illinois ablegte. An Bord war neben den Moor- und Landarbeitern, die wegen ihrer Arbeitskleidung als die »Blaue Familie« bezeichnet wurden, auch ein Schneider aus der Krummhörn. Er belieferte bald unter dem Firmenzeichen E & W die Farmarbeiter in Illinois mit dem in seiner Heimat gebräuchlichen »Blauzeug«. Seine Söhne verkauften das Textil-Unternehmen später an deutsche Juden. So kamen seine Produkte zu ihrem heutigen Namen *Levis Jeans* … Sohn Gerhard der alten Emder Familie Mennen wanderte Ende des 19. Jh. nach Morristown im US-Staat New Jersey aus. Mit Herrenkosmetik wurden er und sein Sohn William in den USA zu gemachten Leuten. Business und zwei Weltkriege ließen sie die ostfriesische Heimat vergessen. Umso größer war ihr Erstaunen, als 1954 unter deutscher Flagge der Frachter *Willem Mennen* aus Emden in New York einlief. Der deutsche Vetter war also nicht minder tüchtig gewesen, hatte die Emder Reederei Fisser & van Doornum mitbegründet und schon so kurz nach dem Krieg das neue Schiff auf Große Fahrt geschickt. Leider konnte der alte Herr in Emden das folgende Familientreffen mit den US-Mennens nicht mehr erleben …

In modernen Zeiten »bereicherten« der Emder Klamauk-Künstler Karl Dall, Insterburg und der Blödelbarde Otto Waalkes das Fernsehen: Rache für die Ostfriesenwitze. Ein anderer Sohn der Stadt hat sich bleibende Meriten erworben: Wolfgang Petersen mit seinem eindrucksvollen Antikriegs-Film »Das Boot« und dem dramatischen hohen Lied auf das harte Leben der Hochseefischer »Der Sturm«. Zu seinem Arbeitsstil bemerkt der renommierte Hochspannungs-Regisseur (»In the Line of Fire«, »Out-

ARD-Verfilmung »Das Rätsel der Sandbank«, nach Childers

Neubau Willem Mennen verlässt den Emder Hafen zur Werftprobefahrt: über die Toppen geflaggt

break«, »Airforce One«, »Troya«): *» ... als oberstes Prinzip des Films habe ich ausgegeben: Wir wollen Realität schaffen. Es muss echt riechen. Die Zuschauer sollen total vergessen, dass dies Hollywood ist. Sie sollen glauben, dass sie mit diesem Boot in schwerem Wetter unterwegs sind. Das beinhaltet natürlich auch, dass die Leute allein vom Zuschauen seekrank werden, wenn alles gut geht ...«.*

In den ersten fünf Tagen nach dem Start in den USA spielte »Der Sturm« mit 64 Millionen Dollar schon die halben Produktionskosten wieder ein.

Gute Zeiten – schlechte Zeiten

Luthers Lehre, alle Menschen seien vor Gott gleich, Missernten 1525 und gleichzeitige Exzesse von unbarmherziger Härte wie des Kemptener Fürstabts, mit der im Allgäu den Bauern überhöhte Abgaben abgepresst wurden, lösten in Süd- und Mitteldeutschland, nicht aber im Norden, die Bauernkriege aus.
Die fränkischen Bauernführer Götz von Berlichingen und Tilman Riemenschneider, der Bürgermeister von Würzburg, leisteten der ausbeutenden Obrigkeit heftigen Widerstand. Den hatte der übel berüchtigte »Bauern-Jörg«, der Truchseß von Waldburg, schon bald bei Würzburg gebrochen, brannte dann vor Kempten 200 Wohnstätten nieder und ließ die flüchtenden Leibeigenen von seinen Reitern niederstechen. Im aussichtslosen Kampf der ungeübten und mangelhaft bewaffneten Bauernschaft gegen professionelle Söldner fielen Tausende, und an die 4000 wurden eingekerkert. So scheiterte die erste allgemeine »Revolution des gemeinen Mannes«. Liest man heute die seinerzeit in Memmingen formulierten »Zwölf Artikel der Bauernschaft«, so kann man seinen Unmut über die damalige »gottgewollte Ordnung« kaum verhehlen. Aufgehoben wurde die Leibeigenschaft in Bayern erst 1808.
Der Bauernjäger war auch dabei, 1528 die Wiedertäufer unbarmherzig zu verfolgen. In Kaufbeuren wurden fünf Männer enthauptet und 30 Männer und Frauen teils mit glühenden Eisen durch die Wangen gebrannt, teils mit Ruten aus der Stadt gepeitscht; sogar Kinder von 11-13 Jahren wurden eingesperrt. Die Nachkommen des Bauernjörg von Waldburg-Zeil beherrschen noch heute weitläufige Ländereien und Zeitungen im Allgäu …

Friesische Seefahrer waren weltoffen, kannten andere Kulturen, Religionen und Hautfarben. Toleranz gehörte zu ihrem Erbe, ebenso wie der traditionelle Unwille, sich von kirchlichen oder feudalen Herren gängeln oder ausbeuten zu lassen. So fiel schon unter dem toleranten Grafen Edzard der Protestantismus seit 1519 in Ostfriesland auf fruchtbaren Boden, auch weil Edzards Gemahlin, eine schwedische Königstochter, dem lutherischen Glauben anhing. Dennoch lösten auch Protestanten durch ihre auseinanderstrebenden Richtungskämpfe erhebliche Unruhe in unserem Heimatland aus. Zudem verstärkte sich das Aufbegehren der Landstände gegen die Machtbefugnisse eines Herrscherhauses in Aurich, das die Steuereinnahmen hemmungslos verprasste.

In Ostfriesland jedenfalls verlor nach dem Tod Edzard des Großen 1528 die »heilige« katholische Kirche endgültig ihre ehemalige Bastion. 28 Klöster wurden verlassen, viele Mönche konvertierten. Der lutherische Edzard II. sammelte die Kunst- und Wertgegenstände aus Kirchen und Klöstern ein. Graf und Junker, unter anderen Folef von Kniphausen, griffen zu: Sie eigneten sich die Ländereien an und überließen ihren Knechten das Mobiliar. Die Bauern der Umgebung bedienten sich schließlich am Baumaterial, das z.B. in Ihlow die Mönche seit 1228 selbst »im Klosterformat« produziert hatten. Ihr Kloster wurde bis auf die Fundamente abgeräumt …

Von Eggerik Beninga, Grimersum, ist uns jedoch seine Chronik geblieben, ein bedeutendes Dokument jener Zeit. Als Drost der Festung Leerort beriet er den ostfriesischen Grafen Enno II und dessen Witwe Anna. So kam ihre Polizeiordnung von 1545 zustande. Diese half der Gräfin, Kirchenwesen, Familienleben und die Fürsorge in den Armenhäusern für umherziehende Bettler und bettlägerige Arme in den Griff zu bekommen. Sehr bemerkenswert ist in ihrer Verordnung der Hinweis, dass man auf arme begabte Kinder aufmerksam machen soll, um sie auf Kosten der Obrigkeit auf Schulen, auch außerhalb des Landes zu schicken.
Schließlich wurden auch die letzten sieben Mönche 1557 aus dem Franziskanerkloster in Emden vertrieben, wo

schon seit Ende des 15. Jahrhunderts »das sittliche Leben einen Tiefpunkt erreicht hatte«.

Ostfriesland hatte sich schon früh der Reformation geöffnet. Seitdem fanden zahlreiche Protestanten besonders in Emden eine neue Heimat. Als das katholische Spanien auch noch in der Gegenreformation begann, die calvinistischen Niederlande zu unterjochen und Herzog Alba sein Schreckensregiment führte, setzte geradezu ein Strom von Glaubensflüchtlingen nach Emden ein. Ihre Schiffe und Lagerbestände brachten sie mit. An der Burg ihres fürsorglichen Glaubensbruders Unico Manninga, dem Drost von Emden, fanden auch die Ärmeren Unterkunft und Arbeit. Der Zuzug gereichte nicht nur dem Stadtsäckel zum Segen, er verhalf auch Kunst und Bauwesen zu beachtlichem Aufschwung, wie schöne Renaissancegiebel am Delft, Alten Markt und an der Großen Deichstraße zeigen. Unico Manninga ließ einen Groninger Maler die damaligen prächtigen Trachten, Beleg bürgerlichen Wohlstands, in seinem Hausbuch dokumentieren.
Es kamen auch die Anhänger einer Freikirche, die nach den schlechten Erfahrungen der Gläubigen in vergangenen Jahrhunderten endlich eine entschiedene Trennung von Staat und Kirche anstrebten. Anstelle der Kindertaufe führten sie die Taufe auf den bewussten Glauben ein. Obwohl sie völlig pazifistisch auftraten, wurden die Taufgesinnten in jener Zeit des Umbruchs und hitziger Intoleranz mit den kämpferischen Wiedertäufern, Antreibern im Bauernkrieg, in einen Topf geworfen und verfolgt. Hunderte wurden eingekerkert, ihres Besitzes beraubt und als Ketzer durch Ertränken, Verbrennen, Enthaupten oder noch schlimmer, nach harter Folterung durch die Inquisition hingerichtet.

So wurden sie in ihren Heimatländern Schweiz, Süddeutschland, Österreich, Frankreich und Flandern nahezu ausgerottet. Die letzten, unbeugsamen Anhänger mussten als Flüchtlinge durch die Länder ziehen. Wenn auch zeitweilig von »kalvinistischer Tyrannei der Emder Herrenschicht« die Rede war, so nahm man sie doch in Holland und Ostfriesland auf.
Einer ihrer Führer, der Friese Menno Simons, sammelte zuerst in Leuwarden eine Gemeinde und konnte in geduldigen Gesprächen die Führer der anderen protestantischen Konfessionen zu friedlicher Akzeptanz der Andersgläubigen bewegen. Sodann bildeten die Mennoniten im toleranten Emden ihr neues Zentrum. Eine Gruppe mennonitischer Leinweber gründete 1544 Neustadt-Gödens am Jadebusen.

Die Zunftmeile in Neustadt-Gödens

Nachkommen Emder Mennoniten siedelten an den Küsten von Schleswig-Holstein, in Preußen, später in Polen und Südrußland, schließlich sogar in Nord- und Südamerika. Als Städtegründer und Kulturträger wurden sie gerne aufgenommen – zumindest von weltlichen Behörden.

Mit dem niederländischen Kampf um freie Religionsausübung schwappte auch die Opposition gegen die gräfliche Landesherrschaft über die Ems, was 1595 zur »Emder Revolution« führte. Der Emder Stadtsyndikus Althusius forderte, dass alle Regierungsgewalt durch genossenschaftliche Vertretungen (die Stände) kontrolliert und demokratischem Denken Vorrang gegenüber den Machtansprüchen absolutistischer Herrscher eingeräumt werden müsse. Unisono mit Ubbo Emmius, der auf die »ewige« friesische Freiheit pochte. Diese Grundrechte konnten sich europaweit dann erst nach der französischen Revolution 1789 durchsetzen …

In Emden brachte eine zusätzliche Schornsteinsteuer, die vor allem die kleinen Leute belastete, das Fass zum Überlaufen: der Emder Magistrat kündigte dem Grafen die Gefolgschaft auf und legte sich eine Söldnertruppe zu. Edzard II. verlor damit die Herrschaft über die Stadt. Diese Auseinandersetzungen konnten nicht ohne wirtschaftliche Folgen bleiben. Die Rückwanderung holländischer Reeder und die finanzielle Belastung der Bevölkerung auch auf dem Lande schwächten Schifffahrt und Handel. Nur auf die großen Ackerbauern wirkte sich die missliche Lage kaum aus. Dem Grafen entschwand seine frühere Gestaltungsmacht mehr und mehr, während die neue Schicht der Großbauern an Einfluss gewann.

Zu dem allgemeinen Elend der Besitzlosen kam nun auch noch der Dreisigjährige Krieg über das Land. Als besonders widersinnige Phase brachen im Winter 1622 die Mansfelder Horden der protestantischen Union in unser protestantisches Ostfriesland ein – brennend und plündernd. Zudem brachten sie die Pest. Mit dreitausend Reitern und Fußvolk zieht Mansfeld nach Aurich »hausend nach altem Brauch«: Viehraub, Schändung und Verwüstung. Dann erpresst er den Grafen Enno um 200.000 Reichstaler. Zwar versuchen die Ostfriesen durch

Das fürstliche Schloss zu Emden, Faber

»Der geglückte Überfall«, Franck

Öffnen der Siele und Durchstich von Deichen die räuberischen Truppen unter Wasser zu setzen, können sie aber nicht vertreiben. Mansfeld weicht nun nach Hooksiel aus, wird aber von der Landwehr zurückgeschlagen und verschanzt sich in Greetsiel. Ostfriesland ist leergefressen und abgebrannt. Die hungernden Landsknechte beginnen zu meutern, viele schlagen sich in die Büsche.
Nachdem die protestantischen Generalstaaten Mansfeld schon jahrelang mit Reitern, Sold, Geschützen, Musketen und Munition unterstützt hatten, vergolden ihm die Kriegsgenossen nun auch noch den Abzug mit 300.000 Gulden.
1648 endlich kommt der Westfälische Friede zu Münster und Osnabrück zustande, der endgültig Staat und Kirche trennt. Dennoch musste noch über dreizehn Jahre eine hessische Besatzung durchgefüttert werden. Viele Familien vom Lande hatten sich während alldessen hinter die schützenden Mauern und Wälle Emdens zurückgezogen. Auch Graf Ulrich saß diese schreckliche Zeit mit Familie und Hofstaat in seiner sicheren Emder Burg aus.

Eine drastische Schilderung dieses wahnsinnigen Religionskrieges und seiner Schrecken gibt aus eigenem Erleben Grimmelshausen mit seinem Büchlein vom »Abentheuerlichen Simplicissimus Teutsch« – eine spannende Jugendlektüre.

Einige Emder Kaufleute wandten sich um 1633, also noch während des Krieges, einem neuen Geschäftszweig zu, der bei den räubernden Soldaten kein Interesse fand. Sie begannen mit der Moorkolonisation bei Timmel. Den Torf nutzten sie als Brennstoff in ihren Häusern. Sie beabsichtigten, auf den so fortlaufend abgebauten Flächen Viehzucht zu betreiben. Es kam aber zu wenig Geld herein, und die Pläne mussten aufgesteckt werden.
Ab Mitte des 17.Jh. konnte sich der Getreideanbau in der Krummhörn so erfreulich entwickeln, dass allmählich

Auszug der Franzosen aus Jever, Barnutz

eine Erholung vom ruinösen Aderlass durch den langen Krieg begann. Als Teil Preußens wurde unsere Halbinsel aber bald in den nächsten Krieg hineingezogen, der Siebenjährigen. Franzosen und Österreicher marschierten 1757 ein, konnten jedoch im folgenden Frühjahr wieder vertrieben werden.
Als übelste Besatzer folgte ein Heerhaufen unter dem französischen Marquis de Conflans 1761, der plünderte, mordete und schändete. Die Orte wurden um hohe Kriegskontributionen erpresst und die Bevölkerung drangsaliert. Bei Aurich fand sich zwar ein ostfriesischer Volkssturm zusammen, wurde aber von den Franzosen zurückgeschlagen. Der schließliche Abzug der Invasoren kostete die Städte Leer, Aurich, Emden noch einmal an die 35 000 Dukaten. Dann endlich kehrte Ruhe ein.

Die verstärkten Kornlieferungen der Marsch in die Städte förderten den Bootsbau und zogen die Erweiterung und Vertiefung des ausgedehnten Gewässersystems nach sich. Die rege Dorfschifffahrt zwischen Krummhörn und Emden über das Sielmönker Tief trug nun zur Belebung des Hinterlandes bei.

Nach wie vor waren die Lebensverhältnisse bei unseren Vorfahren nicht nur ärmlich, sondern geradezu kümmerlich, wie ein Blick auf den östlichen Teil der Halbinsel zeigt. Zwar war im Butjadinger Landrecht verankert, dass keine Erbteilung erfolgen sollte, um die Zersplitterung des bäuerlichen Besitzes zu verhindern, es gab jedoch zu viele hungrige Mäuler. Als einzige Möglichkeit der Familienplanung blieb erschöpften Müttern, ihre Kinder ein bis drei Jahre zu stillen. Dennoch war die Kindersterblichkeit sehr hoch. Eine Auswertung der Kirchenbücher von Langwarden ergab: in den Jahren 1651 – 1775 starben drei von fünf Kindern unter 15 Jahren. Bis 1800 überlebten nur 5 von 6 Säuglingen das erste Lebensjahr, und von den Neugeborenen starben ein Drittel im ersten Lebensmonat. Ursachen waren ungesicherte Ernährung und mangelnde Hygiene.

Die Hebamme Grete Schauen musste bei ihrer Bestallung 1702 in Rodenkirchen lediglich den kirchlichen Amtseid ablegen:

- treu, fleißig und vorsichtig zu sein,
- Kinder in äußerster Not nicht ungetauft zu lassen,
- keine abergläubige Sachen oder Worte bei der Entbindung zu gebrauchen,
- eine Nottaufe dem Pfarrer anzuzeigen,
- bei Huren nicht eher Hand anzulegen, als bis der Kindsvater genannt sei.

Diese Ordnung galt noch bis etwa 1850. In Aurich wurde aber immerhin 1792 die erste Hebammenschule eingerichtet, die vor allem arme und ledige Mütter aufnehmen sollte. Die Auszubildenden (Puppentanten genannt) erhielten dort vier Stunden Theorie-Unterricht pro Woche.

Als 1744 Ostfriesland an Preußen fiel, bemühte sich König Friedrich II., Handel und Manufaktur zu fördern, denn die preußischen Kassen waren leer. Königsberger

Flachsscheuer in Laren/Ems, Liebermann

Leinsamen wurde in Ostfriesland ausgesät. Etwa 450 Weber um Leer, auch Insassen des Zucht- und Arbeitshauses auf der alten Burg in Greetsiel, produzierten unter dem Qualitätssiegel »Ostfriesisch Leinwand« feinste Ware. Schon Sechsjährige mussten bis zur Dämmerung spinnen, spulen, nähen und weben.

Friedrich II. besichtigt eine Manufaktur

Die Borkumer bestach der König sogar mit einer Ladung Flachs, 40 Haspeln und 80 Spinnrädern, um die Leinenindustrie ähnlich wie in Schlesien auszuweiten. Mennonitische Reeder exportierten diese Ware fortan nach Amsterdam, England, Portugal und Spanien.

Doch die Belastungen durch Zölle und zunehmender Wettbewerb führten zu Hungerlöhnen für die Weber und ließen die Leinenindustrie gegen Ende des 18. Jahrhunderts wieder einschlafen.

Man suchte andere Möglichkeiten und so ging der preußische König auf den Vorschlag ein, am Dollart Land zu gewinnen. Für die Deicharbeiten wurden 800 000 Reichstaler aufgenommen und für den schnell eingedeichten Landschaftpolder (1752 – 54) 300 000 eingenommen. Der König fand Gefallen an der neuen Finanzquelle. So konnte die Kriegs- und Domänenkammer in Aurich 1744 – 83 annähernd 8 Millionen Reichstaler nach Berlin liefern.

Abend im Moor, Modersohn

Die Entdeckung des Moores

Wenig später besann sich Friedrich der Große weiterer Landreserven: im Moor. Hochmoore umfassten ein Drittel der ostfriesischen Landesfläche. Seine ersten Kolonisten erwartete ein bedauernswertes Schicksal. Von den preußischen Veteranen, die beispielsweise ab 1767 zwischen Victorbur und Walle angesiedelt wurden, hatte kaum einer Kenntnisse von Landwirtschaft oder gar Moorkultur, wie von Berufssoldaten nicht anders zu erwarten. Selbst ohne ein Konzept, schickte sie die preußische Kriegs- und Domänenkammer in jene siedlungsfeindliche Einöde und überließ sie dort ihrem Schicksal. Die einzige Möglichkeit, dort Nutzpflanzen zu ziehen, bestand im Abbrennen des Moors und dem Anbau von Buchweizen. Bis nach Ostpreußen und ins Elsaß zog der Rauch von brennenden ostfriesischen Mooren.

Doch schon nach wenigen Ernten war der Boden erschöpft, fehlende Weideflächen und Armut ließen den Ankauf von Vieh auch als Düngerproduzenten nicht zu. Die ersten Kolonisten mussten sich mit den genügsamen Ziegen zufriedengeben.

Bittgesuche um Stundung der Erbpacht sind von den Behörden meistens hartherzig überhört oder nach monatelanger »Bearbeitungszeit« abschlägig beschieden worden. In ihrer packenden Ballade bringt Annette von Droste-Hülshoff aus Münster die uralten Ängste vor dem unheimlichen, bedrohlichen Sumpf und seinen Geistern so zum Ausdruck:

Der Knabe im Moor
O, schaurig ist's, übers Moor zu gehn,
wenn es wimmelt vom Heiderauche,
sich wie Phantome die Dünste drehn
und die Ranke häkelt am Strauche,
unter jedem Schritte ein Quellchen springt,
wenn aus der Spalte es zischt und singt –
o, schaurig ist's, übers Moor zu gehen,
wenn das Röhricht knistert im Hauche! ...

Mädchen aus dem Teufelsmoor, Modersohn-Becker

Haus im Torfstich, Moordorf

Moordorf könnte das kinderreichste und zugleich ärmste Dorf Preußens gewesen sein. In den niedrigen Lehmkaten schliefen die Familien zu dritt und viert in einem Bett. Viel zu früh schon mussten sich die Kinder Arbeit als Knechte und Mägde suchen oder in den umliegenden Gemeinden selbstgefertigte Bürsten und Binsenmatten anbieten.

Die verzweifelten Eltern schickten ihre hungrigen, barfüßigen Kinder zum Betteln in die Nachbargemeinden. Doch meistens kehrten sie mit leeren Händen von Armenwächtern »erbärmlich zerschlagen« wieder in die Elendshütten zurück. Beim Bau ihrer Katen verwendeten die Moorkolonisten das Material aus ihrem Umfeld. Die Unterkonstruktion der Wände und Dächer bestand aus Birkenknüppeln und Strauchwerk, darüber strich man Lehm. Im Winter schnitt man Reith an den Wasserläufen und Seen, um damit die armseligen Behausungen zu decken. Aus Binsen wurden Körbe und Stuhlsitze geflochten.

Des Moorbauern Werkzeug und Klumpen, Museum Westerhauderfehn

Das Moorbrennen

Seit altersher hatten die ans Moor grenzenden Bauern, auch unsere Vorfahren in Victorbur, ihr Vieh dort grasen lassen und Torf gestochen, wurden nun aber in ihre Gemeindegrenzen verwiesen. Das führte natürlich zu endlosem Streiten, erst recht, als Moordorf per Dekret zu Victorbur eingemeindet wurde und die Armenkasse jetzt auch noch den Moorkolonisten ein Überleben ermöglichen musste. Aus dieser Zeit stammt die Mär, Moordorf sei als Sträflingskolonie Preußens gegründet worden. In der Weimarer Republik galt es als Kommunistennest und bei der SS als Schandfleck mit »gehäufter Ausschusserbmasse«.
Der Ausspruch jener Zeit sagt es: »Dem ersten den Tod, dem zweiten die Not, dem dritten das Brot«. Noch sollten sich zwei weitere Generationen bei der Knochenarbeit

Tauwetter, Meinhard Utrecht

Schule im Dorfmuseum Münkeboe, Stromann

Im Moor

abrackern, um aus dem Moor Acker- und Weideland zu erschaffen. Ohne Zugtier musste das Siedlerehepaar den Pflug selbst durch den Boden zerren. Die mit vier bis zehn Morgen jedoch zu kleinen zugeteilten Flächen ermöglichten den Kolonisten noch lange nicht, zur Entlohnung eines Lehrers für ihre zahlreichen Kinder beizutragen. In der Hoffnung auf bessere Chancen legten viele Pfennig auf Pfennig zurück, um nach Jahren mit der ganzen Familie auswandern zu können.
Richard Ahlrichs erinnerte sich der bitterkalten Februartage von 1929: »*In der Moorkolonie Voßbarg hatten die meisten Einwohner lediglich einen Kamin (Fürherd), Öfen gab es kaum. Die Fußböden aus gelegten Backsteinen trugen nicht sonderlich dazu bei, behagliche Wärme auszubreiten. Schnell musste das Mittagsmahl eingenommen werden, das Essen sollte nicht zu kalt werden. Eine Kolonistenfamilie hatte Tee getrunken, war dann zum Melken und Füttern in den Stall gegangen, als sie nach geraumer Zeit die Küche wieder betraten, war der Tee in den Tassen zu Eis geworden. Am Morgen hatte der Frost das Geschirrtuch (Schöddeldook) hart frieren lassen; das Brot, gefroren über Nacht, konnte kaum geschnitten werden. Über Milch und Sahne hatte sich auf dem Küchentisch eine Eisschicht gebildet. Eiskristalle funkelten von Stubenwänden wider, Wasser in der Wärmflasche fror über Nacht im Bett außerhalb der Bettdecke.*
Die Tinte in den Schulbänken war zur Freude der Kinder zu Eis gefroren. Schreiben brauchten sie zunächst nicht. Dafür standen sie mit dem Lehrer um den Ofen herum und sangen: ‚Oh, wie ist es kalt geworden und so traurig, öd und leer‘ oder sie deklamierten das Wintergedicht ‚Der Winter ist ein rechter Mann, kernfest und auf die Dauer.«

Mit dem Ausbau der Fehne schufen Entwässerungskanäle (Wieken) die Voraussetzung für eine erträglichere Existenz. Die systematische Anlage von Hauptkanal, Seitenarmen und einem ausgedehnten Netz von Schloten bewirkte nun die effizientere Trockenlegung, schuf den Wasserweg zu den Flüssen und befreite jene Moorbauern aus ihrer unwegsamen Isolation.

Sturmflut!

»Alle früheren Fluten wurden übertroffen von der furchtbaren Weihnachtsflut 1717, keine hat die Küstenbewohner mehr überrascht, denn der Sturm war nicht übermäßig und der Mond stand im letzten Viertel«. So erzählt Gerhard Outhof, Pastor und Augenzeuge in Emden: »der Wind sei aus Südwesten gekommen, habe sich dann aber am Nachmittag des 24. Dezember nach Westen und mit Sonnenuntergang nach Nordwesten gedreht, und gegen Mitternacht nachgelassen. Niemand dachte an Gefahr, alle gingen unbesorgt zu Bett. Unvermutet, zwischen 1 und 2 Uhr nachts, wurde der Sturm zum Orkan. Die See schwoll zu nie gekannter Höhe, lange vor Eintritt der Flut. Erst gegen 6 Uhr sollte in Emden Hochwasser sein, aber um 2 Uhr strömte das Wasser schon durch die ganze Stadt.« Outhof, der in der Osterstraße wohnte, wurde rechtzeitig durch seine Nachbarn geweckt, trat aber schon aus dem Bett ins Wasser. Er stieg mit seiner Frau und der Magd auf den Boden. Eine Viertelstunde später stand das Wasser schon 5 Fuß hoch in der Küche. Ein Stück der Außenmauer barst, eine Innenmauer stürzte ein. Outhof geriet bis an den Leib ins Wasser und wäre beinahe mit fortgerissen und in den Keller geschwemmt worden. Mit Mühe gelang es ihm, sein Studierzimmer zu erreichen, wo sich trockene Kleider vorfanden und Feuer angemacht werden konnte. Einem Nachbarn, der sich ganz durchnässt auf den Dachboden geflüchtet hatte, ging es nicht so gut. Er musste ohne Feuer und Licht bis zum anderen Mittag ausharren. Nur die Große Deichstraße und der höchste Teil der Burgstraße blieben trocken, sonst war die ganze Stadt überschwemmt. Noch nach drei Tagen fuhr man mit Booten durch die Straßen.

»Für die Landbevölkerung war es erst recht eine Nacht des Schreckens und des Grausens. Das Elend war hier noch viel größer, weil die Möglichkeit rechtzeitiger Hülfe weit geringer war als in der Stadt. Große Kolke waren eingerissen.
Das Schmackschiff des Emder Schiffers Jan Jansen van Rheen segelte in der Weihnachtsflut über den Seedeich bei Esens hinweg, geriet bei Resterhafe auf Grund und musste abgewrackt werden. Große Stücke Moor und Heide trieben an, ja sogar ganze Roggenäcker.«

Land unter bei Resterhafe, Winter 1946/47, Folkerts

Die schon arg reduzierte Insel Bant war endgültig verschwunden. Insgesamt kamen an der Nordseeküste etwa 11.000 Menschen um ihr Leben, auch 90.000 Stück Vieh. An die 5000 Häuser waren von den Fluten fortgespült und 3500 beschädigt worden. Unwiederbringlich waren die Verluste an Hab und Gut.

Die weiteren Folgen der »jämerlichen Wasser-Flutt in Nieder-Teutschland« beschreibt die verwitwete Bäuerin Reins, Pächterin des Pewsumer Hammrichs in einer Eingabe an die Domänenverwaltung:

»In dieser Zeit (1717 – 1724) ist alles Land außer 7 Grasen mit Gerste, unter Wasser gestanden, bis man 1725 den Pflug wieder ins Land setzen konnte, und habe mein Brot solche Jahre über mit meinen Kindern mit Spinnen verdienen und die mehrste Zeit mit einem Stücklein Brot und Wasser behelfen müssen. Das Land war durch das Salzwasser verdorben, die Gräben so verschlammt, dass zunächst das Ackerland neu

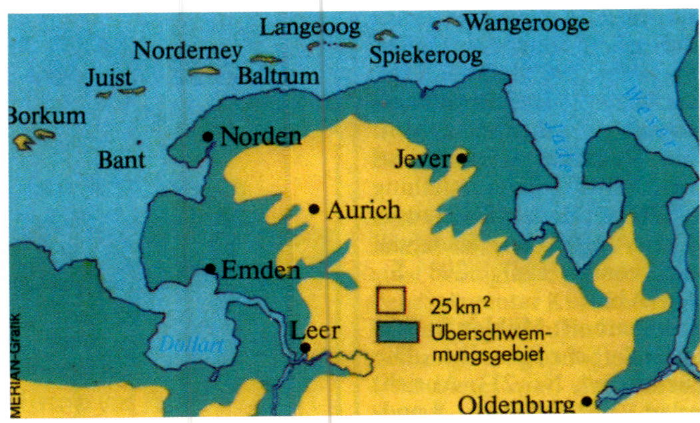

Die Ausdehnung der Flut 1717, Merian

beschlotet und bearbeitet werden musste, bevor es wieder die nötige Gare hatte und bestellt werden konnte ... worauf wir im Jahre 1727 aufs erste Mal die Güte Gottes wiedersahen und einer reichen Ernte uns zu getrösten hatten. Da aber in der Erntezeit die Rebellen alle Mannschaft und Personen von den Gütern verjagten, also mussten meine Söhne und Knechte auch mit fort, und mein Getreide von 24 Grasen, so sehr schön stund, verdarb nicht allein auf dem Lande, so dass ich nichts davon als das Stroh eingeerntet habe, sondern die Rebellen plünderten mir auch das Haus, raubten mir zwei Pferde und fünf Kühe, ferner alles Hausgerät, Linnen und Kleidung, weswegen ich abermalen aufs Haupt ruinieret war.« (bei Ohling)

Wieder leitete ein neuer Schiffstyp die Wende zum Besseren ein: die alten Moorbauern modifizierten die Tjalk mit ihrem Sprietsegel und den Seitenschwertern zur *Mutte*. Wie Lübbe Voss erzählte (Qualitätssiegel: Dohn bi Lübbe Voss), neben Dübbel & Jesse auf Norderney und Bültjer in Ditzum, einer der letzten Werftbetreiber am Ems-Jade-Kanal, schwebte ihnen dabei die Form einer trächtigen Sau vor.

Lübbe Voss mit seinem Modell Gretje, Greiter

Ein solches Muttertier besaß ja ebenfalls einen spitzen Kopf und völligen Bauch. Den schön gewölbten Schweinehintern konnten Bootsbauer ausformen, da sie gelernt hatten, die Planken über Feuer zu biegen und in sich zu drehen. Die zärtlich *Törfmuttjes* genannten Frachter erhielten nun Gaffelsegel, die auf schmalen Kanälen schnelle Wenden erlaubten, und beim Binnenrigg noch drei Vorsegel am langen Bugspriet. Die abschwenkbaren hölzernen Seitenschwerter verminderten die Abdrift.

Noch mehreren Generationen dienten diese Arbeitspferde zwischen Fehnen, Sielhäfen, Wattfahrwasser und den Inseln. Sie brachten den Brennstoff Torf für die Marschenbewohner und verteilten die Landeserzeugnisse

Schwedischer Dreimaster, holländischer Botter, Schelhout

entlang der Küste. Auf der Rückfahrt nahmen Fehntjer das nötige Baumaterial mit, gern auch alte mistversetzte Warfenerde oder Schlick zum Düngen ihrer abgetorften Flächen. Sie ließen sich dazu mit der Ebbe trockenfallen und schaufelten den schwarzen Emsschlick binnenbords. Zurück auf ihrem Fehn lagerten sie die schwere Masse bis ins nächste Jahr, um dem Regen Gelegenheit zu geben, das Meersalz auszuwaschen. Bis der nahezu sterile Boden soweit verbessert war, dass Getreide angebaut werden konnte, hatten die Fehntjer jahrelange, mühselige Arbeit im nassen Torfstich vor sich.

Vom Moor zum Meer

Schlechte Zeiten mussten auch die Insulaner erdulden. Die steten Sandverwehungen dort ließen nur mageren Gartenbau zu. Zusätzlich hielten sich die Familien mit dürftiger Viehzucht und dem mühseligen Fischfang über Wasser.

Mit dem Kreyer (Schlickschlitten) zu den Reusen, Pitzek

Schlengenbau 1960

Da wird die Freude über ein gestrandetes Schiff verständlich, das vielleicht Bier, Lebensmittel und verkäufliches Handelsgut brachte. Dass Strandjer schon mal irreführende Leuchtfeuer entzündeten, ist nicht belegt, sondern Borkumer wiesen schon 1576 mit ihrem Alten Leuchtturm den rechten Kurs.
Im ewigen Kampf mit dem Meer um ihr Land standen sie jedenfalls lange allein, bis Küstenschutz und Neulandgewinnung von der preußischen Regierung übernommen wurden. Mit der Anlage von Schlengen als Schlickfänger im Watt und dem Bau von Buhnen, Deichen und Deckwerken ergaben sich nun für die Insulaner willkommene Arbeitsplätze.

Eine Zeitlang bot den seefahrenden Männern die gefährliche Arbeit auf holländischen, Hamburger und Emder Walfangschiffen guten Verdienst.
Von Borkum waren 1782 noch an Kommandeuren 30 und etwa 300 an Mannschaft auf Fahrt (im Alter von

Schlengenbau 2000

Jonas: Hausschmuck eines Emder Walfangkapitäns

12 – 70 Jahren). Doch von da an ebbte das Geschäft wieder ab, denn allen ostfriesischen Walfängern unter holländischer Flagge wurden im Niederländisch-Englischen Krieg die Schiffe konfisziert, drei Grönlandfahrer verunglückten im Nordatlantik. Sie hinterließen 50 Witwen und Waisen.
Beim Fang von Frischfisch mit ihren ein- bis zweimastigen kleinen Schniggen und Anlandung in den Küstenorten machten Händler von Schiermonnikoog den ostfriesischen Insulanern mehr und mehr Konkurrenz. Es blieb ihnen noch gelegentliche Fracht- und Fährschifffahrt, bis 1806 durch Napoleons Kontinentalsperre auch bei dieser Verdienstmöglichkeit Ebbe herrschte.

Fischerboote bei Ebbe, Folkerts

Der Emder Walfänger »De Unie«de Jager, Ostfriesisches Landesmuseum Emden

Getrockneter Fisch wurde zur ausschließlichen Nahrung. Auch auf den benachbarten Inseln erstarb das Frachtgeschäft, beschleunigt durch die sich schnell entwickelnde Dampfschifffahrt der Festlandhäfen. Die Lage war hoffnungslos.

Bevor die Situation sich weiter verschärfte, gründeten die Ostfriesischen Stände 1787 in Norderney ein erstes Seebad. Doch noch Jahrzehnte sollte den konservativen Insulanern das Wasser bis zum Hals stehen, bis sie bereit waren, sich voll und ganz auf das neuartige Badewesen einzustellen. Auf den anderen Inseln brachten sogar erst die 1870er Jahre wirksame Einkommensverbesserungen.

Welch klägliche Lebensverhältnisse auch in der Marsch um 1841 bei Landarbeitern herrschten, erhellt die Stellungnahme des Amtmanns von Campen an das Königliche Wohlfahrtsamt in Emden zum Antrag des Onne Philipps Onnenga auf einen Trauschein.

»O. P. Onnenga ist hierselbst geboren und sammt seinen Geschwistern durch Unterstützung der Armenkasse erzogen. Seit plm. 6 Jahren haben sie für ihre Mutter bei Garrelt Behrends dahier eine Küche gemietet, deren Pacht sie gemeinschaftlich tragen. Vor ungefähr 3 Wochen ist des Onnenga Braut Anke Gerriets Freerksen bei ihrer Schwiegermutter in gedachte Küche eingezogen und da Onnenga vor acht Tagen wegen Streit mit seinem Bauer außer Dienst gekommen ist, so hat er sich ebenfalls in dieser Küche niedergelassen. So verhält sich die Lage mit der Wohnung. Ob er hier Arbeit gefunden, müssen wir sehr bezweifeln, da gegenwärtig total Mangel daran ist, die Arbeiter der Reihe nach zu Hause liegen, und mehrere dieser Tage nach Holland gegangen sind, um dort Beschäftigung zu suchen. Wie spärlich es überhaupt immer hierorts mit Arbeit aussieht, und wie ernst die Lage der Arbeitsclasse sich dadurch herausstellt, läßt sich aus folgendem leicht schließen. Das hiesige Kirchspiel zählt 10 (Bauern-)Plätze und kann man auf jedem Platz, außer den festen Dienstboten, nur 2 Arbeiter rechnen, so haben also im ganzen plus 20 Arbeit. Nun sind in den letztverflossenen Jahren in Ecken und Winkeln etwa 20 neue Küchen angebaut, deren größte Zahl nicht über 8 Quadratfuß (6,8 qm) Raum enthalten. Diese elenden Stübchen, welche den Namen nicht verdienen, und wahrlich mit Fug und Schick auch nicht bewohnt werden können, bringen durch die Überbevölkerung 8 bis 10 Stüver Miete auf, ohne dass einiger Gartengrund dabei ist. In diesen 20 Küchen haben wir nun bereits die eben berechnete hinreichende Anzahl Arbeiter, und sind wir nicht imstande die große Masse der übrigen Arbeiter auf irgend eine Art zu beschäftigen. – Dies berücksichtigend, wird Königl. Wohl. Amt es uns keineswegs mißfällig aufnehmen können, wenn wir unsererseits keinen

Trauschein bewilligen, bevor diejenigen, welche sich ohne polizeiliche Erlaubnis hier niedergelassen haben, des Dorfes verwiesen sind.«

Schon während der Kontinentalsperre durch Kaiser Napoleon war die Handelsschifffahrt zum Erliegen gekommen. Nach der Abtretung Ostfrieslands an das Königreich Hannover verkümmerte der einst lebhafte Hafen Emden gänzlich. Erst gegen Ende des für Ostfriesland verlorenen Jahrhunderts kam durch erneute preußische Verwaltung wieder Leben in die Provinz. Dazu trugen hauptsächlich ein Bahnanschluss mit Westfalen, der Ausbau des neuen Fahrwassers zur Ems und 1888 die Anlage der neuen Emder Seeschleuse bei.

Mit dem Bau des Dortmund-Ems-Kanals wurde der Massengut-Umschlag von Kohle, Erz und Getreide möglich. Zahlreiche Fischereiflotten, Seereedereien, Industriebetriebe und Werften säumten bald die Einschnitte des Hafens und boten Arbeit für alle. 1939 hatte Emden endlich wieder Anschluss an alte Blütezeiten gefunden.

Strandleben einst ...

... und heute

Sammlerstücke

Eine kleine Auswahl von Erbstücken »aus der guten alten Zeit« wird uns den früheren Alltag und die typische ostfriesische Lebensart ein wenig näher bringen.
Der Sage nach soll das im Dollart versunkene Dorf Torum schon acht Gold- und Silberschmiede gehabt haben, die dem ungewöhnlichen Schmuckbedürfnis der bäuerlichen Bevölkerung des Reiderlandes dienten. Die vernichtende Sturmflut von 1509 wurde denn auch sogleich als Gottes Strafe für die eitle Goldtracht und mangelnde Demut gedeutet.
Auch in den kleinen Orten Oldersum und Campen ebenso wie in der reichen Handelsstadt Emden lassen sich zu Beginn des 15. Jh. Goldschmiede nieder und gründen ihre Zunft. Auch Meister Schöningh, Stammvater der bekannten Emder Familie, war Oldermann dieser Innung. Der Silberschatz im Emder Rathaus zeigt wertvolle, ungewöhnliche Stücke dieses hochentwickelten Kunsthandwerks.

Eine sehr feine Zierform, die Filigrankunst aus gedrehten, »gekörnten« Golddrähten, fand sich schon an Münzen aus dem 13.Jh. auf den »Wilden Äckern«. Aber erst um 1750 brachten die friesischen Goldschmiede diese

Brantwienskoppen im Emder Silberschatz

»Arm aber reinlich« 1737, Chardin

Ostfriesischer Filigranschmuck, Weiser

Goldwaage aus dem Jahre 1758

Spezialität zu höchster Fertigkeit. In floralen Mustern und Füllstücken ihrer Diademe und Colliers ahnt man schon die Formensprache des späteren Jugendstils. Im Kontrast mit geschwungenen Goldplättchen entwickelten sie einen mondsichelförmigen Halsschmuck, der an feinen Kettchen weitere Schiffchen oder getriebene Muscheln trug. Kokett begleiteten sie jede Kopfbewegung der Trägerin. Bloembootjes nannten unsere Altvorderen diese hübschen Schmuckstücke sehr treffend.
Mitte des 18. Jahrhunderts war eine Unsitte eingerissen, die heute mit Zuchthaus bestraft wird – das »Kippen und Wippen« von Münzen. Auch Friedrich der Große schritt im Jahre 1764 mit einem »Geschärften Edict« dagegen ein und drohte harte Strafen an. Mit Beschneiden von Goldmünzen »van elk een bietje« besorgte man sich Späne des kostbaren Stoffes, die man einschmelzen und verkaufen konnte.
Solch ein reduziertes Goldstück war jetzt nicht mehr ohne weiteres als Zahlungsmittel geeignet. Um nun das tatsächliche Gewicht dieser Stücke zu überprüfen, kamen Goldwaagen im Taschenformat auf.

Diese kleinen, fein geschmiedeten Krämerwaagen mit ihren Messingschälchen und den »recht abgezogenen« Gewichten wurden in einem handlichen Holzetui verwahrt. Jedes Gewicht entsprach der Goldmenge und trug auch die jeweilige Bezeichnung einer bestimmten Münze, einige sogar ein grobes Abbild. Ein kleines Fach enthielt Bruchteile, das heißt Messingplättchen, deren Gewicht durch Körnerpunkte je ein »As« gleich 1/60 Dukaten zu unterscheiden war. Die abgebildete Waage trägt auf den Wägeschälchen und dem Holzdeckel als Meisterzeichen ein eingeprägtes Rad.
Die Gewichte umfassen: Carolin, Sefferin, Sonn und Ducaten. Die Vielfalt an Münzen war so ungeheuer, dass der Rechenunterricht der Schulen wesentlich mit der Umrechnung gängiger Münzwerte bestritten wurde.
Seit altersher hat die kunstvolle Gestaltung seines Hausrats für den Ostfriesen große Bedeutung, er liebt die Dinge, mit denen er täglich umgeht, und ist auch zu wertvollen Anschaffungen bereit. Die traditionelle ostfriesische Sitte des Teetrinkens, die schon der frühe Handel mit dem Orient, insbesondere aber die schnellen Reisen der Teeklipper – auch von Emden aus – mit sich brachte, erschloss Gold- und Silberschmieden ein zusätzliches Geschäftsfeld.

Das typische Teesieb mit seinem breiten floralen Rand, der s-förmig gebogene Sahnelöffel zum Abschöpfen des Rahms von der Kumme und die vielfältigen Ausführungen von Tortenhebern, Löffeln und Gabeln schmücken den ostfriesischen Teetisch. Die Handwerkskunst des Filigrans ist in diesem Bereich jedoch seltener anzutreffen als der Silberguss. Dieser erlaubt hübsche Darstellungen von Segelschiffen oder romantischen bäuerlichen Szenen, wie wir sie von den holländischen Genremalern kennen.
Weitverbreitet ist schließlich auch das »Ostfriesenmuster« auf Bestecken. Jedoch sollte man besser vom

Rot-Dresmer Pott un Koppkes, Kluntjetang un Lepels

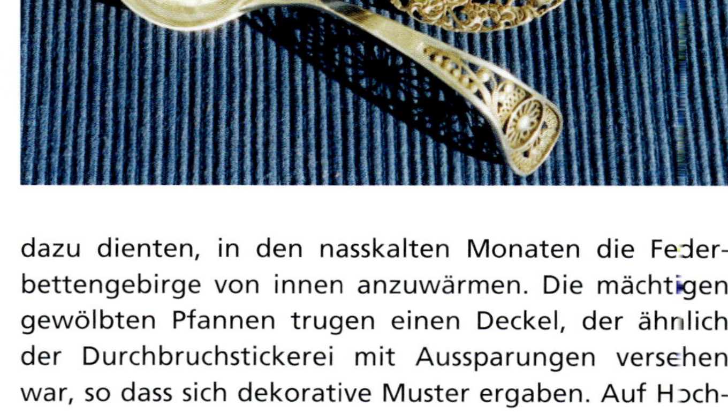

friesischen Kunsthandwerk reden, denn dieses kannte ja keine Grenze.

Zur Teezeremonie gehört natürlich auch das *Stövchen* (wie engl. stove = Ofen) zum Warmhalten der Kanne. Als letzter Messingschläger stellte noch in den 50er-Jahren der Pewsumer Ihno Meyer von Hand dieses typische Utensil her. Seine Zunft der *Blickschlager* lieferte auch die messingnen Bettwärmer, die mit etwas Glut gefüllt dazu dienten, in den nasskalten Monaten die Federbettengebirge von innen anzuwärmen. Die mächtigen gewölbten Pfannen trugen einen Deckel, der ähnlich der Durchbruchstickerei mit Aussparungen versehen war, so dass sich dekorative Muster ergaben. Auf Hochglanz poliert, hing solch ein schönes Stück an seinem kunstvoll geschmiedeten Eisenstiel an der Wand.

Stövchen

Friesische Wärmepfanne aus Messing

Buddelei

Silberne Bestecke, handbemalte Sammeltassen und Miniaturen, dekorative mit Perlen und Korallen besetzte Brautkränze, aus Silberdraht geflochten, und sonstige schöne Erbstücke bewahrte und zeigte man in der *Buddelei*, dem dreiseitig verglasten eichenen Hängeschränkchen mit seinem typischen friesischen Bogensims, oder im Eckschrank zusammen mit dem Delfter Porzellan.

Seit 1700 verbreiteten Schmack-Schiffe holländische Fliesen an der Küste. Noch im 20.Jh. verhalfen sie den schönen alten Häusern bis hinauf noch Nordfriesland zu mehr Wohnkultur und Hygiene. Denn nicht nur Wände, sogar die Regenwasser-Baken wurden damit raumhoch abgedichtet. Größere Fliesenflächen verstand man mit Eckornamenten (hier »Ochsenkopf«) geschickt aufzulockern. Biblische Motive waren im 18.Jh. besonders beliebt. Das hier dargestellte selbstsichere Auftreten des

Delfter Fliese

David vor Goliath und seinem Heer von Speerträgern symbolisiert das Rollenverständnis des kleinen Holland. Wie auch die Heimatmuseen in Emden, Leer, Weener und Jever zeigt das umseitige Temperabild eine großräumige, ländliche Wohnküche mit seinen Besitzern in der charakteristischen Tracht um 1900. Links führt eine Treppe zur *Upkamer*, daran schließt die *Schlafbutze* an,

Ostfriesische Wohnküche 1900, Poppinga

darüber die Familienbibel. Am Fenster tickt eine Amsterdamer Uhr, die rundum mit vergoldeten Bleiornamenten geschmückt ist. Unter dem gewölbten Deckel der Truhe lagern die besseren Kleider. Reisetruhen dieser Form waren meist mit eisernen Bändern und starkem Schloss versehen, früher wurden sie hinten auf die Kutsche geschnallt.

Die tüchtige Hausfrau pflegt ihre blinkend polierten Messingsachen wie Wärmepfanne und Dovkessel, der über Nacht die Glut aus dem Kamin aufnehmen soll. Die gusseiserne *Agterplatte* ist von blauweißen Delfter Kacheln eingefasst, um die Reinigung des Kamins zu erleichtern. Auf dem Rauchfang erinnert das Kapitänsbild eines Dreimasters mit vollen Segeln an die Zeiten Großer Fahrt. Jetzt sitzt der Pensionär *in't Hörn bi't Füer,* von einem Blaudruck-Kissen gestützt, und schmaucht zwischendurch eine holländische Kalkpfeife, während seine bodenlange großvolumige Porzellanpfeife kalt geworden ist. Unser Großvater pflegte auch den beim Anzünden weitgehend abgebrannten Kienspan in der Tabaksglut zu entsorgen.

Neben dem Pewsumer Stövchen auf dem Teetisch

mussten auch *Kraantjekanne* (Samovar) und Öllampe auf dem *Tellerrakje* jede Woche blank geputzt werden. Zum Andenken an die Kinder des Paares sehen wir da noch rechts über dem Binsenstuhl einen Schulkasten mit seinem bemalten Schiebedeckel.

In meiner Erinnerung sind *Sniertjebraa*, auch *updrögt Boontjes* mit luftgetrocknetem Speck *dick as en Gesangbook,* wie sie von der Decke hängen, große Delikatessen der Jugendzeit. Der *Mehlpüt* (vulgo »Dampfnudel«), serviert mit eingemachtem Kompott oder Vanillesoße, war immer willkommen. Nach ersten Frösten kam die Zeit für Grünkohl mit Pinkel (geräucherte Speckwurst) un *Tuffels*. *Kohlkönig* wurde auf den üblichen Vereins- und Betriebsfeiern, wer davon die allermeisten Portionen verdrücken konnte. Zu Silvester kam *Speckendicken* auf den Tisch, ein gehaltvoller Pfannkuchen mit angebratenen Speckwürfeln oder Wurstscheiben. Man reichte dazu *ostfriesischen Landwein* (Korn).

Hafeneinfahrt von Emden, 1729 (Ausschnitt)

Ein Spaziergang durch das alte Emden

Wohl die schönste Ansicht der Seehafenstadt 1729 bietet ein Kupferstich aus Augsburg, dem Zeichnungen des Friedrich Bernhard Werner zugrundeliegen. Dieser Mann war solch ein Hans Dampf in allen Gassen und rechter Hallodri, dass sein Lebensweg amüsant zu verfolgen ist und jene Zeit der Kleinstaaterei trefflich illustriert. Buchhändler Krebs beschaffte das kunstvolle Panorama Emdens, das wegen seines Großformats auf drei Platten gestochen wurde und nun unseren Rückblick bereichert.

Von Nesserland aus, in halber Vogelschau, breitet Werner vor uns das weite Panorama des dicht bebauten Emdens mit vielen herausragenden Gebäuden und Türmchen aus. Links mit Schloss und Großer Kirche beginnend schwenkt der Blick über die Türme der Münze, verweilt auf dem eindrucksvollen Rathaus, der Gasthauskirche und konzentriert sich dann auf die belebte Hafeneinfahrt. Rechts erhebt sich die Neue Kirche und im Osten das Herrentor zwischen den beiden Mühlen.

Wirklichkeitsgetreu und »wie gestochen« registriert Werner Details dieser Baudenkmäler; nimmt man Stadtpläne anderer Künstler zu Hilfe, so lassen sich bei ihm sogar bestimmte Giebel inmitten des Häusermeeres identifizieren. Am Rande der Stadt, deren Geschlossenheit er gut zur Geltung bringt, deutet er mit Bäumen und Bockmühlen auf den Zwingern den umfassenden Wall an. Den Hintergrund bilden weite Weidegründe, grasendes Vieh und Heuhaufen, sowie die kleine Siedlung Wolthusen. Über all dem kennen wir den typischen hohen blauen, frisch-windigen Himmel mit einzelnen weißen Altuswolken, wohl bei sommerlichen Temperaturen.

Den Vordergrund füllt nachmittäglicher lebhafter Schiffsverkehr auf der Ems. Viele Bojer, Fleuten und Tjalken nützen das Hochwasser und den mäßigen Ostwind. Wo die Ems entlang der Stadtmauer noch ihre Schleife um die gegen Sturmfluten schützende Insel

Nesse zieht, laufen die Segelschiffe direkt in die beiden vertieften Hafenarme von Rats- und Falderndelft ein. Sie passieren die hölzerne Lange Brücke, an deren äußerem Ende ein Schlagbaum nachts die Einfahrt verschließt. Der Steg endet am Hafentor, das uns erhalten blieb. Seine lateinische Inschrift bezeugt Dankbarkeit für die goldenen Zeiten: *Emdens Brücke wie Hafen und günstiger Wind ist Gott.*

Die Halbinsel Faldern mit Schreyers Hoek, Folkerts

Wir verlassen nun Werners Emder Panorama und vertrauen uns dem Norderneyer Seemaler und erfahrenen Segler Poppe Folkerts an. Seine farbmächtigen Impressionen lassen die Liebe zur maritimen Heimat spüren und vermitteln die frische Atmosphäre an Wasserläufen, unter Segeln im Watt, vor den Inseln und Küstenorten.

Auf seinem Bild schauen wir bei frischer Brise und bewegtem Wasser auf die Halbinsel von Faldern. Sie liegt zwischen den beiden Delften, deren Ufer von einer breiten Kajung begleitet werden: Wester- und Osterbutfenne. Dicht an dicht reihen sich dahinter hohe Packhäuser. Hier schlugen die großen Frachtschiffe ihre

Das alte Hafentor

Ladung um und kleine Binnenskipper übernahmen sie. Am Ende vom Ratskai erhebt sich das Commercien-Magazin oder Portofranco-Haus, das 1752 für die Kgl. Preußische Heringsfischerei-Gesellschaft erbaut wurde.

Die Südspitze der Landzunge wird seit altersher *Schreyershoek* genannt. Hier winkten die Emder Frauen und Kinder den Seeleuten beklommen zum Abschied und immer herrschte ängstliche Spannung, sobald Schiffe nach langer Fahrt wieder einliefen. Welche Nachrichten brachten sie mit? Mussten sie etwa vom Unglück überfälliger Kameraden berichten, so übertönte das Wehgeschrei der Hinterbliebenen die hektische Betriebsamkeit am Kai. In den alten Tagen haben viele Familien Männer an die See verloren, wie uns im folgenden Gedicht Arno Holz 1886 erleben lässt.

Een Boot is noch buten

»Ahoi Klaas Nielsen un Peter Jehann!
Kiekt nah, ob wi noch nich to Mus sind!
Ji hewt doch gesehn den Klabautermann?
Gott Lob, dat wi weder to Hus sind!«
Die Fischer riefen's und stießen an Land

und zogen die Kiele bis hoch auf den Strand,
denn dumpf an rollten die Fluten;
Hans Jochen aber rechnete nach
und schüttelte finster sein Haupt und sprach:
»Een Boot is noch buten!«

Und ernster keuchte die braune Schar
Dem Dorf zu über die Dünen,
schon grüßter von fern mit zerwehtem Haar
die Fraun an den Gräbern der Hünen.
Und »Korl!« hieß es und »Leiw Marie!«
Dumpf rollten die Fluten –
»'t is doch man schön, dat ji weder hie!«
»Un Hinrich, min Hinrich? Wo is denn dee?!«
Und Jochen wies in die brüllende See:
»Een Boot is noch buten!«

Am Ufer dräute der Mövenstein,
drauf stand ein verrufnes Gemäuer
dort schleppten sie Werg u. Strandholz hinein
und gossen Öl in das Feuer.
Das leuchtete weit in die Nacht hinaus
Und sollte rufen: O komm nach Haus!
Dumpf an rollten die Fluten –
Hier steht dein Weib in Nacht und Wind:
»Een Boot is noch buten!«

Doch die Nacht verrann und die See ward still,
und die Sonne schien in die Flammen,
da schluchzte die Ärmste: »As gott will!«
Und bewußtlos brach sie zusammen!
Sie trugen sie heim auf schmalem Brett,
dort liegt sie nun fiebernd im Krankenbett,
und draußen plätschern die Fluten;
dort spielt ihr Kind, ihr »lütting Jehann«,
und lallt wie träumend dann und wann:
»Een Boot is noch buten!«

Hatten die Schiffe erst einmal festgemacht, galt das Motto »Zeit ist Geld«, auch damals schon, denn die Reeder und Kapitäne konnten sich keine lange Liegezeit leisten. Schnell mussten alle Mann ran: die Ladung löschen. Bevor noch die Matrosen zu Schnack und Schnaps in die umliegenden Kneipen oder heim zu Muttern zogen, kamen die Schiffe zur Überholung, nach Martini zum Kalfatern (Abdichten der Planken mit Werg und Holzteer) auf die Helling an der Westerbutvenne oder die Schiffswerft Zum Preußischen Adler, Hinter der Halle (später Cassens). Für die Segelgarderobe war Mandema in der Großen Deichstraße zuständig, Schmeding am Bollwerk kümmerte sich um das laufende und stehende Gut.
An der Westerbutfenne legte auch der kleine Borkumdampfer an. So es die Tide zuließ, meisterte Wilhelm I. die Strecke zweimal täglich. Seine kohlebeheizte Dampfmaschine trieb die Schaufelräder an. Noch führen die danebenliegenden Frachtschiffe Segel.

Elegante Badegäste verlassen die Fähre mit kleinem Gepäck – nicht ohne Kontrolle der Billete. Die Damen mit kecken Hütchen und langen Kleidern mit eingeschnürter Taille nehmen von der povren Umgebung keine Notiz. Die Herren tragen Gehrock und wilhelminischen Schnauzbart. Zwei Gendarmen beobachten die Szene. Ein Bauernpaar hat am Tragejoch Körbe mit Gemüse angebracht: während er noch den vornehmen Damen nachschaut, verhandelt sie schon mit einem Wirt. Träger bieten sich an und Kutscher, die Reisenden über Land zu fahren oder zum Bahnhof. Rechts warten Fässer, Ballen, Säcke und Kisten auf den Transport zur Insel. Auch Zeitungen und die Post werden an Bord genommen – und viel Kohle.

Diese Häuserzeile in Emdens »Speicherstadt« auf Mittelfaldern beginnt im Hintergrund mit Wohnhäusern aus

Die Westerbutfenne um 1880, Schreyer

Die Speicher Welgelegen, Bleekers und Portofranco

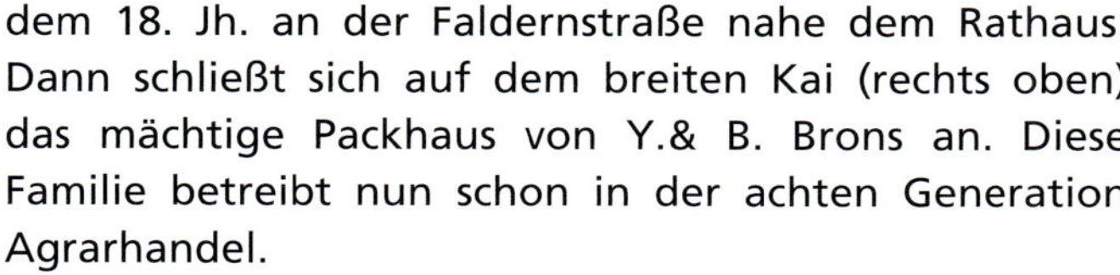

dem 18. Jh. an der Faldernstraße nahe dem Rathaus. Dann schließt sich auf dem breiten Kai (rechts oben) das mächtige Packhaus von Y.& B. Brons an. Diese Familie betreibt nun schon in der achten Generation Agrarhandel.

Der Brons'sche Getreidespeicher hatte überm erhöhten Erdgeschoss für Stapelware noch vier Lagerebenen und den Spitzboden mit dem Kranbalken. Die Gebinde konnten außen zur mittleren Luke jeder Etage oder im Gebäudeinneren mit einer Haspelwinde auf das jeweilige Geschoss gehievt werden. Mit seinen Fensterreihen beiderseits der Mittelachse und ihren grünen Luken verstärkte sich noch der Eindruck behäbiger Breite des Backsteinbaus im hansischen Stil.

Schwere schmiedeeiserne Anker am Giebel deuteten den Verlauf der Längsbalken im Gebäude an. Der ehemalige Beurtskipper Janssen aus dem Wybelsumer Polder lädt hier Getreide von seinem Fuhrwerk ab. Pralle Roggensäcke werden mit dem Ladebaum in den Bauch des Zweimasters »Osterschelde« gehievt.

Die Schonerbrigg Antje Brons, 1841 auf der Concordiawerft in Emden gebaut, nahm 160 RT Getreide auf. 1855 brachte sie 85 Auswanderer nach New York.

Das Gegenüber Am Delft, den an der Küste beliebtesten Hafen, zeigt dieser schöne Kupferstich. Um 1780 hat Emden mit 400 Schiffen wieder die alte Seegeltung errungen. Beide Seiten des Ratsdelftes sind von Seglern belegt, ein Wald von Masten ragt noch über die hohen schlanken Renaissancehäuser hinweg. Ein Drehkran hilft beim

Der Binnenhafen

Laden und Löschen. Quirliges Leben und Treiben füllt die Szene. Die neue Backsteinbrücke führt im leichten Bogen zum Rathaus, auf das die Emder mit Recht so stolz sind.

Medaille der Emder Schiffergilde

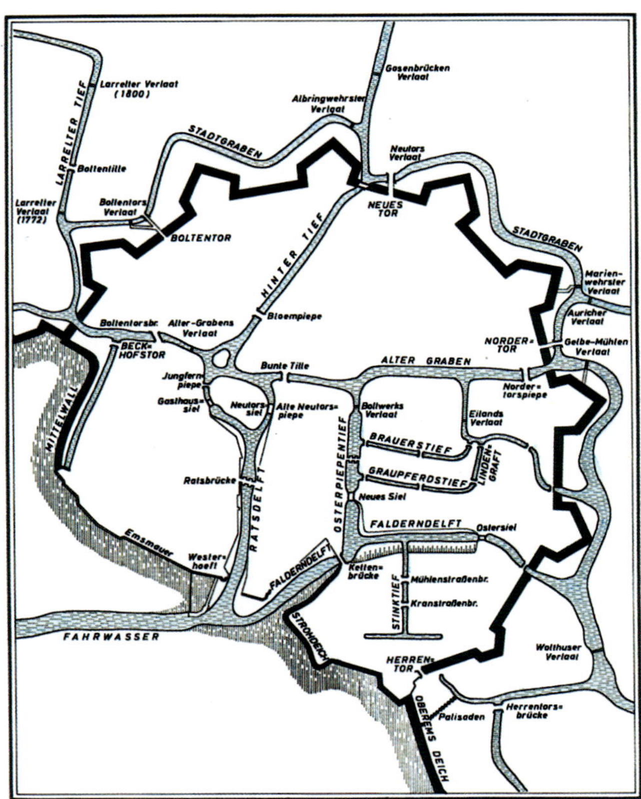

Wasserläufe, Siele und Brücken Emdens, Ohling

»Schönste Nymphe des Nordens« rühmt denn auch Georgius Schedelius die Heimatstadt in einem lateinischen Gedicht. Er ist Zeitgenosse und als Rektor der Emder Lateinschule in der Steinstraße (Olde Münte) auch Kollege des Leeraner Lateinlehrers Ubbo Emmius.

Den nun schon historischen schmückenden Beinamen »Venedig des Nordens« ließen unsere Vorväter durchaus gelten, da sie die beiden friesischen Schwesterstädte Amsterdam und Emden noch in der alten Pracht hatten durchwandern dürfen. Hier wie dort spiegeln sich

Kellerkneipe
v. Bartels

Boltentorpiepe, Petrich

in zahlreichen Wasserflächen Zeilen hoher prächtiger spitzgiebeliger Packhäuser und vornehme Patrizierdomizile aus der guten alten Zeit. Beim leichten, glitzernden Wellenschlag lösen sich ihre strengen Formen in bunt schwingende Flächen auf, faszinierendes Kaleidoskop der Farben und Linien. 172 Brücken (Piepen genannt, engl. pipe) bieten in Emden immer neue malerische Ausblicke auf sich verzweigende Wasserläufe und die vielfältigen Varianten der sie begleitenden historischen Bauten.

Beim Durchfahren der Piepen reflektieren ewig wiegende Wellen das Sonnenlicht an die Gewölbedecke und wir freuen uns am Echo unserer Rufe.

Agterum, der Umschlagsplatz für die Binnenfahrt

Die Kanäle (Tiefs) bildeten damals die Lebensadern der Stadt. Bei Ebbe liefen sie leer und nahmen Schlamm und Abfälle mit. Mit auflaufendem Wasser konnten die Plattbodenschiffe alle Stadtviertel anlaufen.
5000 Binnenschiffe im Jahr machten um 1870 jährlich an *Herrenlogement* und *Agterum* fest. Sie besorgten den größten Teil der Warentransporte wie Ziegel aus dem Emsland und übernahmen die Versorgung zwischen dem Hinterland und der Metropole. Im Spätsommer zum Beispiel begannen die Schifferfrauen in ihren *Klumpen* (Holzpantinen) das *Bösskuplopen*. Den angebotenen

Schöfeln am Nordertor, Depser

Weißkohl schnitten die Emder Hausfrauen zu feinen Schnitzeln und legten ihn für den Winter in Tontöpfe mit Salzlake ein ...
Längs des Stadtgrabens, der Emden zu einer sicheren Insel machte, besonders aber an den Tiefs, die ins flache Land hinausführen, sieht man auch heute vor den Gärten kleine Anleger mit Booten, die gerudert oder gestakt werden, bis sich außerhalb der Bebauung der hohe Himmel weitet und der Wind den Antrieb übernehmen kann. Fröhlich plantschen hier Kinder der Anlieger, lernen schwimmen und sich mit der kippeligen Jolle vertraut zu machen.
Im Winter bieten sich mit den zahllosen Tiefs, Kanälen und Binnenseen unendliche Möglichkeiten für jede Art des Eisvergnügens ...

Emden wurde im Zweiten Weltkrieg zu 78 Prozent zerstört. So kann uns leider nur noch ein fiktiver Rundgang durch das ehemalige Emden einige seiner nie vergessenen Baudenkmäler vor Augen führen.

Emdens Altstadt in Schutt und Asche

Kircheninneres, Fischer-Gurig

Die Große Kirche als das älteste Denkmal der Emder Geschichte besuchen wir zuerst. Bis zum 12. Jahrhundert hatte noch die alte Holzkirche genügt, da sich in den benachbarten Dörfern Groß- und Kleinfaldern bereits eigene Kirchen befanden. Dann aber entstand auf der alten Wurt am Emsufer das neue Gotteshaus, aus Backsteinen im großen Klosterformat fest gemauert. Über dem gotischen Westportal waren noch romanische Rundbögen zu erkennen. Für die wachsende Einwohnerzahl wurde das hohe Langhaus mit seinen mächtigen Rundpfeilern bald um die Seitenschiffe erweitert und hieß seither die Große Kirche.

Fanatische Bilderstürmer

Ubbo Emmius: *»Im Jahre 1455 wurde auf Ulrichs Bemühung hin Emden durch zwei Werke eine ansehnlichere Stadt. Er fügte einen Innenraum, den man Chor nennt, der Großen Kirche hinzu und ließ die Straße, die sich am Delft entlang erstreckt und jetzt der schmuckeste Teil der Stadt ist, zum ersten Mal mit Kieselsteinen befestigen dort, wo es bisher nur Dreck und unebene Stellen gab.«* An die Wände der Kapellen und die gemauerten Pfeiler lehnten sich zu katholischer Zeit dreizehn Altäre, die um 1520 auch von dreizehn Priestern bedient wurden. Neben anderen waren die Altäre im Besitz der Gilden der Zimmerleute, Schuhmacher, Schneider, Goldschmiede und Schiffer-Bruderschaft (Stiftung 1495 unter den Olderleuten Occo Tjaden und Hinderk Heyen).

Nach der Reformation konnte jedoch unter der Gräfin Anna ihr übereifrig-calvinistischer und rigider Superintendent a Lasco erwirken, dass man bei Nacht und Nebel jedweden Bilderschmuck aus der Kirche entfernte und bald auch die Altäre abbrach.

Zu dieser Zeit richtete der Kirchenälteste Gerhard te Camp eine Bibliothek ein, die um viele alte Handschriften und kostbare Werke wuchs und noch zu seiner Zeit 8000 Bände fasste. Als 1540 der junge Graf Enno II. auf seiner Emder Burg verstarb, ließ ihm seine Witwe eine kunstreiche Fürstengruft in der Südostecke der Großen Kirche errichten. Dem folgte Fräulein Maria von Jever später, die ihrem Vater, Edo Wiemken d.J. in der dortigen Stadtkirche ein sehr stilvolles flämisches Denkmal setzte. Ihr Motiv war wohl, sich damit optisch in den Rang der Cirksenas zu erheben.

Auferstanden aus Ruinen ist heute die Große Kirche als kulturelles Zentrum, auch Heimat der bedeutenden kirchengeschichtlichen a Lasco Bibliothek.

Ruine der Großen Kirche 1950

Siegel der Gemeinde der Großen Kirche

Ursprünglich besaß die Große Kirche einen romanischen Westturm, dann den markanten Turm, der auf allen alten Stadtansichten zu sehen ist, in der Mitte der Nordseite, und als dieser brüchig wurde, kam an seine Stelle der neugotische Backsteinbau. Als Besonderheit ist der Osteingang aufwendig barock gestaltet. Seine bogenförmige Überdachung schützt noch heute eine wappenartige Kartusche. Darauf ist das kleine gegen den damaligen katholischen main stream kämpfende »Schepken Christy« dargestellt, umgeben von der Inschrift: »GODTS KERCK VERVOLGT VERDREVEN – HEFT GODT HYR TROST GEGEVEN«. Hiermit bedankten sich 1660 die heimatvertriebenen Niederländer für die gastliche Aufnahme in Emden. Dieses Schiffchen dient noch heute als Siegel für die Gemeinde der Großen Kirche.

Am Fuß der Altstadtwarf »Hinter der Mauer«, heute Emsmauerstraße, strömte einst der mächtige Fluss vorbei, bis er sich seinen neuen Weg suchte. Die Idylle bei den sogenannten kleinen Leuten offenbart gemütliche Nachbarschaft im vergangenen Jahrhundert.

Pelzerstraße

Spürbar aufwärts spazieren wir nun die Pelzerstraße entlang in Richtung Delft und damit auf der Wurt, Grundlage der ersten Siedlung vor 1200 Jahren. An der breiten Treppe angekommen, schaut man rechterhand auf die Emsmauerstraße hinunter und kann ermessen,

Rechts: Häuserreihe unterhalb der Pelzerstraße, OMA

Emdens Anfänge: Pelzer-, Schul- und Rosenstraße

welch großartigen Anblick dort früher der breit dahinfließende Emsstrom bot.
Als einzige haben die Bürgerhäuser der Pelzerstraße in der gesamten Altstadt das Bombardement 1944 teilweise überstanden. Diese nach 1555 errichteten Backsteinhäuser waren typisch für die damalige Neubebauung der alten Warf, wo die Nachbarn innerhalb des Befestigungsrings eng zusammenrücken mussten, sodass nur selten Raum für einen kleinen Hof blieb.

Einlaufenden Schiffen bot sich der markante Anblick hoher schlanker Kaufmannshäuser mit ihren sechs Stockwerken und spitzen Dächern, wie sie sich hier von der Pelzerstraße bis zur Emsmauer vordrängten. Gegenüber den Renaissance-Giebeln der Pelzer Häuser biegen wir in die Klunderburgstraße ein. Dann queren wir die alte Schulstraße, an deren Ende wieder der Turm der Großen Kirche ins Bild kommt.
An der nächsten Ecke nach dem Klunderburggang haben wir die beeindruckende Burg vor uns. Ihr Name soll sich auf die großformatigen Backsteine beziehen, die dem langgestreckten Bauwerk mit den hohen Schiebefenstern sein charakteristisches Aussehen geben. Das Mauerwerk der Front zeigt oben ein Rundbogenfries und wirkt durch Sandsteinbänder aufgelockert und gestreckt, Gurtgesimse aus dem gleichen Material betonen die Fenstergliederung.

Mehrere ostfriesische Häuptlinge bauten sich Residenzen in Emden, wie auch die von Goedens, Dornum

Beim Segelmacher

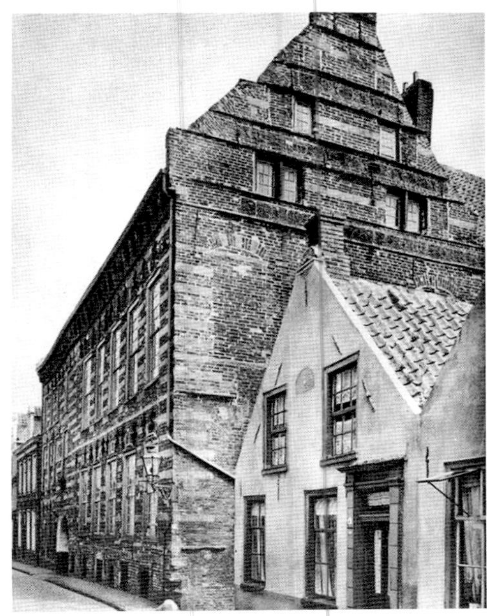

Die Klunderburg in der Emder Altstadt

und Oldersum. Die Klunderburg gehörte schon Anfang des 15. Jh. Häuptling Ewo von Borssum und Midlum, wurde 1522 von Tido, dem Häuptling von Inn- und Kniphausen, erworben und umgebaut. Ab 1564 mieteten die englischen Merchant Adventurers den Gebäudekomplex, der von der Klunderburgstraße bis vor zur Kleinen Deichstraße reichte, für jährlich 6000 Gulden als Auslieferungslager ihres umfangreichen Tuchhandels.
Ab 1751 beherbergte die Klunderburg das Comptoir der Königlich Preussischen Ost-Indischen Kompagnie und diente ab 1866 der Stadt Emden als Militärkaserne, wurde aber ansonsten nie zu kriegerischen Zwecken beansprucht. Die Klunderburgstraße geht nunmehr in die Große Deichstraße über. Wir spazieren über uraltes Pflaster, von Hufeisen, Wagenrädern und Generationen von Kirchgängern, Schulkindern, Marktfrauen und Handwerkern gerundet. Die Häuser wurden von Handelsleuten für Warenlagerung, Kontor und als Heim der Familie errichtet. Viele haben an der Straße eine Luke zum Keller, die das Einlagern von Brennstoffen erleichtert, manche eine »Wanderung«, einen kleinen Sitzplatz, der durch Ketten gegen die Straße abgesichert ist. In der Werkstatt des Segelmachers Mandema könnte es wie links ausgesehen haben:

Die Altstadt Emdens: Große Deichstraße (Westseite)

Halten wir inne und schauen hinüber auf das hohe Bürgerhaus Nr. 7 der Großen Deichstraße.

Sieht man einmal von äußeren Varianten ab, verursacht durch sich wandelndes Stilempfinden, Grundstückstiefe, holländische Einflüsse etc., zeigt die Altstadt Emdens einen ziemlich einheitlichen Bautypus. Vom Oberlicht der Haustür fiel das Licht in einen schmalen tiefen Flur, daneben lag zur Straße hin der heizbare Geschäfts- und spätere Wohnraum (Dörnse). Im hinteren Teil des Hauses befand sich die Wohnküche ursprünglich mit Schlafbutzen (Kellerköken) und einem Ausgang zum kleinen Hof mit einer Regenbake, darüber im Zwischengeschoss die Upkamer und je nach Familiengröße weitere Schlafräume. In alten Zeiten nutzte man die Upkamer (mit

Die Große Deichstraße von der Großen Straße aus gesehen

Der Löwengiebel 1934, Foto: de Vries

Kamin) als Gute Stube, hohen Festtagen und honorigem Besuch vorbehalten.

Die welkende Blüte der Hafenstadt im auslaufenden 17. Jh. zwang dazu, Neubauten in »vornehmer Zurückhaltung« anzugehen. Aus der Not der schmalen Grundstücke macht man nun eine Tugend, betont die Höhe der Häuser durch geschossübergreifende Halbsäulen (Pilaster) zwischen den schlanken Fensterachsen und reduziert so Anzahl und Aufwand für die Gesimse, hier aus profilierten Backsteinen. Wie das Haus Nr.7 zeigt, das *Siebern* ausführlich beschreibt, gelingt damit eine ausgewogene, sehr harmonische Gliederung der Front. Das ursprüngliche Mauerwerk aus der Bauzeit des Hauses um 1665 wurde später verputzt, die Pilaster sind getreu dem korinthischen Stil kaneliert. Dadurch wird der Blick über hohe, von weiß gestrichenen Blockrahmen eingefasste, Schiebefenster mit vielfacher Sprossenteilung hinauf in die Höhe geführt. Unter den Fenstern der oberen Geschosse sind reiche Blumengehänge eingefügt, wie sie auch der gebürtige Emder Bildhauer Jacob Bosboom am Amsterdamer Rathaus geschaffen hat.

Hauseingang Große Deichstr. Nr.7

Der abgetreppte Giebel geht in einen tempelartigen Säulenaufsatz über, dessen korinthische Kapitelle die flache antike Dreiecksverdachung tragen. Als ungewöhnlicher, markanter Giebelschmuck des Hauses stützen das Tempelchen von den Seiten zwei aus hellem Sandstein gehauene, übermannshoch aufsteigende Löwen mit ihren Vordertatzen und schauen grimmig über die Dächer in eine ferne Zukunft.

Wolfgang Schöningh gab folgende Legende über das Löwenhaus wieder: »Bei Vollmond steigen die Löwen herab. Eine verhängte zweispännige Kutsche fährt vor, eine in Schwarz gekleidete, verschleierte Dame öffnet den Schlag. Die Löwen nehmen in der Kutsche Platz, sind aber vor Morgengrauen zurück und auf ihren alten Plätzen, hoch oben auf dem Giebel.«

Die Haustür der Deichstraße Nr. 7 mit ihrer stilisierten Sonnenscheibe wird von Sandsteinbändern eingerahmt, die lebhaft mit Blüten, Blättern und Trauben bestückt sind. Ein profiliertes Sims, gestützt von zwei Schnecken (Voluten), überdeckt den Eingang. Das Fries zwischen den beiden Konsolen zeigt einen Engel, der über florales Geranke einschwebt. Die Kinder des Hausherrn Geerd Tjaden lassen sich hier mit ihrer Freundin 1907 ablichten.

Stilistisch schlägt der Entwurf dieses Bürgerhauses eine Brücke zwischen den Epochen der Renaissance mit ihren antiken Bauelementen und dem Frühbarock, der sich in der eleganten Gliederung der Fassade und ihren belebenden Blumengirlanden äußert. Einzig einen der Löwenköpfe konnten wir Jungs nach Kriegsende aus den Trümmern unseres Jahrhunderte alten Erbes buddeln. Er bewacht nun meine Haustür.

Die Gestaltung des Löwenhauses entspricht ganz dem Stil des Amsterdamer Stararchitekten Philipp Vingboons (1608-1675), der dank seiner klassischen Bildung und schöpferischen Fantasie der dortigen Patrizierschaft,

auch den zugereisten Kaufleuten, eine Anzahl schöner Gebäude entwerfen durfte: beispielsweise das Kaufmannshaus NUERENBURG 1661, später Feestgebouw Odeon, am Singel 460, das unserem in der Deichstraße 7 verblüffend ähnelt. Es trug auf seinem Giebel jedoch die Figur eines stehenden Lamms mit Fahne in Freiskulptur (zur Erinnerung an den Vorgängerbau *t'witte Lam*). Man kann das gut auf dem bekannten Bild »Schuttersmaaltijd« von Barth. van der Helst im Rijksmuseum sehen …

In der folgenden hochbarocken Weiterentwicklung von Vingboons Konzept, ebenfalls im Zentrum Amsterdams, tritt die strenge Gliederung noch weiter zurück und nimmt zusätzliche barocke Elemente am Giebel und die typischen verzierten *oeuil de boeuf* auf …

Eine Besonderheit damaliger Baukunst war das »Abfluchten« – eine Vorneigung der Giebel bis 2 Zentimeter je Meter Höhe. Dieser Kunstgriff hatte mehrere Vorteile, funktionelle wie ästhetische: einmal eine Erleichterung für das Hieven der Waren mit Hilfe des Hebebalkens im First in die oberen Lagergeschosse ohne anzuecken, dann einen Regenschutz für die unteren Fensterreihen, insbesondere

Baustil Amsterdams

aber die Korrektur der Perspektive, denn ein überhängender Giebel erscheint dem Betrachter senkrecht zu stehen ...
Wir könnten nun den engen Gang passieren, der seit altersher zwischen Einfahrt/Rückgebäude mit den Stallungen des Hotels »Weißes Haus« in der Deichstraße und dem Löwenhaus zum Gebäude Dr. Brinkmanns am Delft hinunterführt. Auf diesem eigenen, kurzen Wege eilte schon der Kaufmann und Bauherr des Löwenhauses zu den Frachtschiffen am Delft.
Es lohnt sich jedoch mehr, noch ein paar Schritte zur Deichstraße Nr. 3 zu gehen. Der Giebel wurde (1610) im Stil der Renaissance mit kräftigen Simsen ausgestattet, deren Wirkung noch durch eine fortgesetzte Reihung

Wohnkultur im Barock, de Hoogh

Deichstraße Nr. 3, Renaissancehaus »De bruine Hart«

kleiner Halbbögen verstärkt wird. Sie sind sehr plastisch in Muschelform mit den typischen Kerben gefüllt. Die Ähnlichkeit mit dem Schöningh'schen Haus in Norden ist auffallend.

Delft

Die geschmiedeten Anker an den Köpfen der geschosstragenden Balken gefallen: sie sind wie Bourbonenlilien geformt. Die Absätze des Treppengiebels wurden mit phantasiereichen Füllstücken überbrückt. Sandsteinbänder lockern den Giebel wirkungsvoll auf, und vor den Butzenscheiben befinden sich noch grüne Klappläden. Leider wurde dieses verspielte Knusperhäuschen 1926 abgerissen, als Peter Eilts sein Konfektionsgeschäft erweiterte, das bis in die ehemaligen Häuser von Bernhard Brons am Delft durchgehen sollte …

Gegenüber hatte Käptn Geerds vor seinem Haus vier Kanonenrohre als Radabweiser eingelassen, über deren Herkunft er unseren Vätern noch romantische Geschichten erzählte.

Sobald wir an der Ecke zur Großen Straße, wo noch das älteste gotische Rathaus stand, hinaustreten, wird rechterhand unser Blick sofort vom neuen Rathaus eingefangen. Der Zeichner v. Halem hat es von den oberen Fenstern der Börse aus skizziert und vom Künstlerkollegen Peschek (etwa 1770-80) in Kupfer stechen lassen. Auch das eindrucksvolle Haus van Veen kommt links angemessen ins Bild. Es wurde vom überschüssigen Material des Rathausbaus errichtet.

Mit seiner belebten Ansicht skizziert v. Halem sehr liebevoll im Detail, wie hier am Ratsdelft das Herz der Stadt Emden schlägt. Diese Momentaufnahme zeigt an die sechzig Einwohner unterwegs, schwatzende Hausfrauen, würdige Geschäftsleute und die berüchtigten Delftspucker am Geländer, treffsicher mit ihren Kommentaren über die Passanten und den Slaatjes (schwarzer Saft vom Kau-Tabak).

Die Partie am Delft von 1908 beginnt an der rechten Ecke mit Poppingas Delikatessgeschäft, es folgt die »Börse« mit ihrem Nautikerstammtisch. Man erinnert sich dort an Friedrich den Großen, der das Haus schon 1751 beehrt hatte.

In der Börse fanden größere Familienfeste wie Hochzeiten statt, für die die häuslichen Räumlichkeiten nicht ausreichten und es den »Club zum guten Endzweck« am Sandpfad noch nicht gab.

Es schließt sich der Umbau Peter Eilts' an, dann folgt das Kappelhofsche Wohnhaus, später von der Stadtsparkasse

In der Traditionsgaststätte »Zur Börse«

übernommen. Daneben fällt der klassisch-schöne Renaissance-Bau Brinkmann ins Auge. Als nächste wären dann Hotel »Weißes Haus« und außerhalb des Bildrandes die Weinhandlung Heeren zu sehen.
Vor der Delftbrücke in Richtung Alter Markt hat sich der Fischmarkt etabliert. Wie die Szene am inneren Hafen um 1840 zeigt, können kleine Boote direkt an der Kaimauer anlegen. Laut pries hier des Fischers Fru frischen Fang an, inmitten eines vielstimmigen, bunten Marktgeschehens vor den schönsten Häusern der Frührenaissance am alten Markt.
Schon der massenweise Zuzug von Religionsflüchtlingen und die Niederlassung der Merchant Adventurers gaben 1564 den Emdern den Anstoß, nunmehr den Neubau des Rathauses in Angriff zu nehmen als zentrales Wahrzeichen der bedeutenden freien Hafen- und Handelsstadt, die sich neben Hamburg und Bremen durchaus sehen lassen konnte, und als Symbol seiner selbstbewussten Bürgerschaft. Vorab wurden schon mal laut Ausgabenbuch 2686 Eichenpfähle für die in Emden unverzichtbare Gründung im diluvialen Sandboden beschafft. Doch gewisse »Beschwerungen« wie der anrückende Herzog Alba, der Bedenkenträger Graf Edzard, dem natürlich weniger an eigenständigen

Fischverkäuferin, van Ostade

Aktionen der Städter gelegen war, Irritationen des Handels durch die Geusen, und schließlich die Pest verzögerten das Projekt um zehn Jahre.

Aber am Pfingstdienstag 1574 *»warf Bürgermeister Petrus Medmann zwei Kellen Kalks unter den ersten Stein«*, und von da an machte der Bau unter der Leitung des Meisters Laurens Steenwinckel zügig Fortschritte. Sein Entwurf orientierte sich weitgehend am Rathaus seiner Heimatstadt Antwerpen, den harmonisch eingefügten hölzernen Turm entwarf und baute der Emder Stadtzimmermann Marten Arians, sodass man schon im September 1576 zum Richtfest mit einer Tonne Hamburger Bier (zum Kostenpunkt von 4 fl. 5 s) einladen konnte.

Den Turm krönt auf 43,5 Meter Höhe – wie könnte es anders sein – die vergoldete Fleute, das erfolgreichste Segelschiff »ut golden tiden«. Weitere Wetterfahnen schmücken

Der innere Hafen um 1840 und das neue Rathaus in Emden, 1574 – 1944

die Firstenden des Walmdachs: südlich ein Meerweib, das in einen goldenen Spiegel schaut, ihre Mähne mit dem goldenem Kamm bändigt, und ihr gegenüber eine seebärenhafte Gestalt mit Fischleib, die ein Krummschwert hält und in der anderen Hand ein Gorgonenhaupt. Hier muss der Schmied den Meeresgott Triton, Sohn des Poseidon mit Perseus, dem Medusenbezwinger, verwechselt haben, wie schon gelästert wurde.

Das historische Renaissancegebäude wirkt mit seiner Verblendung aus facettierten Sandsteinquadern gewichtig, aber nicht wuchtig; die ruhige Gliederung mit hohen Fensterachsen, unterbrochen von den mehrfach profilierten Simsen, gibt der Fassade ein belebendes Schattenspiel. Das Kellergewölbe beherbergte anfänglich zwei Schenkwirtschaften zur beschleunigten Abzahlung des teuren Baues, später das Gefängnis. Zweireihige quadratische Fenster im Parterre betonen eine waagerechte Schwerpunktachse. Schlanke raumhohe Fenster darüber spenden Ratssaal und Festsaal reiches Tageslicht. Das oberste Geschoss wird schließlich noch von einer luftigen Galerie umrahmt, die vom schwungvoll ausladenden steilen Schieferdach geschützt ist und einen großartigen Ausblick auf die traditionsreiche Stadt bietet. Bei Nacht sind sogar die Leuchttürme von Campen, Borkum und Norderney klar auszumachen.

Der kräftige Torbogen mit Söller und der wappengeschmückte Treppengiebel darüber sind etwas vorgezogen und scheinen den hohen Turm zu stützen. Die Tordurchfahrt ist nicht mittig angeordnet, sondern auf die Große Straße ausgerichtet. Das prächtige Portal daneben verstärkt diese reizvolle Asymetrie noch. Da sich rechterhand dieses Haupteingangs die Niederlassung der Reichsbank befand, zeigen sich die Fenster vergittert. Über dem Türbogen, von Löwenköpfen flankiert, grüßt der Wahlspruch der Sieben Seelande: *»Concordia Res Parvae Crescunt«* oder »Bei Einigkeit wachsen kleine Dinge«.

Im Verlauf der schönen Innentreppe zum Rummel schaut man auf die zierlichen Netzgewölbe und liest über dem letzten Sturz wieder eine Inschrift: »In Spe et Silentio Fortitudo nostra«, frei übersetzt: In Hoffnung und Ruhe liegt unsere Kraft.

Nun treten wir aus dem kunstvoll in Holz gefertigten »Treppenschrank«, von dessen Balustrade einst Musikanten aufspielten, wenn die Bürgerschaft Grund zum Feiern hatte, in den hohen Festsaal, Rummel genannt, mit seinen bemalten Glasfenstern.

Das meterlange Modell eines prunkvollen Ostindienfahrers mit sechzig Kanonen hängt von der Decke herab. Es erinnert an die Burg von Emden, Schiff der Preußisch-Asiatischen Companie, das 1752 nach Kanton in China auslief.

Der große Festsaal »Rummel« des Emder Rathauses

Bei großen Empfängen wie dem Besuch des Kaisers Wilhelm II. am 30. Juli 1902 sollte sich das festliche Geschehen im gesamten Obergeschoss abspielen.

Das Rathaus kann viele wertvolle Gemälde, eine Schatzkammer und im Landesmuseum Fundstücke aus der langen Geschichte unserer Heimat vorweisen, die detailliert bei Fürbringer und Siebern beschrieben sind. Der Clou aber ist noch heute die Rüstkammer, eines der bedeutendsten

Die »Burg von Emden« mit dem Wappen der Stadt

Waffenarsenale Europas. Wurde sie doch nicht nach und nach mit Einzelstücken aufgefüllt wie anderswo, sondern ihr breiter Grundstock schon sehr früh gelegt – von der wehrhaften Bürgerschaft.

»Die Emder Rüstkammer«

»Ludwigs Harnisch«

Der Rat verpflichtete nämlich schon 1465 die Bürger, sich Gewehr und Harnisch anzuschaffen, die reiche Stadt fuhr aber selbst auch fort, massiv aufzurüsten. Weitere Blank- und Feuerwaffen kamen in die Rüstkammer des Rathauses; auf den Wällen und an der Emsmauer installierte man 124 Kanonen für 3 – 24 pfündige Stein- und Eisenkugeln. Katastrophal hätten sich gegen Feindesschiffe auch die eisernen Halbkugeln ausgewirkt, die mit einigen Kettengliedern verbunden waren und sich nach dem Abschuss schleudernd in die Takelage der Segler fraßen.

Nach der Machtergreifung der Spanier in den Niederlanden finanzierte der Emder Rat dem Grafen Ludwig von Nassau, Bruder Wilhelms von Oranien, die Ausrüstung einer Hilfstruppe. Ludwig konnte die Spanier zwar bei Heiligerlee besiegen, unterlag aber dem Herzog Alba bei Jemgum.

Ludwigs Trabharnisch, auch kostbare Rüstungen der ostfriesischen Häuptlinge sind hervorragend erhalten, sowie gruselige Waffen, wie als Richtschwerter dienende Bidenhander, Spieße und Morgensterne.

Seit Mitte des 16. Jh. wurden die Bürger von Schütten-Hoeflingen im Schießen unterwiesen. Schießgraben und Schützengildehaus, Doele genannt, bestanden am Wall, zwischen der verlängerten Schoonhovenstraße und dem Doele-Piepentief, etwa beim Gemüsebauer Suchsland »In der Hose«...

Das Doele-Piepentief zwischen altem Ruderverein und Wall

Die Kleine Brückstraße vor dem Krieg, Petrich

Passieren wir die Durchfahrt unterm Rathaus, so kommen wir in die Kleine Brückstraße, heute wie die Neutorstraße eine beliebte Flaniermeile, und in den früher rivalisierenden Ortsteil Großfaldern. Die Gasthauskirche, hier das größte geschichtsträchtige Gebäude und ehemaliges Franziskanerkloster, ist 1938 leider durch die Unachtsamkeit der Klempner abgebrannt.

An seiner Stelle entstand eine bunte Reihe kleiner Geschäftshäuser, die wir nun entlangbummeln. Den folgenden Wasserarm Osterpiepentief-Hinter der Halle überspannt das Stadtsiel.

Wir setzen uns auf die schwere Brüstung aus Sandstein, in die das Emder Wappen zum Andenken an die Verleihung durch Kaiser Maximilian 1495 eingemeißelt ist. Lassen wir die Beine übers Wasser baumeln und schauen zur Kettenbrücke hinüber, ursprünglich erste Verbindung zwischen Groß- und Kleinfaldern. Dieses Bild noch aus den Tagen der Segelschifffahrt und den Anfängen der Fotografie erweckt Sehnsucht nach jener so oft behaupteten »guten alten Zeit«.

An unserem Ausguck beginnt die Große Brückstraße mit Vissers Hoop und dem Magazin der Kurbrandenburgischen

Teehaus Thiele & Freese, vor der alten Tuchhalle, 1567

Die Große Brückstraße

Flotte (erbaut 1603). Hinter diesen Renaissancegebäuden erstreckten sich schon zur Zeit des Großen Kurfürsten Friedrich Wilhelm die Helling und Ausrüstungskais für die Ostindische, die Asiatische und die Heringsfischerei-Companie, später dann als Cassens Werft bis in den Falderndelft.

Im weiteren Verlauf der Brückstraße erreichen wir die Neue Kirche, bald nach dem Krieg originalgetreu wiedererrichtet. Ihr Erbauer, Emder Ratsherr und

Am roten Siel

Stadtbaumeister Martin Faber, war ein Verehrer italienischer Baukunst. Andrea di Pietro, genannt Palladio, und dessen Architekturlehre sollen ihn zur strengen Symmetrie des Daches und der konsequenten Verwendung eines Moduls angeregt haben, den er sich mit dem Durchmesser der Säulen vorgab. Aus der Vierung des Daches erhebt sich ein schlankes Türmchen, das oberhalb der Glocken in die Kaiserkrone übergeht und dann mit dem traditionellen Wetterhahn in den Himmel ragt.

Gegenüber der Neuen Kirche haben wir den wuchtigen, burgähnlichen Gebäudekomplex »Gödenser Haus« vor uns. Seine Historie: 1551 als Stadtresidenz ausgebaut von den Enkeln der Fruke Tyadensson und Gemahl Edo Boyings, jener Häuptlingsfamilie auf Dykhusen und Gödens, die schon mit dem Erbauer Hayko von Faldern und beide mit den Vitalienbrüdern befreundet waren.

Die dicken Mauern werden wohl kaum behagliches Wohnen zugelassen haben. Offiziere des Brandenburgischen Marinebataillons ziehen hier 1684 ein, 1778 dient der Bau als Zuchthaus, um 1850 dem Amtsgericht, nach dem Zweiten Weltkrieg der Katholischen Konfessionsschule und heute als Studentenheim. Bei der Restaurierung kam unter dem gelben Putz das gut erhaltene Mauerwerk der Frührenaissance zum Vorschein. Auch das Sandsteinportal und die überreich geschnitzte Innentreppe können sich wieder sehen lassen.

Ein sehr ungewöhnliches Wasserbauwerk erwartet uns nach einer kurzen Strecke entlang des Roten Siels, wo der Binnenhafen sein Ende nimmt. Dieser Schifffahrtsweg musste mit dem neuen Ems-Jade-Kanal verbunden werden, ohne das interne Gewässersystem der Stadt und der Entwässerungstiefs, die aus dem flachen Land führen, zu verändern.

Die Kesselschleuse für den »Kreisverkehr« der Schiffe

Die ingeniöse Lösung dieses Problems ist die Kesselschleuse, erbaut 1885/6 für 180.000 Mark. An dieser Kreuzung stoßen vier Wasserarme zusammen, die durch Schleusenkammern voneinander getrennt sind. Der zentrale Kessel nimmt Schiffe bis 33 Meter Länge auf, hebt sie auf das höhere Niveau an oder senkt sie ab, wobei der Stadtgraben (nördlich) 2,25 Meter tiefer liegt als der Ems-Jade-Kanal (östlich). Im Süden öffnet sich die Schleuse zum Fehntjer Tief.

Dies führt um die kleine Häusergruppe der Kalkwarf herum und wendet sich an der Herrentorschule nach Südosten. Früher hatte das Tief einen Seitenarm zu Heerens Hotel am Herrentor, wo der Wall beginnt.

Die Schule am Herrentor

Auf unserem morgendlichen Weg als Schüler von der Uferstraße über die Kesselschleuse entlang dem Fehntjer Tief zum Gymnasium in der Herrentorschule war es allemal spannender, die Durchschleusung eines Torfschiffes zu beobachten, als vor dem Klingelzeichen in der Klasse zu sein: »Excuse me Sir, the bridge was open«.

Die Herrentorschule ist das modernste Gebäude auf dem Bummel durch eine sehr alte Stadt. Der hohe Klinkerbau des Architekten Hoeger gilt als ein Produkt des »strengen Gestaltens« am Ende der Bauhaus-Periode.

Die Einweihung der Volksschule 1930 nahm der Regierungspräsident Jann Berghaus vor. Der zukünftige Rektor Ernst Griesbach stellte seiner Festansprache das Pestalozzi-Motto »Erziehen mit Herz und helfender Hand« voran. Er war ein verdienter Schulmann, der bis zur Vertreibung 1918 aus Bromberg deutsche und polnische Kinder in der Grenzmark unterrichtet hatte. Wie Berghaus auch galt er dem neuen Regime als zu liberal und wurde 1933 in Pension geschickt.

Für mich, seinen Enkel, war sehr bewegend, 1990 auf einer Reise in die Vergangenheit an seinem vorletzten Schulort nun mitten in Polen einer ehemaligen Schülerin zu begegnen. In ihrem gutturalen Deutsch sprach die alte Dame sehr dankbar vom »Herrrn Grriesbach«.

Blick vom Gelbenmühlenzwinger zur Uferstraße

Kamin

Schüler der Nachkriegszeit kannten wahrscheinlich noch seine Töchter, die Lehrerinnen Ruth Ennen, Nora Tjaden und Dr. Ilse Mennen …

Nun soll der Spaziergang vom Herrentor rund um den Wall mit seinen Mühlen-Zwingern unsere kleine Zeitreise beenden. Es ist Winter geworden, der Stadtgraben vor meinem Vaterhaus schon zugefroren. Die Jugend wagt

Die Frouw Johanna Mühle auf dem Wall

sich schon wieder aufs Glatteis, es besuchen uns Verwandte und Freunde auf Schöfeln und genießen den heißen Tee. Viele Winter hat uns dieser Kamin gewärmt … Erhalten aus dem alten Emden ist als einzige noch die Johannamühle, sie braucht den Wind nicht mehr zum Mahlen – wir sind in einem anderen Jahrhundert angekommen.

Dampf schlägt Wind

Auch in der Schifffahrt blies bald ein anderer Wind: Dampf trieb die neuesten Schiffe an. In Emden war das die vielbestaunte Borkumfähre, die in den Ratsdelft einläuft.

Nicht erst 1848 setzten Tausende ihre Hoffnungen auf das »Land der unbegrenzten Möglichkeiten«. Die Hamburg-Amerikanische-Packetfahrt-Actiengesellschaft (Hapag) begründete mit drei Seglern den Transatlantikverkehr auf der Route Hamburg-New York. Es folgten die Reederei Sloman und von Bremerhaven aus 1857 der Norddeutsche Lloyd.

Zwar gab es schon 1820 Dampf-Radschlepper bei der Royal Navy, aber erst mit der Einführung der Schiffschraube 1850 – einer Erfindung des Archimedes von 286 v.C. – wurde auch die Industrialisierung der Schifffahrt möglich. Queen Victoria stiftet noch 1851 den wohl berühmtesten Segelpreis der Welt, den America-Cup und zu ihrem 60. Regierungsjubiläum schrieb ihr Enkel Wilhelm II. eine Jubiläumsregatta von Cowes nach Helgoland aus.

Gleichzeitig wuchs die Flut deutscher Auswanderer um Hunderttausende an, sodass 1871 die Hapag trotz der Newcomer im Passagiergeschäft zur größten Reederei

Die Borkumfähre läuft ein

Die Einfahrt vom Binnenhafen zur Kesselschleuse

der Welt aufstieg.
Nicht ohne Ironie und Herausforderung tauft die englische White Star Line ihren modernsten mercantile armed cruiser auf den Namen Teutonic (rechts oben). Am 4. August 1889 besucht der Prince of Wales den Neubau am Spithead gemeinsam mit seinem Vetter, dem deutschen Kaiser …

Der Schiffsantrieb mit Kolbendampfmaschinen brachte der Seefahrt höhere Geschwindigkeit und Zuverlässigkeit und verleitete sogar schon Wilhelm I. zu dem Ausspruch: »Unsere Zukunft liegt auf dem Wasser.« Prompt stampfte er Wilhelmshaven aus dem malariaverseuchten Sumpf am Jadebusen und sorgte für den Ausbau des Emder Hafens.

Beginn eines Wettlaufs im Schiffbau mit England

Bevor wir Abschied nehmen müssen von der faszinierenden Segelschifffahrt soll noch einmal Chatterton »Sailing Ships and their story«, 1923 London, zu Wort kommen:

»Es ist nur zu wahr, dass wegen der enormen Ausweitung der Dampfschifffahrt beides, Seeleute und Seemannschaft heutzutage in unserem Lande schwer zu finden sind. Die besten Blauwassersegler sind die Deutschen, denen die größten 5-Mast-Segler auf den Meeren gehören. Die Bark Potosi (Reederei F. Laeisz) aus Hamburg zum Beispiel ist mit ihren fünf Masten eines der allergrößten Segelschiffe, die jemals von Stapel liefen. Als unleugbare Tatsache ist dieses Schiff zwischen Hamburg und Peru elf Reisen in Folge gesegelt,

Die Fünfmastbark Potosi (unter Kapitän Hilgendorf) Holst

durchschnittlich innerhalb von fünf Monaten und zwanzig Tagen, was einschließlich Hafenaufenthalt eine Reisegeschwindigkeit von elf Knoten (20 km/h) ausmacht. Es überrascht nicht, dass diese nun den Weltrekord für Windjammer darstellt ...«

»Das derzeit größte Segelschiff auf dem Wasser ist ebenfalls ein deutscher Fünfmaster, genannt Preußen. Das stählerne Vollschiff (Rahsegel an allen Masten) wurde 1902 bei

Der Kaiser lässt segeln

Größenvergleich:
1 Vollschiff Preußen 1902
2 engl. Klipper Spindrift 1867
3 Karavelle Santa Maria 1492

Tecklenburg in Geestemünde (ebenfalls als Flying- P-Liner für Laeisz) gebaut und mißt: Länge ca. 132 m, Breite 16,4 m, Höhe vom Kiel bis zum Brückendeck 13m.«
Die mächtige *Preußen* stellte den Höhepunkt der Entwicklung von Großseglern dar: ihre fünf Masten – der höchste 68 Meter mit einer Großrah von 31 Meter – trugen bis zu 48 Segel mit 5560 Quadratmeter Segelfläche. Während die *Cutty Sark*, wohl der bekannteste englische aus der alten Garde der Teeklipper mit seiner Besatzung von 35 Mann 1330 tons Ladung fassen konnte, nahm die *Preußen* mit 45 Mann etwa 8000 tons, sechsmal soviel auf. Ihr Rekord war ein Etmal von 368 Seemeilen im Südatlantik oder 28,4 km/h. Die alte Garde der Kap-Horniers trieb die Wettfahrt unter Vollzeug und ihre Matrosen zum Setzen der Topsegel auf die Mastspitze.

Der Wandel zur Dampfschifffahrt vollzog sich jedoch immer schneller, 1890 beförderten die Dampfer schon 70 Prozent aller Frachten. Dennoch hätte ihnen die *Preußen* noch viele Jahre davonsegeln können, wäre nicht ein Engländer dazwischen gekommen:
Das deutsche Vollschiff lief im November 1910 mit guter Fahrt durch den Ärmelkanal, es hatte Stückgut, unter anderem eine Partie Klaviere für Chile, an Bord und sollte als Rückfracht Salpeter laden. An diesem dunstigen Abend verließ gerade ein kleiner britischer Postdampfer die Einfahrt von Dover. Er sah zwar die *Preußen* aufkommen, meinte aber, den Kurs des Großseglers vorschriftswidrig noch queren zu können. Dem war nicht so: er hatte die Geschwindigkeit weit unterschätzt, die Schiffe kollidierten und trieben bei auffrischendem

Starkwind auf die Küste zu. Da Bug und Vorgeschirr der *Preußen* demoliert waren, gelang es ihr nicht, sich freizukreuzen. Sie kämpfte noch viele Stunden gegen den Sturm, der sie aber schließlich auf eine Klippe vor Dover warf, an der sie später zerbrach. Das stolze Schiff, von der internationalen Presse die »Königin der Meere« genannt, musste als Totalschaden abgebucht werden. Lloyds-Versicherung zahlte anstandslos.

Das englische Empire besaß 1914 bei Kriegsausbruch die größte und mächtigste Kriegsflotte der Welt und konnte entsprechende Sprüche plakatieren: *»Join the Navy and you´ll see the world«* oder *»Britannia rules the waves.«* Deren massive Blockade konnte die deutsche Kriegsmarine nicht durchbrechen. Nur die U-Boote unterliefen die Sperre. So machte das U-Boot *Deutschland* einen eindrucksvollen Besuch in den anfangs neutralen USA. Ein Schwester-U-Boot brachte den unter englischer Flagge segelnden schnellen Dreimaster *Pass of Balmaha* auf.

Aus dieser Prise sollte unter der Anleitung des Grafen Luckner eine Geheimwaffe des Kaisers werden. Der Umbau zur *Seeadler* wurde ein Meisterstück der Tarnung. Das Schiff erhielt einen 1000 PS-Dieselmotor, zwei Kanonen im Vorschiff versteckt und zwei Motorbarkassen an Deck. Im Zwischendeck wurden Quartiere für 400 Gefangene eingebaut, ein Aufgang führte vom Quartier der Marinesoldaten zur Kapitänskajüte und endete in der Wandvertäfelung. Sollten zur Kontrolle an Bord gekommene Offiziere eines feindlichen Kriegsschiffes trotz der raffinierten Tarnung einmal Verdacht schöpfen, hätten die Soldaten ihrem Kapitän Luckner schnell und nach außen hin unauffällig zu Hilfe eilen können.

Die ausgesuchte Mannschaft des Kaperschiffs bestand aus erfahrenen, kaltblütigen Sailors, die mehrheitlich fließend norwegisch sprachen. Das Schiff und seine Besatzung übernahm die Rolle (und das geklaute Logbuch) eines ähnlichen neutralen norwegischen Rahseglers. Die Probe aufs Exempel folgte am Weihnachtsabend 1916 etwa 160 Seemeilen östlich von Island: Der englische Hilfskreuzer *Avenger* stoppte *Seeadler* mit einem Schuss vor den Bug. Ein Offizier kam an Bord, hörte sich die englischen, norwegisch durchsetzten Erläuterungen zu Fracht und Ziel an, blätterte Logbuch und getürkte Papiere durch, trank seinen Aquavit und wünschte gute Reise nach »Melbourne«.

Seeadler – in voller Fahrt, Bohrdt

30 000 Seemeilen Kaperfahrt unter Segeln in Atlantik/Pazifik lagen nun vor der *Seeadler*. Sie löste ihre Aufgabe fürs Vaterland mit Bravour. In den folgenden sieben Monaten täuschte und versenkte sie 23 Versorgungsschiffe der alliierten Kriegsgegner ohne Blutvergießen. Alle Seeleute wurden an Bord genommen und auf anderen Schiffen heimgeschickt. Seine abenteuerlichen Erlebnisse und ritterliche Haltung trugen Felix Graf von Luckner den Beinamen *Seeteufel* ein und machten ihn bis zum Lebensende zum äußerst beliebten Erzähler und sehr erfolgreichen Autor.

Felix Graf von Luckner

Mit »Stadt im Strom der Zeiten« schrieb Arnold Beirich eine flotte Kurzbiographie Emdens und skizzierte das stete Wachstum, seine weitgerühmte Blüte und den Wandel zu modernen Zeiten, bestimmt durch die Ems – Emdens Schicksalsstrom – unter dem Pulsschlag des Meeres, der südlichen Nordsee. Der Wolthuser Lehrer Reinhard Bruns lieferte dazu eine reichhaltige Rückschau auf »Emdens Seefahrt«.

Wohl noch unter dem Eindruck der beiden Weltkriege verschwiegen uns diese Autoren eine Reminiszenz auf Emdens großartige Seefahrtstradition, den kleinen Kreuzer *Emden*. Er verließ am Tage der Mobilmachung 1.8.1914 den deutsch/chinesischen Marinestützpunkt Tsingtau und kaperte zwei Tage später den ersten russischen Dampfer. Über die weiteren kühnen Kaperfahrten im Pazifik hat ihr Offizier, später Vizeadmiral, Robert Witthoeft-Emden, ein Tagebuch geführt. Seefahrtsexperte Lochner dokumentiert sie ebenfalls detailliert, eindrucksvoll und äußerst spannend im Heyne-Buch 5540. *Emden* wurde zum bekanntesten Korsarenkreuzer der Seekriegsgeschichte. Während seiner aufsehenerregenden Kreuzfahrt im Ersten Weltkrieg kaperte der

»S.M.S. Emden« im Gefecht, Bergen

auf sich allein gestellte und von bis zu 80 feindlichen Kriegsschiffen gejagte deutsche Kreuzer 23 gegnerische Handelsschiffe.

Aber schon drei Monate später hatte die englische Meute den Hasen gestellt. Wir sehen hier die *S.M.S. Emden* im Endkampf mit der australischen *H.M.S. Sidney* bei North Keeling Island, Cocosinseln.

Die von Dampfmaschinen angetriebene *Emden* verdrängte 2600 BRT, hatte 10 Schnellfeuerkanonen Kaliber 10,5 Zentimeter während der Turbinenkreuzer *Sidney* mit 5700 BRT. eine Bewaffnung von 8 x 15,2 und 4 x 4,7 Zentimeter besaß und bei 27 Knoten Höchstfahrt 10 Prozent schneller war. Der britische Gegner hielt sich außerhalb der Reichweite von 2 Seemeilen der gefürchteten deutschen Torpedos (an Bord 5 Stück) und schoss mit seiner überlegenen Artillerie den deutschen Kreuzer innerhalb von zwei Stunden kampf- und manövrierunfähig. Kapitän von Müller steuerte das Schiff nun über die Drehzahl der zwei Schrauben auf das nahe Korallenatoll, um dem Rest seiner Mannschaft eine Chance zum Überleben zu geben.

Am 11.11.1914 verbreitete die Londoner Times einen zwar ehrenvollen, aber auch endgültigen Nachruf:

»Wir sind erfreut, dass der Kreuzer Emden jetzt endlich vernichtet worden ist, aber wir grüßen Kapitän von Müller als einen tapferen und ritterlichen Gegner. Wir hoffen, dass sein Leben gerettet worden ist; denn sollte er nach London kommen, würden wir ihm ein hochherziges Willkommen bereiten. Unser seefahrendes Volk weiß einen wagemutigen und erfolgreichen Seemann zu bewundern, und es gibt nur wenige Ereignisse in der neuen Seekriegsgeschichte, die bemerkenswerter wären als die glänzende Laufbahn der kleinen Emden.«

Der *Sidney* war jedoch der kleine Landungszug unter Kapitänleutnant von Mücke entgangen, der auf der Insel South Keeling die englische Funkstation zerstörte, als die *Sydney* auftauchte und die *Emden* auslaufen musste. Diese fünfzig Mann schlugen sich mit dem gekaperten Schoner *Ayescha* über 3500 Seemeilen nach Arabien und dann bis in die befreundete Türkei durch und erreichten über den Balkan und Österreich nach sechs Monaten endlich wieder die Heimat: Der Jubel war groß.

So machten Fregattenkapitän Karl von Müller, ein Tirpitzschüler, und sein 1.Offizier Kurt von Mücke dem Schiff, seiner Patenstadt und sich einen Namen, der noch heute unter Marinern seinen Klang hat. Neben den Orden des Kaisers erhielt die populäre, erfolgreiche Mannschaft des Kreuzers das ehrenhafte und einmalige Privileg, ihrem Nachnamen den Zusatz »Emden« hinzufügen zu dürfen.

Der Krieg und die weltweite Internierung der deutschen Schiffe – allein im chilenischen Valparaiso lagen 25 große Windjammer fest – beschleunigten das Ende der Segelschifffahrt.

Als liebenswertes Relikt aus großer Seefahrtsvergangenheit bleiben uns heute noch die Segelschulschiffe, die Erinnerung und Tradition ihrer Heimatländer pflegen.

»Krusenshtern« ex »Padua«, heute russisches Schulschiff, Baujahr 1926 bei Tecklenburg/Weser, 74 Mann

Die Gorch Fock, Schulschiff der deutschen Bundesmarine, besucht die alte Seehafenstadt Emden. Wieviele Handels- auch Kriegsschiffe sind hier in den bisherigen 1200 Jahren gebaut worden, wieviele tausend Jantjes auf See gegangen und wieviele Kooplü haben ihr Glück in dieser Stadt gemacht?

Das Leben vergangener Jahrhunderte war hart und entbehrungsreich, an Land wie auf See, und weit entfernt von den romantisierenden Beschreibungen, die uns viele Dichter und Maler hinterlassen haben. Auch die Shanties dienten nicht dem Vergnügen der Seeleute, sondern entstanden mit dem Aussingen von Befehlen und Arbeitsgängen.
Zum Wecken ertönte: »Reise (rise), Quartier, in Gottes Naam/Acht Glas sind slaan/ uns Wach' is daan/ Reise, Quartier, in Gottes Naam!«
Das Quartier ist die nächste Wachmannschaft, ein Viertel der Besatzung. Das folgende Fall-Shanty gab allen Händen den Takt vor zum Auslegen der Kette beim Manöver »Anker auf Sliphaken« oder beim Durchholen eines Falls zum Segelsetzen.

De »Hoffnung«

De »Hoffnung« war hunnert Dag unnerwegs,
to my way, hay, hoodah,
se seilt von Hamborg na Valparais,
a long time ago.

Se seilte goot, un se seilte hart,
se harr so `ne gode un kostbare Fracht.
Un as de Ool nu flucht un gnattert,
dor keem de Düvel över de Reling klattert.
Wenn mi in tein Daag na`n Kanal du bringst,
denn kriggst mien Seel, so waar as du stinkst.
De Pott leep negentein Milen toletzt,
dor harr de Düvel de Skyseils bisett.

Un as se nun kemen in`n Kanal to Stell,
dor seggt de Düvel: Nu her mit de Seel!
Dor seggt de Ool: Nu laat di man Tiet,
wi gaat to Anker bi Cape St. Patrick.

De Düvel de weer vör Freid ganz weg,
he leep op de Back, sett den Anker op Slip.
De oole Timm`mann harr grote Freid,
he harr den Düvel sien`n Steert mitvertäut.

Un as de Anker nu suust an den Grund,
suust de Düvel mit, disse Swienehund.

In den flotten Skizzen des Marinemalers Kurt Schmischke an Bord der *Gorch Fock* kommt der Drill zum Ausdruck, ohne den kein Segler Fahrt aufnimmt.

Die Bordroutine auf den klassischen Seglern wie hier auf der *Alexander von Humboldt* erforderte ganze Kerle und vollen körperlichen Einsatz der Mannschaft. Mit

Gorch Fock, Schmischke/Yacht

In den Rahen

drakonischen Strafen setzte der »Master under God« eisernen Gehorsam durch. Aber auch innerhalb der Mannschaft kam es zu rabiaten Späßen und brutalen Misshandlungen. Die Arbeit war ungesund und sehr gefährlich – besonders beim Segelwechsel in hohem Seegang. Bei Schlechtwetter auf See oder anhaltenden Segelmanövern lobte der Käptn schon mal ein Glas Rum aus, was auch bei Zahnschmerzen und Brüchen eine hilfreiche Erste-Hilfe-Maßnahme war. Vor allem aber die gesunde Heimkehr nach monotonem Seetörn war ein Grund zum Trunk. Seeleute waren also nicht zu unrecht verschrien: »He suppt as een Jantje« hieß es deshalb. Und die Verpflegung? Sie spottete jeder Beschreibung.

Der Windjammer Alexander von Humboldt

Dennoch befällt uns Wehmut, wo Tuch und Tampen, Holz und Teer ihre schönste Verbindung eingehen – beim Anblick der alten Windjammer.

Im Ausguck

Die Nagelbank

Zum Ausblick kehren wir noch einmal zum Heimatdorf unseres alten Marschenbauern, des Thiadulf zurück. Schon vor hundert Jahren erhielt Campen am Seedeich sein markantes Wahrzeichen – den Leuchtturm. Dreihundert Stufen bringen uns auf seine umlaufende Galerie in 65 Metern Höhe.

Den Wind im Haar genießen wir den unvergleichlichen Duft der Salzluft von Wasser und Watten und schauen hinab: Seit einer Ewigkeit kommt und geht hier das unendliche Meer. Aber so manches Mal blieb es auch und vernichtete alles Werk der Menschen.

In zwei Jahrtausenden glauben sie nun, seine Gesetze erfasst zu haben, und wiegen sich vorläufig in Sicherheit, bis erneut eine noch nie so heftig erwartete Sturmflut über die Küste hereinbricht – ähnlich der von 1962 in der Deutschen Bucht. Ob sich wieder ein so qualifizierter Katastrophenmanager findet wie Helmut Schmidt damals?

Wir träumen uns zurück zu den mutigen Siedlern auf der kleinen Insel inmitten der Bucht von Campen, beobachten römische Galeeren die Westerems heraufrudern, dann die wendigen Wikinger. Wir meinen auch kleine weiße Wölkchen an den Stückpforten der Hamburger

»Leuchtfeueranstalt Campen«

Koggen aufsteigen zu sehen und aufblitzendes Mündungsfeuer: Die Takelage der Likedeeler kommt von oben – nachhallender Kanonendonner setzt noch seine Akzente.

Heute fliegen weder schnelle Fleuten, noch seilen gemütliche Torfmuttjes die Ems herunter. Von Papenburg legen elegante Kreuzfahrtschiffe ab, die nur noch selten die deutsche Flagge zeigen. Jenseits des Paapsands am Westufer der Ems zeigt sich der Hafen Delfzijl, unser friesischer Bruder und ewiger Konkurrent.

Und folgen wir mit den Augen dem »Goldenen Ring« des Deichs bis in den dunstigen Horizont, wo wir die Inseln ahnen, regt sich Stolz auf diese großartige Gemeinschaftsleistung unserer Vorväter:

Ostfriesische Tjalk, Hans Trimborn

»Gott schuf das Meer, der Friese die Küste.«

Quellen und Literatur

Alvensleben, Udo von: Die Lütetsburger Chronik, o. O. 1955

Beer, Gerlinde de: Ludolf Backhuysen. Sein Leben und Werk (1630-1708). Waanders Uitgevers, Zwolle 2002

Behre / van Lengen: Ostfriesland. Geschichte und Gestalt einer Kulturlandschaft. Ostfr. Landsch. Aurich 1995

Beirich, Arnold/Santjer, L.: Emden, Stadt im Strom der Zeiten. Gerhard Verlag Emden, 1950/1979

Bruhns, Reinhard: Emdens Seefahrt. Historische Plauderei. Hg. Stadtsparkasse Emden 1980

Claudi, M. u. R.: Goldene und andere Zeiten. Emden – Stadt in Ostfriesland. Emden 1982

Dehio, Georg, Hg.: Handbuch der Deutschen Kunstdenkmäler: Bremen – Nieders. Deutscher Kunstverlag, 1977

Deschner, K. H.: Kriminalgeschichte des Christentums, Bd 4 / Frühmittelalter, 1994

Droege, Heinrich: Ostfriesland in der Malerei. Schünemann Verlag Bremen o. J.

Ecke, Karl: Ostfriesische Bauernwappen und ihre genealogische Auswertung. Ostfrieslandheft 1952

Emmius, Ubbo: Rerum Frisicarum Historia. 6 Bde. Hg. von E.v. Reeken, Frankfurt 1982

Finckenstein, Graf Fink v.: Die Geschichte Butjadingens und des Stadtlandes bis 1514. Holzberg Oldenburg 1975

Folkerts, Poppe: Bildband zur Gedächtnisausstellung. Norderney 2000

Fürbringer, L.: Die Stadt Emden in Gegenwart und Vergangenheit. Verlag von W. Schwalbe, Emden 1892, Nachdruck 1974

Göhler, Johannes: Die Heligkeit von Helgoland, Jahrbuch der Männer vom Morgenstern Bd. 86, Bremerhaven 2007

Haarnagel, Dr. W.: Vorläufiger Bericht über das Ergebnis der Grabung 1952/53 in Emden. Jahrbuch der Gesellschaft für bildende Kunst und vaterländische Altertümer zu Emden, Band 34, Verlag Ostfr. Landschaft, Aurich 1954

Heikes, Dr. Heiko: Die Ukena. Zeitschrift Ostfriesland Nr. 2, Leer 1950

Heikes, Dr. Heiko: Das Groothuser Pelikan-Wappen, eine Wappenbetrachtung, Ostfriesische Familienforschung Nr. 2, Ostfries. Landschaft, Aurich 1950

Heikes, Dr. Heiko: Die Ukena. Jahrbuch der Gesellschaft für bildende Kunst und vaterländische Altertümer zu Emden, Band 34, Verlag Ostfr. Landschaft, Aurich 1954

Heyken, Heyko: Die Weinkaufprotokolle des Amtes Esens von 1554 bis 1811, Teil 1 und 2 Verlag Ostfriesische Landschaft, Aurich 1998

Jankuhn, Prof. Herbert: Haithabu. Ein Handelsplatz der Wikingerzeit. Wachholtz Neumünster 1986

Kiesow, Dr. Gottfried: Ostfriesische Kunst. Ostfriesland im Schutze des Deiches, Bd. 4, Beiträge zur Kultur- und Wirtschaftsgeschichte des ostfriesischen Küstenlandes. Hg. von der Deichacht Krummhörn, Jannes Ohling, Oberdeichrichter

Kurowski, Franz: Die Friesen. Das Volk am Meer. Türmer Verlag Berg 1987

Lengen, Dr. Hajo van: Geschichte des Emsigerlandes vom frühen 13. bis zum späten 15.Jh. Verlag Ostfriesische Landschaft, Aurich 1973

Mählmann, Dr. Ing. Karl: Das Wohnhaus Alt-Emdens vom 15. bis 19. Jh., Dissertation Bromberg 1913

Möhlmann, Dr. G. Hg.: Ostfriesland – weites Land an der Nordseeküste. Deutsche Landschaft 10. Burkhardt-Verlag Essen, 1961

Nöldeke, Ingeborg: Von den Boings zu den Wedels, Häuptlinge, Freiherren u. Grafen als Besitzer d. Herrlichkeit Gödens v. 1430 bis 1788. Oldenburgische Familienkunde, Jahrg. 42/1, Oldenb. 2000
Oldenb. Urkundenbuch: Bd. 6: Urkunden von Jever und Kniphausen, Hg. Rüthning, Oldenburg 1932
Ohling, Jannes: Campen – Chronik eines Dorfes, Krummhörn/Ostfriesland, Leer 1970
Ostfries. Urkundenbuch: Hg. E. Friedländer (2 Bde.), Emden 1878, Nachdruck Wiesbaden 1968
Pannenborg, Fokko: Aus der Geschichte von Wolthusen -.Uphusen - Marienwehr, Emden 1981
Puhle, Matthias: Die Vitalienbrüder. Klaus Störtebeker u. d. Seeräuber d. Hansezeit. Campus Verlag Frankf. 1992
Roeder, Uwe: Johannes a Lasco Bibliothek, Große Kirche Emden. Verlag Fink Lindenberg 2001
Rüthning, Dr. G.: Oldenburgische Geschichte. 2 Bde, Bremen 1911
Salomon, Dr. Almuth: Geschichte des Harlingerlandes bis 1600 (Abhandlungen und Vorträge zur Geschichte Ostfrieslands Bd.XLI), Ostfriesische Landschaft Aurich 1965
Salomon, Dr. Almuth: Führungsschichten im Jeverland, Wandlungen im Laufe des Mittelalters, Oldenburger Forschungen, Neue Folge Band 19, Isensee Verlag 2004
Sander-Berke, Antje: Fromme Friesen. Mittelalterliche Kirchengeschichte Frieslands, Verlag Isensee 1997
Santjer H. / Beirich A.: Emden – Stadt im Strom der Zeiten. Bilder aus alter und neuer Zeit. Emden 1950
Scheurlen, Dr. Ute: Über Handel und Seeraub im 14. und 15. Jh. an der ostfriesischen Küste. phil. Dissertation, Hamburg 1974 (Museum für Hamburgische Geschichte)
Schöningh, Dr. Enno: Der Johanniterorden in Ostfriesland. Ostfriesische Landschaft Aurich 1973
Schöningh, Wolfgang: Emden, ein stadtgeschichtlicher Rückblick; in Deutsche Landschaft Bd.10 Ostfriesland – weites Land an der Nordseeküste, Burkhard Verlag Essen
Schöningh, Wolfgang: Königsweg und Friesenstraße. Münster – Rheine – Emden im Mittelalter (Vortrag)
Sello, Georg: Östringen und Rüstringen, Oldenburg 1928
Sello, Dr. W: Die Häuptlinge von Jever. Dissertation an der Uni Göttingen, 1920
Siebern, Heinrich: Die Kunstdenkmäler der Provinz Hannover, 1927, Nachdruck 1975
Steltzer, Hans G.: Mit herrlichen Häfen versehen. Brandenburgisch-preußische Seefahrt vor dreihundert Jahren. Verlag Ullstein, Frankfurt 1981
Tacitus, Cornelius: Germania. Berichte über Germanen und Germanien, Phaidon Stuttgart 1986
Tiaden, Enno Iohann H.: Königl. Preuß. Criminal- und Assistenz-Rath in Aurich: Das Gelehrte Ost-Friesland. Gedruckt bei Johann Hinrich Ludolph Borgeest, Aurich 1790
Tjaden, Prof. Dr. H.: Illustrierte Ostfriesische Geschichte, Verlag von W. Schwalbe, Emden 1913
Tjaden, Dr. Jan P.: Ostfriesische Ahnenlisten Band 10/1: Ahnenliste Tjaden; Beilage zur Zeitschrift, „Quellen und Forschungen z. ostfries. Familien- und Wappenkunde, 49. Jahrg., Heft 4, 2000 hrgg. von der Upstalsboom-Gesellschaft für historische Personenforschung und Bevölkerungsgeschichte in Ostfriesland e. V., Aurich 2000
Urbare der Abtei Werden: an der Ruhr. A. Die Urbare vom 9.-13 Jh., Hg. R. Kötschke, Bonn 1906
Westfälisches Urkundenbuch: Die Urkunden des Bistums Münster Bd.1. Hg. Verein für Geschichte und Alterthumskunde, Münster 1913
Wiechers, Karl-Heinz: ... und fuhren weit übers Meer. Zur Geschichte der ostfriesischen Segelschifffahrt. Bd. II Häfen der Ems, Verlag Soltau-Kurier-Norden 1988
Woebken, Carl: Kurze Geschichte Ostfrieslands. Verlag Mettcker & Söhne, Jever 1949

Bildnachweis

Seite	*Bildtitel*	*Urheber/Entstehungsjahr*	*veröffentlicht in*	
5	Jagd auf wärmende …	Roubal 1937	Spiegel	AP und AKG
8	Amphibische Landschaft	Wildvang 1938	Kitz: Steinzeit in O.	Verlag Ostfr. Landschaft
	Mövenschwärme	Privatfoto		
9	Hochmoorlandschaft	Foto: Ramm	Kunstkalender	Verlag Ostfr. Landschaft
10	Hetzjagd	BBC		
12	Hünengrab	Privatfoto		
13	Sonnensymbole	Landesmuseum Hannover		
14	Himmelsscheibe	Spiegel-Grafik	Museum f. Vorgeschichte Halle	
	Stonehenge	engl.Reiseprospekt		
	Sonnenkreise	Skizze	Museum f. Vorgeschichte Halle	
16	Ostfr. Rapsfelder	Trimborn 1953	Kunstkalender	Verlag Ostfr. Landschaft
17	Auf dem Weg …	Sammet	Chronik Kempten	Heimat Verlag Kempten
20	Roter Franz	Spiegel-Grafik	Spiegel Verlag Hamburg	
21	Studienobjekt	Uni-Hamburg	Yacht	Verlag Delius-Klasing
22	Lager der Kelten	Sammet	Chronik Kempten	Heimat Verlag Kempten
24	Station	Modellfoto	Büsing:Stadt/Land	Verlag von Zabern Mainz
	Goldmünze	Folder	Museum Kalkriese/Osnabrück	
25	Friesland zur Zeit	Sybrand Loew 1572	Privatbesitz	
26	Germanenmythos	19. Jh.	Wikipedia	
28	Im Watt	Rizek	Postkarte	Ausstellung Ostfr. Landesmuseum
30	Röm. Wohnkultur			Röm. Germ. Museum Köln
31	Pogum an der Ems	Rizek	Postkarte	Ausstellung Ostfr. Landesmuseum
33	Karte nach Ptolemaio	Schulbuch 1986	Cornelsen Verlag Frankfurt	
34	Der Küstenverlauf	1988	Heft Ostfriesland	Merian Verlag Hamburg
35	Die Rundwurt Campen	Reinhard 1977	Heimatkarte	
	Kostbares Tauschgut	Reiseprospekt		
36	Standardisiertes Lager	Sammet	Chronik Kempten	Heimat Verlag Kempten
37	Risikoreiche Siedlung	Uttecht	Kunstkalender	Verlag Ostfr. Landschaft
38	Geestlandschaft	O. Modersohn	Privatbesitz	
40	Römischer Tempelbezirk	Privatfoto		
	Köln zur Römerzeit			Röm. Germ. Museum Köln
41	Illumination	Codex Aureus 750	Buch: Vikings	Det Kungliga Bibliotheket Stockholm
44	Heidnisches OpferSammet	Chronik Kempten	Heimat Verlag Kempten	
	Der gelehrte Alkuin	Mittelalter	Buch: Karl d. Große marca grafica Mailand	
45	Heilung des Bernlefs	Heimatmuseum Leer		
47	Der Sachsenmord	Kloster Saint-Denis	Chroniques France	British Museum London
48	Der Bau des Doms	Buch: Karl d. Große	Bibliothèque Nationale Paris	
49	Karl tötet einen …	Klosterbibl. St. Gallen		
	Karls Krönung	Dürer	Germ. National Museum Nürnberg	
50	Karl der Große	Bronze	Postkarte	Musée du Louvre Paris
54	Jemgum	Petrich	Buch	Verlag Risius Weener
55	Kirchenkuppel	Privatfoto		
56	Liudger, der Apostel	Gedenkmarke	Dt. Bundespost	
58	Mittelalt. Ritterspiele	Stromann	Ostfriesl. MagazinSoltau Kurier Norden	
60	Wik und Hafen	Reiseprospekt	Dän. Kultusministerium	
61	germ. Flusssiedlung	Heimatmuseum Juist		
62	Emder Schloss	Homann 1580	Privatbesitz	
64	Fries. Landstraße	Hobbema 1689	Postkarte	National Gallery London

65	Wohn/Schlafraum		Buch: Vikings	Museum Moesgard DK
	Bootsbau	Das	Yacht 10/93	Verlag Delius-Klasing
67	Mitternachtssonne	70er Jahre	Poster	SAS
	Vorbereitungen		Reiseprospekt	Dän. Kultusministerium
68	Der Germanengott	Koch 1905	Spiegel	AKG
	Wikingerschiff	Townsend	Buch: Die Wikinger	Time-Life Amsterdam
69	Reliquienschrein		Buch: Vikings	Nat. Antik Museum Stockholm
	Hagia Sophia	Privatfoto		
70	Hacksilber-Fund		Buch: Vikings	Univ.Hist. Museum Bergen
71	Leif Erikson		Harenberg Kalender	National Gallery Oslo
	Isländische Farm		Buch: Vikings	Landesmuseum Schleswig
	Einhorn	Gesner 1560		historia animalium
73	Die europaweiten ..		Reiseprospekt	Dän. Kultusministerium
75	Wandteppich	1066	Ausschnitt	Museum Bayeux
77	Das griech. Feuer		Buch?	Bibliothek Leningrad
78	Seeräubergaleere	Holbein d.J. um 1530		
79	Flugblatt		Privatbesitz	
80	Siegel Bergen		Time-Life Wikinger	Riksarkivet Oslo
	Nachbau Kogge	Greiser	Yacht 24/89	Verlag Delius-Klasing
82	Man glaubte …		Chronik Kempten	Heimat Verlag Kempten
	Rheinische Gläser	1993	Buch	Herbig Verlag München
83	Die Trinker	Jan Steen 1666		
84	Langwardener Kirche	Privatfoto		
85	Lübecker Hulk	Privatfoto		
86	Langwardens Steinhaus	Privatfoto		
87	Leer, Hafenstadt	Petrich	Buch: Ostfr. Grafik	Verlag Risius Weener
88	roman. Kirche	Privatfoto		
89	Ubbo Emmius	Kupferstich		
90	Deichbruch 1717			Ostfr. Landesmuseum Emden
91	Deich und Leuchtturm	Privatfoto		
92	Pilsum am Morgen	Folckerts 1932	Privatbesitz	
93	Kreuzkirche, Wappen	Privatfoto		
94	Schloss Berum		Postkarte	Cramer Verlag
95	Abgesandte des Klosters			Kunsthist.Museum Wien
98	Hafen von Gent	Privatfoto		
100	Schöningsches Haus		Ostfr. Magazin	Verlag Soltau Kurier Norden
102	Die Fugger, der Ablass		Repro	Berliner Staatsbibliothek
103	Mäzene fördern Kunst	Privatfoto		
104	Südportal der Kirche	Privatfoto		
	Die Kirche in Marx	Privatfoto		
105	Kircheninneres	Privatfoto		
	Bauen mit Findlingen	Haiduck	Fromme Friesen	Isensee Verlag Oldenburg
106	Die Kirche Sillenstede	Privatfoto		
107	St. Sixtus		Einladung	Ref. Gemeinden im Wangerland
	Upstalsboomsiegel		Repro	Ostfries. Landschaft Aurich
108	Sitz der Ostfr.Landschaft		Ostfr. Magazin	Verlag Soltau Kurier Norden
	St. Marien		Privatbesitz	
109	Turmhaus, Orgelakademie	Privatfoto		
110	Kirche der Werdumer	Privatfoto		
	Beningaburg	Privatfoto		

112	Karacke mit Landskn.	Holbein d. J.	Dt. Marinemaler	Stalling, Oldenburg 1977
113	Modderschute	Privatfoto		
114	Omme Onnekens Warf	Privatfoto		
	Die alten Wurten und Deiche um 1950		Heimatkarte	Fleming Verlag Hamburg
115	Die Kirchen- und Burgwarf	Privatfot		
	Wangerooges Westturm		Ortsprospekt	
116	Die alte Lütetsburg	Privatfoto		
117	Kirche in Groothusen	Janssen	Kunstkalender	Verlag Ostfr. Landschaft Aurich
119	Das Reiderland	Emmius/Blaeuw	Privatbesitz	
	Der Dollart		Repro	WuSchA Emden
120	Ostfriesische Tracht	Stromann		Museum Peldemühle Wittmund
121	Störtebeker	Hopfer/Wrobel	Gemälde	Störtebeker-Museum Marienhafe
122	Termunterzijl		Broschüre	Dollart-Route Leer
	Störtebekers Pokal			Museum der Hansestadt Hamburg
123	Rathaus Appingedam		Broschüre	Dollart-Route Leer
	Das Pelikanwappen	v.d. Appelle	Privatbesitz	
124	Die Osterburg	Stromann	Ostfr.Magazin	Verlag Soltau Kurier Nordeni
	Das Reiderland		Heimatkarte	Fleming Verlag Hamburg
125	Knockster Siel	Ohling	Die Acht und ..	Ohling Selbstverlag
126	Wasserschloss Gödens	Privatfoto		
127	Faldernhafen, Hooge Huus	Privatfotos		
129	Treckfahrtstief	um 1930	Postkarte	
	Schiffsmodel	Greiter	Yacht	Verlag Delius-Klasing Hamburg
130	Weihnachtsflut 1717	Lindner	Repro	Archiv der Stadt Emden
	Vereinbarung von 1400		Repro	Archiv der Hansestadt Lübeck
131	Rathaussaal Bremen		Postkarte	
	Totenköpfe		Repro	Altonaer Museum Hamburg
132	Hinrichtung		Time-Life Piraten	Zentralbibliothek Zürich
133	Hansehafen Hamburg	Vogel 1909	Privatfoto	Rathaus Hamburg
134	Haykos Burgplatz	Braun-Hogenberg	Privatbesitz	
135	Kirche in Marienhafe	Skizze		Verlag Ostfr. Landschaft
137	Okko tom Brok	Cramer		Störtebeker Museum Marienhafe
138	Ansicht von Norden	Rohbock 1858	Privatbesitz	
139	Modell der Sibetsburg			Museum Wilhelmshaven
141	Enterkampf	Schmischke	Yacht 17/87	Verlag Delius-Klasing Hamburg
143	Kanoniere	Backhuysen	Archiv der Stadt Emden	
	Der Burghafen	Janssen	Privatbesitz	
144	König Philip II, Galeonen			Patrimonio Nacional Madrid
145	Galeone 1585		Postkarte	Museum Greenwich
	Kanonengießerei		Repro	Hulton Pcture Library London
146	Das engl. Flaggschiff			Mansell Collection London
	Entscheidungsschlacht			Collection Violett Paris
147	Zurrtaue	Schlecht	Buch: Armada	Time-Life Amsterdam
149	Skizze einer Fleute	v.d.Velde 1665		Scheepvaarts Museum Amsterdam
152	Lebhafter Schiffsverkehr		Privatbesitz	
153	Emder Tuchhändler			aus der Printwerbung
154	Das Greetsiel-Tief, Flotte	Privatfotos		
155	Neuharlingersiel	Stromann		Verlag Soltau Kurier Norden
	Netzflickerinnen	Liebermann		Kunsthalle Hamburg
	Ebbe in Dornum	Privatfoto		

156	Fischer landen	Koekoek 1888	268. Katalog	Auktionshaus Ketterer Hamburg
	Nach dem Sturm	Laasner		Archiv der Stadt Emden
	Die verkehrte Welt	Jan Stehen	Postkarte	Kunsthistorisches Museum Wien
157	Das Batteriedeck		Prospekt	Museum Freemantle, Australien
	Kurbrandenburg. Fregatte	Verschuir		Schloss Charlottenburg
158	Piraterie	Schoonover	Spiegel	AKG
159	Stauplan			
	Wiederaufführung, Wallhecken		OMA	Verlag Soltau Kurier Norden
160	Friedrich der Große	Privatfoto		
161	Großefehn	Klein von Diepholt	Kujnstkalender	Verlag Ostfr. Landschaft
	Lotsenprüfung	Jordan	Repro	Altonaer Museum in Hamburg
162	Schifffahrtskontor	Heuken 1920	256. Katalog	Auktionshaus Ketterer Hamburg
163	Lotsendienst	Bohrdt 1890		Museum für Hmbg. Geschichte
164	Auswandererschiff, Verbindung		Jahresberichte	DGzRS
165	Voller Einsatz	Achenbach	Katalog	Auktionshaus Stahl Hamburg
166	Über 2000		Broschüre	DGzRS
	Georg Breusing	Privatfoto		
167	Die Übergabe	Backhuysen 1671	AKG	Backhuysen-Gesellschaft Emden
168	Eine Statenjacht	Vitringa 1695	252. Katalog	Auktionshaus Ketterer Hamburg
169	Ansicht von Emden	Backhuysen 1701	Privatbesitz	
170	Frischer Wind	Janssen	Privatbesitz	
	Küstenszene	Backhuysen	AKG	Henri Nannen Stiftung Emden
171	Reederei FiDo	Privatfoto		
	Rätsel der Sandbank		Programmztg.	ARD Mainz
172	Willem Mennen	Privatbesitz		Thyssen-Krupp NSW
174	Die Zunftmeile	Privatfoto		
175	Das fürstliche Schloss	Faber 1632	Skizze	Archiv der Stadt Emden
	Geglückter Überfall	Frank 1674	Holzschnitt	
176	Auszug der Franzosen	Barnutz 1813	Werbung	Schlossmuseum Jever
177	Flachsscheuer	Liebermann		Stiftung Preuß. Kulturbesitz Berlin
	Friedrich II.	Menzel		
178	Abend im Moor	O. Modersohn	Privatbesitz	
179	Mädchen vom Moor	P. Becker-Modersohn	Katalog	Auktionshaus B & M Bremen
179	Haus im Torfstich		Postkarte	Moormuseum Moordorf
180	Werkzeug	Stromann	OMA	Verlag Soltau Kurier Norden
	Das Moorbrennen		Repro	Verlag Ostfr. Landschaft Aurich
	Tauwetter	Uttecht	Kunstkalender	
181	Schule Münkeboe		OMA	Verlag Soltau Kurier Norden
	Im Moor		Privatfoto	
182	Land unter	Folkerts	Nachlass	
183	Ausdehnung der Flut	1717	Heft Ostfriesland	Merian Verlag Hamburg
	Lübbe Voss	Greiter	Yacht 8/88	Verlag Delius-Klasing Hamburg
184	Schwed. Dreimaster	Schelfhout 1787	Katalog	Auktionshaus Ketterer Hamburg
	Mit dem Kreyer	Ritzek	Postkarte	Ausstellung Ostfr. Landesmuseum
185	Schlengenbau, Jonas	Privatfotos		
	Fischerboote	Folkerts	Katalog	Auktionshaus Stahl Hamburg
186	Emder Walfänger	de Jager 1776	Kunstkalender 1991	Ostfr. Landesmuseum Emden
187	Strandleben einst		Postkarte	
	… und jetzt	Privatfoto		
188	Arm aber reinlich	Chardin		

	Brantwienskoppen		Emder Kostbarkeiten	Ostfr. Landesmuseum Emden
	Ostfr. Filigranschmuck	Weiser	OMA	Verlag Soltau Kurier Norden
189	Goldwaage	1758	Privatbesitz	
190	Rot-Dresmer		Tee-Werbung	Bünting Tee Leer
	Stövchen, Sieb, Pfanne		Privatbesitz	
191	Buddelei, Fliese,Truhe		Privatbesitz	
192	Ostfr. Wohnküche	Poppinga 1900	Kunstkalender 88	Verlag Ostfr. Landschaft
193	Hafeneinfahrt	Werner 1729	Privatbesitz	
194	Halbinsel Faldern	Folkerts	Nachlass	
	Das alte Hafentor		Privatfoto	
	Gedicht: Een Boot is …	Arno Holz 1886		
196	Westerbutfenne	Schreyer 1880	Privatbesitz	
	Die Speicher		Postkarte	
	Die Schonerbrigg	1841	…weit übers Meer	Verlag Soltau Kurier Norden
197	Der Binnenhafen		Privatbesitz	
	Medaille		Repro	Münzsammlung der Stadt Emden
	Wasserläufe	Mertens 1822	Die Deichacht und, Ohling Selbstverlag	
198	Kellerkneipe	von Bartels 1887	Katalog	Auktionshaus Ketterer Hamburg
199	Boltentorpiepe	Petrich	Buch: Ostfriesland	Verlag Risius Weener
	Agterum	um 1920	Postkarte	
	Schöfeln	Depser	Kunstkalender	Verlag Ostfr. Landschaft Aurich
200	Emdens Altstadt	1944	Denkschrift	Emder Zeitung
	Kircheninneres	Fischer-Gurig	Staatliche Kunstsammlungen Dresden	
201	Bilderstürmer	1525	Holzschnitt	
	Ruine, Große Kirche	Privatfotos		
202	Siegel		Briefkopf	ref. Gemeinde der Großen Kirche
	Pelzerstraße	Privatfoto		
203	Häuserreihe		Repro	Verlag Soltau Kurier Norden
204	Emdens Anfänge	1930	Postkarte	
	Beim Segelmacher	Fischer-Daber	Buch: Windjammer, Altonaer Museum Hamburg	
	?			
205	Die Klunderburg		Stadt im Strom	Gerhard Verlag Emden
	Altstadt Emdens	1930	Postkarte	
206	Große Deichstraße	1930	Postkarte	
	Löwengiebel	1934	Foto: de Vries	Verlag Sollermann Leer
207	Hauseingang	1907	Buch	Siebern
208	Löwenkopf, Baustil	Privatfotos		
209	Wohnkultur	de Hoogh 1658		National Gallery London
	Deichstraße 3	1930	Postkarte	
210	Delft	van Halem 1775	Privatbesitz	
	Partie am Delft, Börse		Postkarten	
211	Fischverkäuferin	1640		Museum f. Bildende Künste Budapest
212	Der innere Hafen		Privatbesitz	
213	Festsaal	1930	Postkarte	
214	Burg von Emden, Rüstkammer		Katalog	Ostfr. Landesmuseum Emden
215	Doelepiepentief	Privatfoto		
	Kleine Brückstraße	Petrich	Buch	Verlag Risius Weener
216	Thiele & Freese		Rerpro	Thiele & Freese Emden
	Große Brückstraße	1930	Postkarte	
	Rotes Siel	Privatfoto		
217-219	Kesselschleuse etc.	Privatfotos		

219	Die Borkumfähre	Rohbock	Privatbesitz	
220	Die Einfahrt zur		Privatfoto	
221	Beginn eines …	Wyllie 189	Katalog	Sotheby Pictura ,79 Maastricht
	Fünfmastbark	Holst		Auktionshaus Ketterer Hamburg
	Der Kaiser			Printwerbung
222	Größenvergleich	1967	Lexikon	Duden Verlag
223	Seeadler	Bordt 1916		Kircheiß Collection
	Felix Graf von Luckner	1960	Tageszeitung	dpa
	SMS Emden	Bergen 1914	Katalog	Auktionshaus Stahl Hamburg
225	Krusenshtern		Privatfoto	Sail Amsterdam 1985
226	Mole Emden		Ortsprospekt	Stadt Emden
	Shanty De Hoffnung		Buch 1966	Verlag Röder Leipzig
227	Gorch Fock	Schmischke	Yacht 12/88	Verlag Delius–Klasing
228	In den Rahen	Bridcoe	Yacht	
	Der Windjammer		Prospekt	Dollart Route Leer
229	Die Nagelbank		Yacht	Verlag Delius-Klasing
	Leuchtturm Campen	Privatfoto		
230	Ostfriesische Tjalk	Trimborn	Privatbesitz	
Umschlag		SKN / www.ostfrieslandbild.de		

Jan P. Tjaden stammt aus dem industriearmen Ostfriesland und fand seinen Berufsweg als Dipl.-Ing. in Forschung und Entwicklung der Konsumgüter- und Verpackungsbranche. Die akribische Auseinandersetzung mit deren Problemen und Aufgaben führte ihn zu neuartigen praktischen Lösungen, die uns im Supermarkt begegnen.

Später arbeitete Tjaden als Berater bei den internationalen Entwicklungsorganisationen, schulte und beriet in vielen Ländern exportwillige Agrarproduzenten bei Qualitätserhalt, funktioneller Verpackung und optimiertem Transport.

Immer wieder glücklich, im schönen, grünen Deutschland landen und hier leben zu dürfen, nutzte er die zwischenzeitlichen Heimataufenthalte, um an diesem Buch zu arbeiten.

Unser Verlagsprogramm

Hamburg
Alster, die – ein Alltagsmärchen
Altona von A–Z
Barmbek im Wandel
Barmbek von A–Z
Bergedorf, Lohbrügge, Vierlande, Marschlande
Eimsbüttel von A–Z
Eppendorf von A–Z
Feuerwehr-Buch Hamburg, das Große
Hamburg – Stadt der Brücken
Hamburgs Fleete im Wandel
Hamburg im Bombenkrieg –1940–1945
Hamburg leuchtet – die Hansestadt zur Blauen Stunde
Hamburgs schönste Seiten
Hamburgs Speicherstadt
Hamburgs stolze Fregatten – Konvoischifffahrt im 17. Jahrhundert
Hamburgs Straßennamen erzählen Geschichte
Harburg – von 1970 bis heute
Harburg von A–Z
Harburgs schönste Seiten
Langenhorn im Wandel
Polizei im Einsatz (Video)
Pompöser Leichenzug zur schlichten Grabstäte– ... St. Michaelis
Rothenburgsort, Veddel im Wandel
Wilhelmsburg – Hamburgs große Elbinsel
Winterhude von A–Z

Schleswig-Holstein
Ahrensburg – Stadt mit Adelsprädikat
Bad Oldesloe
Bad Segeberg im Wandel
Eckernförde – Portrait einer Ostseestadt
Fontane in Schleswig-Holstein und Hamburg
Helgoland
Kiels schönste Seiten
Pinneberg im Wandel
Reinbek und der Sachsenwald
Sagenhaftes Sylt
St. Peter-Ording
Sylt – die großen Jahrzehnte – in den1950er-, 60er-70er-, 80er-Jahren
Sylt – Noch mehr Inselgeschichten
Sylt im Wandel – Menschen, Strand und mehr
Sylt prominent
Sylts schönste Seiten

Niedersachsen
Braunschweig – Löwenstadt zwischen Harz und Heide
Buchholz in der Nordheide
Buxtehude, Altes Land
Celle – Stadt und Landkreis
Celler Hengstparade, die
Cuxhaven
Cuxhaven – Stadt am Tor zur Welt
Göttingen
Göttingen – alte Universitätsstadt
Hadeln, Wursten, Kehdingen
Hannovers schönste Seiten
List (Hannover), die, im Wandel
Stade, Altes Land – Märchenstadt und Blütenmeer
Verden – der Landkreis

Nordrhein-Westfalen
Aachen – Zwischen Augenblick und Ewigkeit
Bergisch Gladbach – Schloss-Stadt an der Strunde
Mönchengladbach – Grüne Stadt am Niederrhein

Baden-Württemberg
Freiburg im Breisgau
Konstanz schönste Seiten
Ludwigsburgs schönste Seiten

Bayern
Boten aus Stein – Alte Kirchen im Werdenfelser Land, am Staffelsee und im Ammergau
Garmisch-Partenkirchen – Herz des Werdenfelser Landes
Lüftlmalerei
Mittenwald, Krün, Wallgau

Unser Programm im Internet: **www.medien-verlag.de**